西北政法大学检察公益诉讼研究基地资助
陕西高校青年创新团队成果
法治陕西建设协同创新中心成果

公益诉讼理论与实证研究

丁岩林　鲁小敏　贾泽涛　主编

GONGYI SUSONG LILUN YU
SHIZHENG YANJIU

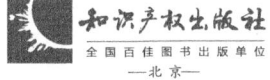

全国百佳图书出版单位
——北京——

图书在版编目（CIP）数据

公益诉讼理论与实证研究/丁岩林，鲁小敏，贾泽涛主编 . —北京：知识产权出版社，2023.10
ISBN 978-7-5130-8569-4

Ⅰ . ①公… Ⅱ . ①丁… ②鲁… ③贾… Ⅲ . ①诉讼法—研究—中国 Ⅳ . ① D925.04

中国国家版本馆 CIP 数据核字（2023）第 002031 号

责任编辑：雷春丽   责任校对：潘凤越
封面设计：乾达文化   责任印制：孙婷婷

公益诉讼理论与实证研究

丁岩林   鲁小敏   贾泽涛   主编

出版发行：	知识产权出版社 有限责任公司	网　　址：	http://www.ipph.cn
社　　址：	北京市海淀区气象路50号院	邮　　编：	100081
责编电话：	010-82000860转8004	责编邮箱：	leichunli@cnipr.com
发行电话：	010-82000860转8101/8102	发行传真：	010-82000893/82005070/82000270
印　　刷：	北京九州迅驰传媒文化有限公司	经　　销：	新华书店、各大网上书店及相关专业书店
开　　本：	720mm×1000mm　1/16	印　　张：	20.5
版　　次：	2023年10月第1版	印　　次：	2023年10月第1次印刷
字　　数：	292千字	定　　价：	128.00元

ISBN 978-7-5130-8569-4

出版权专有   侵权必究
如有印装质量问题，本社负责调换。

前 言

党的十八届四中全会提出了"探索建立检察机关提起公益诉讼制度"。2015年7月1日，全国人大常委会正式授权最高人民检察院在包括陕西省在内的十三个省、自治区、直辖市开展为期两年的公益诉讼试点工作。随后，最高人民检察院出台了《检察机关提起公益诉讼改革试点方案》。至此，检察机关提起公益诉讼试点工作正式启动。试点结束后，2017年修正的《民事诉讼法》和《行政诉讼法》对检察机关提起公益诉讼的职权进行了立法确认。试点以来，随着检察机关提起公益制度的从无到有，公益诉讼案件量较试点前有了明显增加，在生态环境保护、食品药品安全等各领域维护国家社会公共利益发挥着积极作用。公益诉讼案件的增加又为公益诉讼研究提供了助力和蓝本，理论与实证研究成果层出不穷。陕西省作为检察机关提起公益诉讼的试点省份，同时作为法学教育大省，地域性个案与理论研究成果都不少，因此，贯通陕西省地域性公益诉讼实践情况与学术理论研究的连接，为丰富公益诉讼研究及完善公益诉讼制度贡献陕西力量，很有必要，也很有价值。

首先，以检察机关作为提起主体的公益诉讼制度的具体构建其实采取的是"摸着石头过河"、边试点边立法的方式。试点中暴露出来的许多问题，既有"公共利益""价值追求"等理论性争议问题，也有"举证责任""案件执行"等程序性争议问题。以公益诉讼基本理论为基础，结合具体案例深入分析，对解决这些争议问题有着积极意义。

其次，检察机关提起公益诉讼需要平衡社会公众、法院、行政机关等多方之间的关系。而事实上在司法实践中，检察机关与其他主体之间的关系处理得并不顺当。"鞋合不合脚只有穿鞋人知晓"，只有从法院、检察院系统一线公益诉讼办案人员角度出发，立足办案实际去分析问题，寻求解决之法，才能更好地指导司法实践。

最后，总结陕西地域性研究成果，围绕陕西地域性公益诉讼案件进行研究，既有利于为公益诉讼研究提供"陕西样板"，较好地反映陕西公益诉讼制度推进的整体样貌，更有利于提炼陕西本地共性问题，规范统一解决模式，为办理陕西公益诉讼案件提供案例参考。

正是出于上述考虑，本书收录的主要是近年来陕西省高校法学专业博士、硕士研究生及陕西省法院、检察院系统一线公益诉讼办案人员关于"公益诉讼"的理论与实证研究成果。本书包含"公益诉讼基础理论""公益诉讼诉前程序""公益诉讼类型选择与衔接""公益诉讼审理与执行"四个部分，共16篇文章，主要以"检察机关提起公益诉讼试点"为背景，结合实践中全国性的公益诉讼经典案例及陕西地域性公益诉讼案件的具体案情，系统深入分析了"公共利益认定""受案范围扩张""环境行政公益"等存在争议的基础理论问题，以案件办理的内在逻辑顺序为引，集中探讨了公益诉讼制度诉前程序司法化、规范化，不同类型的公益诉讼的选择、衔接与整合，公益诉讼案件审理举证责任、诉讼请求及价值追求精确化，公益诉讼执行制度构建等问题，并有针对性地介绍了部分国家和地区的相关规定，对相关问题尝试提出了具体优化进路。本书理论深度适中，既可以作为法律专业学生公益诉讼理论学习以及论文写作辅助读本，也可以作为公益诉讼实务工作者的参考读物。

本书之所以能够顺利出版，除有赖于各位作者的辛勤撰稿以外，还要感谢知识产权出版社雷春丽编辑的大力支持。在此，衷心感谢雷编辑各阶段对书稿完善提出的意见和建议。我的硕士研究生贾泽涛协助整理和校对文稿，在此一并表示感谢。

最后需要说明的是，尽管编著本书的各位作者尽了最大的努力，但由于认识水平的相对局限及我国公益诉讼研究的快速发展，再加之此书为论文合集体例，对公益诉讼制度探讨的时效、深度、广度及存在问题内在逻辑衔接性方面，不可避免地存在不当之处，敬请广大读者批评指正，以期进一步更正完善本书。

丁岩林
于西北政法大学

目 录

公益诉讼基础理论 \001

003 泾渭之辨：以检察院、法院两院为视角浅析环境行政公益诉讼的
"伤"与"策" \魏江华 李 龙

012 惩罚性赔偿食品公益诉讼的"成本－收益"分析
——正义与效率的平衡之维 \孙龙君

021 论行政公益诉讼中"公共利益"的认定 \王 有

058 行政公益诉讼受案范围之"等"外领域拓展研究 \张 悦

公益诉讼诉前程序 \095

097 行政公益诉讼诉前程序相关问题浅析 \崔吟楠 李 阳

110 行政公益诉讼诉前程序刍议 \钟世程

121 行政公益诉讼诉前程序规范化研究 \刘 鹏

132 行政公益诉讼诉前程序适度司法化问题研究 \李丽利

公益诉讼类型选择与衔接 \171

173 | 论生态环境损害赔偿诉讼与环境民事公益诉讼的整合 \郝 运

216 | 检察视角下生态环境公益诉讼类型选择研究
\西安市人民检察院课题组

226 | 从既判力角度探析民事公益诉讼与私益诉讼的衔接
\安 鹏 王宁海 白振飞 廖静文

公益诉讼审理与执行 \241

243 | 检察民事公益诉讼举证责任研究 \兰丽娜

254 | 环境资源领域刑事附带民事公益诉讼触及《民法典》公平原则实务问题探究 \杨 青

265 | 检察机关提起环境行政公益诉讼制度研究 \鲁小敏

297 | 行政公益诉讼判决的执行 \卢亚男

313 | 检察公益诉讼诉讼请求精准化研究
——以西安铁路运输法院受理的行政公益诉讼案件为例 \孙青青

公益诉讼
基 础 理 论

泾渭之辨：以检察院、法院两院为视角浅析环境行政公益诉讼的"伤"与"策"

» 魏江华　李　龙*

经济社会的飞速发展和资源的高速开发，打破了原有生态环境和资源保护间的平衡，使得原本单一、孤立的生态环境和资源潜力被充分挖掘和高度共享，并得到了趋向经济效益的不合理聚合，使得如今我国生态环境和资源形势日趋严重，司法机关履行生态保护的职责也日益加重，尤其是在党的十九大对我国生态文明建设作出了重要部署的机遇下，在生态文明被正式写入《宪法》的契机下，在《行政诉讼法》《环境保护法》等法律法规将环境行政公益诉讼主体在法律条文中明确规定的基础上，如何从生态环境和资源保护的多方主体中进一步凸显检察机关、审判机关的司法效能，就更加让人期待和憧憬。

一、现实之困：环境行政公益诉讼中泾渭不明的司法之"伤"

2017年6月27日第十二届全国人民代表大会常务委员会第二十八次会议对《行政诉讼法》作出修改，此次修改以正式法律条文的形式确立了行政公益诉讼制度，使得行政公益诉讼取得了巨大进步，尤其是环境行政公益诉讼制度在司法领域的应用已不仅仅停留在理论研究中，还迅速扩散

---

* 魏江华，西北政法大学经济法学学士，现任城固县人民法院院长。李龙，武汉大学民商法学硕士，现任城固县人民法院法官助理。

到了实际应用中。虽然此次修改取得了较为丰硕的成果,但与保护生态环境和资源的目的相比仍存在一些不足和缺陷。

(一)检察机关在环境行政公益诉讼中对被告行为的认定标准不统一

"起诉必须有符合法律规定的具体诉讼请求,具体的诉讼请求是指原告对被告提出的具体权利主张和对审判机关作出何种判决的要求。"❶ 诉讼中,不同的诉讼请求往往会直接影响案件的审理方向,甚至直接导致判决结果的变化,行政公益诉讼中亦是如此。根据《最高人民法院、最高人民检察院关于检察公益诉讼案件适用法律若干问题的解释》第24条,检察机关有权根据"在行政公益诉讼案件审理过程中,被告是否纠正违法行为或者依法履行职责而使人民检察院的诉讼请求全部实现"这一标准来决定是撤回起诉还是变更诉讼请求。这就使得检察机关在公益诉讼中对这一标准的认定具有了很大的自由选择权,势必会造成检察机关诉讼请求权的使用过于随意和宽松,也就必然会导致不同检察机关对这一标准的认定不同。

具体到环境行政公益诉讼中,检察机关对上述标准的认定易出现两种不同的认识:一种是检察机关以行政机关履行环境修复治理等职责是否完成为标准来判断;另一种则是检察机关以行政机关正在积极履行环境修复治理等职责为标准来判断。检察机关若以前者为标准来判断,则往往不会变更或者撤回诉讼请求,仍然会请求审判机关判令被诉行政机关继续履行环境修复治理等职责;若以后者为标准来判断,则往往会变更或者撤回诉讼请求,进而仅请求审判机关确认行政机关原行政行为违法。这样一来,检察机关在诉讼中对同一标准的不同判断,极有可能导致对被告履行环境修复治理等职责的区别化对待,从而向审判机关提出两种不同的诉讼请求,使得审判机关作出两种大相径庭的判决结果,增加审判机关"同案不同判"的风险。

---

❶ 姜明安:《行政法与行政诉讼法》,北京大学出版社,2015,第483页。

（二）检察机关在环境行政公益诉讼判决执行中的法律地位不明确

根据现行《行政诉讼法》第25条第4款，在行政机关不依法履职的情况下，检察机关可以诉讼参加人的身份向审判机关提起诉讼，请求审判机关依法判决行政机关履行职责。也就是说，在环境行政公益诉讼中，检察机关是原告，也就决定了检察机关必然享有等同于一般行政诉讼原告所应享有的一切权利。那么，在行政诉讼胜诉后，行政机关不依法履行生效法律文书确定的义务时，检察机关就当然地享有了依法向人民法院申请强制执行的权利，此时，检察机关应以申请执行人的身份向人民法院申请强制执行。但根据《行政诉讼法》第11条、第101条的相关规定，检察机关具有实施法律监督的权力，这种监督权力当然包括对行政机关履行行政职权的监督，也包括对人民法院执行案件全过程的监督。对此，有两种不同的观点：一种观点认为在环境行政公益诉讼中，检察机关既然以原告的身份参与了诉讼，那么当然就不能再享有独立的法律监督权，否则检察机关在诉讼中的地位就会混淆不清，甚至有可能出现检察机关以原告的身份来扩大使用法律监督权的情况；另一种观点认为检察机关享有的法律监督权是法定权力，不论在何种诉讼关系中都可以享有，即使在环境行政公益诉讼中，也可以同时享有原告的权利和法律监督的权力。两种不同观点的出现，也使检察机关在环境行政公益诉讼胜诉后，陷入了到底应该以申请执行人的身份还是以法律监督者的身份参与后续案件执行过程的尴尬境地。

（三）审判机关的环境行政公益诉讼判决主文不具体

根据审判机关对环境公益诉讼案件的判决是否具体明确，可以将判决类型大致划分为原则性判决与具体性判决两种。[1] 将确认被诉行政机关原行政行为违法和未确定被诉行政机关具体履职内容、期限和方式等的判决划归为

---

[1] 崔瑜：《行政公益诉讼履行判决研究》，《行政法学研究》2019年第2期。

原则性判决，将确定被诉行政机关具体履职内容、期限和方式等的判决划归为具体性判决。就环境行政公益诉讼而言，原则性判决是指审判机关在案件判决中只判决确认被诉行政机关原行政行为违法或被诉行政机关履行何种法律义务，不涉及被诉行政机关履行义务的内容、方式和期限等。在这类判决中，审判机关并未用具体判决主文来限制被诉行政机关的履职内容、方式和期限等，而是由被诉行政机关在法律、法规的授权范围内进行自由判断，更多地尊重了被诉行政机关的"自由裁量权"。❶具体性判决是指审判机关在案件判决中，对被诉行政机关的履职内容、方式和期限等以判决主文形式作出了具体明确的要求。在这类判决中，审判机关给被诉行政机关的履职明确了客观标准，具有较高的实际操作性和可执行性。可在目前的环境行政公益诉讼案件的判决中，除确认原行政行为违法的判决以外，大多数审判机关还是更多地适用了原则性判决，并没有在判决主文中直接判令行政机关应当履职的内容、方式和期限等，使判决因缺乏被诉行政机关继续履职的客观标准和明确期限而出现了"只判决不执行的斡旋空间"，更使检察机关和审判机关在被诉行政机关未按期履行判决确定的履职义务时，因判决不具有可执行内容而无法启动强制执行程序。

（四）审判机关的环境行政公益诉讼判决执行权薄弱

行政公益诉讼判决的执行一直以来都是难点问题，环境行政公益诉讼也不例外。究其原因，有被诉行政机关的原因，也有涉案"第三人"的原因，更有保障判决执行的司法权薄弱的原因。在诸多原因中，最重要的便是司法权无法有效地约束行政权力，导致行政机关无视审判机关的司法权威。尤其是在被诉行政机关败诉后，一旦被诉行政机关"耍赖"，司法机关对其只能无可奈何。因为在我国行政诉讼体系中，审判机关只能对被诉

---

❶ 章剑生：《行政诉讼履行法定职责判决论——基于〈行政诉讼法〉第54条第3项规定之展开》，《中国法学》2011年第1期。

行政机关的原行政行为进行合法性审查。对于违法的，审判机关也只能确认被诉行政机关原行政行为违法或撤销被诉行政机关原行政行为，责令其重新作出行政行为，但无权直接以判决主文的形式作出新的行政行为。所以就有可能出现原告方虽已在环境行政公益诉讼中胜诉，但行政机关以"正在重新作出新的行政行为"为借口来拖延执行判决，甚至直接拒绝执行判决，使环境行政公益诉讼的判决落为一纸空文，保护环境公共权益的诉讼目的成了纸上谈兵。2017年修正的《行政诉讼法》虽然在第96条对行政机关拒绝履行判决、裁定、调解书的情形，赋予了人民法院处罚的权力，但从其法律条款中也可以明显看出，所列举的处罚措施过于类型化和宽松，对拒不履行环境行政公益诉讼判决的行政机关起不到震慑作用，也使得人民法院的强制执行措施显得苍白无力。

二、进步之阶：环境行政公益诉讼中浊泾清渭的司法之"策"

环境行政公益诉讼在发挥保护生态环境与资源作用的同时，离不开法学理论研究的支持，更离不开现实司法活动的推动，检察机关和审判机关应不断发现和总结环境行政公益诉讼在司法实践中存在的问题和不足，有序、稳妥地推进生态环境与资源公益事业的发展。

（一）检察机关应明确诉讼中认定被告行为的"双重标准"

在行政公益诉讼中，检察机关作为原告方必须正确全面地把握"被告是否纠正违法行为或者依法履行职责而使人民检察院的诉讼请求全部实现"这一判断标准。具体到环境行政公益诉讼中，检察机关应将"被告依法正确履职致使其诉讼请求全部实现"的判断标准与保护生态环境公共利益和促进行政机关依法行政的目的相联系，并以此"双重标准"作为判断被诉行政机关是否正确履职的标准。若诉讼中被诉行政机关确实采取了有效的行为完成了环境修复治理工作，并且达到了法律法规、专家意见标准或恢复了生态环境原有基本功能时，检察机关可以变更诉讼请求或撤回起诉；若被诉行政机关仅是正在履行职责或修复完成的治理工作仍需继续履行监管、看护等义务，检察机关就不可以变更诉讼请求或撤回起诉，应向审判机关继续主张，要求被诉行政机关履行后续相关职责的诉讼请求，否则行政机关的履职就不能真正使环境行政公益诉讼起到保护生态环境和资源的目的。总之，检察机关在向审判机关变更诉讼请求或者撤回起诉时，不能只看形式不顾实质，更不能只关注部分忽视整体。因为生态环境与资源保护本身就具有难度大、成本高、周期长等特点，该类案件的处理并不能简单地以案件的判决为结束，行政机关的履职也不能仅以诉讼中的行为来判断，其后续的判决执行也是很重要的一环。所以说，被诉行政机关在诉讼中积极履行职责并不等同于环境公益行政诉讼的诉讼请求和诉讼目的的实现，环境行政公益诉讼案件仍然会存在环境修复、巩固和监督。换句话说，在诉讼请求和诉讼目的并未真正得到实现的情形下，检察机关如果只是诉请审判机关确认被诉行政机关原行政行为违法，那么审判机关的判决将不具有可供执行的内容，对于已经遭到破坏且尚未治理修复完成的生态环境与资源来说，将会失去环境行政公益诉讼真正的意义。

（二）检察机关应明确自身在判决执行中的法律地位

《行政诉讼法》第 25 条第 4 款规定，检察机关可以在环境行政公益诉讼中，以原告的身份直接起诉行政机关，并享有原告的一切权利。这里所说的"诉讼中"，应作扩大解释，即适用于诉讼中和诉讼后。在诉讼中，检察机关如果以原告的身份参加诉讼，那么在诉讼后的判决执行阶段也应享有原告包括申请人民法院强制执行环境行政公益诉讼判决在内的一切权利。即在行政诉讼胜诉后，行政机关不依法履行生效法律文书确定的义务时，检察机关应作为申请执行人依法向人民法院申请强制执行。此时，检察机关应是当事人的身份，那么就不应再适用《行政诉讼法》第 11 条、第 101 条的规定享有法律监督权，既不应享有对人民法院受理的环境行政公益诉讼案件的执行监督权,也不应享有对被诉行政机关行政行为的法律监督权,其享有的仅仅是以当事人的身份对人民法院执行权和行政机关行政权的监督。此时,当人民法院和行政机关不能依法履行职责时的监督权应由监察机关行使。如此一来,才能在环境行政公益诉讼案件中,明确检察机关的法律地位,化解检察机关既作原告方又作法律监督方的矛盾。

(三)审判机关应在判决中限定行政机关客观履责的标准及期限

在环境行政公益诉讼中,由审判机关在判决时直接给被诉行政机关确定一个合理客观的履行标准是较为困难的,因为审判机关本身在生态环境与资源保护方面也存在一定的短板和不足,而且审判机关作为案件中立的裁判者也不宜直接给被诉行政机关确定客观履行标准。但笔者认为,在有法可依的情况下,为保证判决内容的顺利执行和诉讼目的的真正实现,审判机关在作出一份具体判决时,可以在结合检察机关诉讼请求的同时援引相关法律法规等规范性文件的规定来直接确定被诉行政机关的客观履行标准,要求被诉行政机关在判决确定的客观标准内履行判决确定的义务。例如,在《水污染防治法》《固体废物污染环境防治法》《土地复垦条例》等法律法规中,均可以找到环境治理的相关标准。审判机关在审理该类环境行政公益诉讼案件时,可以直接引用相关法律条款,要求被诉行政机关按照某一标准履行监管职责,同时,审判机关也应当对判决内容的执行限定合理的履行期限。如此一来,被诉行政机关有了履行判决义务的明确标准,审判机关和检察机关也有了在被诉行政机关不依法履行判决时,依法启动强制执行程序的明确标准。当然,这个履行期限也绝不能一概而论,应当在法律法规确定的范围内,根据环境行政公益诉讼案件的具体案情来有差别地确定标准。

笔者认为,在部分具体判决中,对于行政罚款的收缴、简易违章建筑的拆除等行政处罚中较为简单的履职行为给予被诉行政机关较短的履行期限是较为合理的,诸如一个月时限;但对于修复山体、补植复绿类的履职行为，如果仅仅规定在三个月或六个月的期限内完成补救措施，显然是不现实也是不合理的，因为个案中的生态环境与资源的破坏程度各不相同，甚至有的生态环境受损程度之大是数年乃至数十年都无法完成恢复的。而且，环境行政公益诉讼案件往往涉及破坏生态环境的第三人，承担修复山体、补植复绿类的主体也应是该第三人，被诉行政机关所承担的是监管和督促职责，如果该第三人怠于履行补救措施，那么在客观上也就使得被诉行政机关无法在规定的期限内完成判决确定的义务；再者，环境行政公益诉讼的最终目的就是保护生态环境与资源，只有当被破坏的山体、植被真正恢复到之前的状态或者恢复到生态环境原有的基本功能时，采取的补救措施才有效，诉讼目的才算真正达到。

（四）审判机关应依职权主动追加行政相对人为第三人参与诉讼和执行

在环境行政公益诉讼中，行政机关往往会因为自身未依法履行监管职责而被检察机关诉至人民法院，但仔细分析来看，被诉行政机关虽未依法履行监管职责，但造成生态环境和资源破坏的真正责任人乃是行政相对人。因此，不能仅以行政判决的方式将生态环境与资源破坏的问题留给行政机关独自面对。在诉讼中，审判机关应依职权主动将与被诉行政行为有利害关系的公民、法人或者其他组织列为第三人，并且审判机关可以根据具体案情判决第三人承担义务或者减损第三人权益。❶ 只有以环境行政公益诉讼案件第三人的身份将行政相对人加以判决约束，才能在行政相对人拒不配合履行行政机关监管责任的情况下，由审判机关对其采取一定的强制措施，强制其履行生态资源与环境保护的义务。最高人民法院环境资源审判庭负责人就《关于审理环境民事公益诉讼案件适用法律若干问题的解释》答记者问时曾表示："环境民事公益诉讼生效裁判的执行关系到环境

---

❶ 《行政诉讼法》第29条规定：公民、法人或者其他组织同被诉行政行为有利害关系但没有提起诉讼，或者同案件处理结果有利害关系的，可以作为第三人申请参加诉讼，或者由人民法院通知参加诉讼。人民法院判决第三人承担义务或者减损第三人权益的，第三人有权依法提起上诉。

公共利益能否得到及时保护，因此无需原告申请，应由人民法院依职权移送执行，即由审判人员直接移送执行人员。"❶ 笔者认为，在环境行政公益诉讼中，更应参照上述标准来执行，因为审判机关的判决将作为强制执行依据，在行政相对人不依法履行判决确定的义务时，由审判机关依职权主动采取强制执行措施，迫使行政相对人履行判决确定的义务。此时，即便是没有强制执行权的行政机关超过了向人民法院申请强制执行的期限❷，也不会影响判决的执行，这既为行政机关行使督促职权提供了强有力的司法保障，也达到了帮助和促进行政机关更好履行监管职权的效果，实现了环境行政公益诉讼的应有之义。

三、结语

环境行政公益诉讼法律制度的设立对于保护生态环境与资源有着重要的时代意义，更是《宪法》中生态文明建设的应有之义，需要社会多部门、多主体的共同参与，因为环境公共利益的价值是无可估量的，理应得到全社会的保护，只有将环境行政公益诉讼法律制度的价值真正发挥出来，才能对保护生态环境与资源公共利益发挥更大的效用。

---

❶ 罗书臻：《规范环境公益案件审理 切实维护环境公共利益——最高人民法院环境资源审判庭负责人就〈关于审理环境民事公益诉讼案件适用法律若干问题的解释〉答记者问》，《人民法院报》2015年1月7日第4版。

❷ 《行政强制法》第53条规定：当事人在法定期限内不申请行政复议或者提起行政诉讼，又不履行行政决定的，没有行政强制执行权的行政机关可以自期限届满之日起三个月内，依照本章规定申请人民法院强制执行。

惩罚性赔偿食品公益诉讼的"成本－收益"分析
——正义与效率的平衡之维

》 孙龙君*

我国早在1993年颁布《消费者权益保护法》时，便已确立有关消费者可请求惩罚性赔偿的规则，近年来的理论研究与司法实践也已基本扫清检察机关提起消费者公益诉讼的障碍，但是，检察机关在食品公益诉讼中提出惩罚性赔偿的案例却依旧尚不多见。❶ 其中，惩罚性赔偿能否适用于检察机关提起的食品公益诉讼的不确定性，是此类案件发生较少的重要原因。基于此，本文研究的主题是：惩罚性赔偿在检察机关提起的食品公益诉讼中是否可行。

美国法官波斯纳（Posner）将法律的经济分析称为"关于现存法律的最有希望的实证理论"❷，并指出"对正义的要求绝不能独立于这种要求所应付出的代价"❸。波斯纳的法律经济学分析理论，要旨在于通过法律适用中的"成本－收益"分析，来寻求正义与效率之间的最佳平衡点。此种

---

* 孙龙君，西北政法大学诉讼法学硕士，现任西安市莲湖区人民法院一级法官。

❶ 2017年，利川市人民检察院在案件中提出销售价款10倍惩罚性赔偿的诉请，获得法院支持〔参见（2017）鄂2802刑初453号刑事附带民事判决书〕。该案系全国首例判决支持惩罚性赔偿的食品安全民事公益诉讼，并入选最高人民检察院2018年公布的检察公益诉讼十大典型案例。此后，检察机关在全国各地的食品公益诉讼案件中陆续地提出惩罚性赔偿，但因国内法律尚未明文赋权检察机关提出惩罚性赔偿，也未对食品公益诉讼中惩罚性赔偿的提出主体、适用案件类型、范围、条件、赔偿金的管理作出具体规定，故在实践过程中引发了较大的争议。

❷ 理查德·A.波斯纳：《法律的经济分析》，蒋兆康译，中国大百科全书出版社，1997，第30页。

❸ 理查德·A.波斯纳：《法律的经济分析》，蒋兆康译，中国大百科全书出版社，1997，第32页。

方法可为剖析检察机关提起食品公益诉讼中能否要求惩罚性赔偿提供参考路径。

一、食品公益诉讼适用惩罚性赔偿的争议

（一）典型案例：问题的提出

【案例1】 顺旺客公司在广州市设有多处中央厨房与配送点，在未取得食品经营许可证的情况下开展餐饮配送。2018年3月18日，其采购了400斤猪手粒，其中160斤加工后销售。当月，广州市黄埔区食品药品监督管理局对该公司剩余的240斤猪手粒进行抽检，检测结果为不合格。2018年9月，广州市黄埔区检察院对顺旺客公司以涉嫌生产、销售不符合安全标准的食品罪向广州市黄埔区人民法院提起公诉。同时，对顺旺客公司侵害社会公共利益的行为提起了刑事附带民事公益诉讼，要求顺旺客公司承担10倍销售额的赔偿金并向消费者公开赔礼道歉。广州市黄埔区人民法院先后作出刑事判决和民事判决，以生产、销售不符合安全标准的食品罪分别判处主要负责人和直接负责人两被告人有期徒刑七个月、六个月，宣告缓刑并宣告禁止令，判处顺旺客公司罚金人民币2万元。判决顺旺客公司支付不合格猪手粒销售价款10倍的惩罚性赔偿金并公开赔礼道歉。

【案例2】 江西省赣州市信丰县郭某从事辣椒生意期间，采用添加剂硫黄熏制辣椒。2017年8月，郭某将封存在其仓库的9163.8斤辣椒销售流入市场。经食品药品检验所检验，在郭某家中提取的辣椒样品中，半干辣椒和湿辣椒中二氧化硫含量均超过食品安全国家标准上限20多倍。赣州市检察院于2017年10月刊登公告，依法公告督促有权提起诉讼的适格主体就本案向人民法院提起民事公益诉讼，最终无社会组织提起民事公益诉

---

❶ 最高人民检察院：《"保障千家万户舌尖上的安全"公益诉讼专项监督活动典型案例》，https://www.spp.gov.cn/spp/xwfbh/wsfbh/201910/t20191010_434054.shtml，访问日期：2020年10月25日。

讼。2018年6月，赣州市人民检察院向赣州市中级人民法院提起民事公益诉讼。诉讼请求为：（1）判令被告郭某支付其所生产、销售的不符合食品安全标准的硫黄熏制食用辣椒价款10倍的赔偿金；（2）判令被告承担现场扣押的5780斤硫黄熏制辣椒销毁费用，消除食品安全隐患；（3）判令被告在《赣南日报》或赣州广播电视台等市级以上媒体公开向社会公众赔礼道歉。赣州市中级人民法院最终全部支持了检察机关的诉讼请求。❶

上述两则案例是最高人民检察院分别在2019年和2018年公布的典型案例。这两则案例中，法院最终都支持了检察机关提出的惩罚性赔偿请求，但在法律尚未明确规定公益诉讼中惩罚性赔偿的前提下，在公益诉讼中检察机关能否作为提出惩罚性赔偿的主体？案例1中检察机关以销售额10倍主张惩罚性赔偿，是否所有案件的惩罚性赔偿均是如此计算，能否适用其他计算方式？惩罚性赔偿与刑罚罚金是否可同时适用？案例2检察机关在公益诉讼中提出惩罚性赔偿与个人提出惩罚性赔偿是否重复？法院实际收取的惩罚性赔偿金该如何管理使用？以上种种问题都具有类案探讨的必要。

（二）惩罚性赔偿食品公益诉讼：实务现状与理论争鸣

2017—2019年，全国食品民事公益诉讼案件中由检察机关提起惩罚性赔偿诉讼请求的案件有816件，其中刑事附带民事公益诉讼案件694件，民事公益诉讼案件122件。对检察机关起诉的公益诉讼惩罚性赔偿案件，法院一审受理率为98.9%，一审生效裁判共计661件，一审法院裁判支持率为97.4%。❷2019年5月，《中共中央、国务院关于深化改革加强食品安全工作的意见》发布，该意见要求探索建立食品安全民事公益诉讼惩罚性

---

❶ 最高人民检察院：《最高检发布检察公益诉讼十大典型案例》，https://www.spp.gov.cn/zdgz/201812/t20181225_403407.shtml，访问日期：2020年10月25日。

❷ 闫晶晶：《最高检召开探索建立食品安全领域民事公益诉讼惩罚性赔偿制度座谈会》，https://www.spp.gov.cn/spp/zdgz/202008/t20200829_478198.shtml，访问日期：2020年10月25日。

赔偿制度。最高人民检察院在 2018 年和 2019 年的工作报告中对惩罚性赔偿制度予以充分认可，连续两年公布的典型案例中均有惩罚性赔偿案件。2020 年 8 月，最高人民检察院召开探索建立食品安全领域民事公益诉讼惩罚性赔偿制度座谈会，深入研讨民事公益诉讼惩罚性赔偿制度定位、衔接、认定及惩罚性赔偿金的计算基数、管理与使用等问题。❶ 足见，实务界对食品民事公益诉讼中惩罚性赔偿规则的确立，期盼已久。

学术界对该论题的探讨也日渐丰富。在中国知网以"公益诉讼"并含"惩罚性赔偿"为题名进行搜索，可得期刊、报纸、硕博论文等各类文献 78 篇，其中涉及食品公益诉讼惩罚性赔偿文章 62 篇。❷ 诸位作者对食品公益诉讼惩罚性赔偿所做的论证多是从法理学角度出发，以公平正义的原则，引述国外法典中关于惩罚性赔偿的司法制度，结合当前国内现有法律规定和司法实践操作，或逻辑推导，或引申论述，或演绎归纳，对民事公益诉讼中惩罚性赔偿的问题进行剖析探究，从立法层面和司法实践提出相关完善建议。主流观点殊途同归，均以认可食品安全领域检察公益诉讼中的惩罚性赔偿为结论。现有研究之外，笔者试图引入经济分析理论架构对惩罚性赔偿制度在民事公益诉讼中的应用加以研究。

（三）"成本－收益"分析方法的引入

在食品公益诉讼案件适用惩罚性赔偿的主要作用是打击违反食品安全法规侵害个人健康权财产权的违法者，惩戒违反食品安全法规的扰乱正常市场秩序的行为。从经济学角度也可以理解为增加违法者的违法成本，剔除食品安全中的不利风险因素，降低社会公众在食品安全上的成本投入。经济分析方法以成本效益对比，从实然角度分析个人和国家在民事公益诉

---

❶ 闫晶晶：《最高检召开探索建立食品安全领域民事公益诉讼惩罚性赔偿制度座谈会》，https://www.spp.gov.cn/spp/zdgz/202008/t20200829_478198.shtml，访问日期：2020 年 10 月 25 日。

❷ 中国知网法律总库：http://lawnew.cnki.net/kns/brief/result.aspx?dbPrefix=CLKD，访问日期：2020 年 11 月 4 日。

讼的投入与产出，根据效率原则和经济人原则推演惩罚性赔偿制度在实践中的优化操作。提出惩罚性赔偿的诉讼活动与经济活动一样，也是需要考虑诉讼成本、计算诉讼收益的。

二、惩罚性赔偿在实践中的"成本－收益"分析

（一）个人诉讼与公益诉讼主体成本收益对比

个人提出惩罚性赔偿的诉讼成本可进行量化的指标主要有时间和金钱。依据《消费者权益保护法》和《食品安全法》的规定，个人可以提起含有惩罚性赔偿请求的民事诉讼。个人进行民事诉讼的一般流程为：先要花费时间收集相关证据，证据汇总后，撰写诉状、证据目录等诉讼文书并做好其他诉前准备，然后到法院提交诉讼材料，提请立案，预缴案件受理费。之后，主审法官通知被告，安排好开庭时间。正式开庭时个人要出庭应诉。最后法院作出裁判，当事人领取裁判结果（如申请强制执行的，所用时间另行计算）。按照以上步骤，可以梳理出个人在诉讼中所花费的时间成本大约为 2.5 天，具体如下：

第一步：诉前准备（1 天）→第二步：提请立案（0.5 天）→第三步：出庭应诉（0.5 天）→第四步：领取裁判结果（0.5 天）。

个人在诉讼中所花费的金钱成本包括：准备诉讼文件的打印、复印及材料费约 100 元，往来交通费约 100 元，参与诉讼 2.5 天的误工费。至于因诉讼影响精神状态的成本因无法使用明确金额予以衡量确认，故暂不计入。以所购金额不超过 100 元为例，个人依据《消费者权益保护法》第 55 条主张所得惩罚性赔偿金额最高为 500 元，依据《食品安全法》第 148 条第 2 款主张所得惩罚性赔偿金最高为 1000 元。通过上述说明，个人提出惩罚性赔偿的诉讼中花费时间 2.5 天，所得惩罚性赔偿金额 500 元或 1000 元。作为理性人提出惩罚性赔偿的诉讼似乎并不划算，况且存在安全问题的大多数是食品，单次直接造成的人身损害并不太明显，对身体和健康的

侵害要从时间和数量上累积之后，才能有所体现，所以在身体未出现明显受损害表征时，个人很少会有因购买少量低价商品而提起诉讼的。

检察机关提出惩罚性赔偿的食品公益诉讼大多是由刑事案件附带提起的，这样可以节省一半诉讼时间，即使单独提出的民事公益诉讼，所花费时间主要集中在收集证据上，而证据收集的期间，并不影响检察机关正常工作的开展。从所得收益来讲，惩罚性赔偿诉讼的所得赔偿金虽不属于检察机关，但是检察机关通过行使职权，维护了正常社会市场秩序，惩戒了食品安全违法者，打击了危害食品安全的违法行为，降低了国家和公众在食品安全方面的投入成本，增强了国民生活的安全感和幸福感。这可以算作检察机关提出惩罚性赔偿所获得的社会收益，也是一份"可观"收益。

（二）违法者成本收益对比

"如果一项开支已经付出并且不管作出何种选择都不能收回，一个理性的人就会忽略它。这类支出称为沉没成本。"❶这是2001年诺贝尔经济学奖得主斯蒂格利茨（Stiglitz）教授对沉没成本的定义。不管违法者将要面临什么样的诉讼，在实施违法行为时，他所付出的时间、金钱、设备等生产成本都是无法收回的沉没成本。生产销售不符合食品安全标准的食品后，违法者销售额是固定的。但对违法者而言这不是最终的收益，因为他有可能还要面对购买者或者检察机关提起的诉讼，在不同诉讼中他所要付出的成本是要从销售价款中扣减的。通常，食品本身单价不高，购买用户也不会大量购买，即使购买者提起民事诉讼中的惩罚性赔偿，相对于违法者的销售收益来说只是很小的一部分。但是，检察机关提起惩罚性赔偿的数额可能是违法者销售额的10倍，销售价款本身已包含了成本和预期利益，按照这个数额的10倍计收惩罚金，惩罚金就大到足以让违法者慎重考

---

❶ 劳伦斯·马丁：《斯蒂格利茨〈经济学（第二版）〉学习指导》，张军、夏业良译，中国人民大学出版社，2000，第40-41页。

量的地步了。加之，检察机关如提起刑事诉讼，违法者要面临刑事罚款以及失去人身自由的刑罚，这就对违法者产生了强大的阻却效果。显然，个人提起的惩罚性赔偿对违法者的收益不会构成显著影响，而检察机关提出的惩罚性赔偿会让违法者的收益为负项，彻底打消其违法的想法。

三、以成本效益对比优化惩罚性赔偿措施

（一）个人诉讼与公益诉讼并行不悖

无论个人和检察机关是否对同一违法企业提出惩罚性赔偿，都不会削弱惩罚性赔偿的作用，而且不管是同时诉讼还是哪一方先行诉讼，针对同一违法企业调查固定的证据都可以由另一方在诉讼中适用，这也在客观上减少了时间和费用成本。如一方被先行判决，另一方也可以在诉讼中享受先行判决文书既判力带来的便捷效果。因此，就减少诉讼成本而言，个人诉讼和检察机关诉讼并行对保持收益是可行的。

（二）应以销售价款作为赔偿计算基数

在案例1中，检察机关以违法企业销售的总额作为惩罚性赔偿金的起算基数，从成本分析来说是合理的。基于此，笔者认为，企业在进行经营时应注意保留财务账簿，将来一旦涉诉就可快速掌握控制销售的商品总额，降低诉讼取证的难度，缩小司法资源的投入。一般而言，企业在生产销售时对销售额是有所预知的，即使将来面对惩罚性赔偿诉讼，他们也是知晓可能带来的罚金损失的，即对成本收益结果有所预判，不会导致行为结果的不可预测。试想如果以造成损失的金额作为基数，那么究竟会造成多大的人身损失和财产损失都是无法预估和衡量的，可能出现罚金过重导致企业难以承担、无法继续运营的局面。惩罚性赔偿的本意并非消灭这些企业主体，而是要对其违法行为进行惩戒，促使其改正，继续生产销售合格的商品，促进经济发展。

（三）惩罚性赔偿的比较优势

侵权行为虽然属于民法的调整范畴，但是民法却无法规制大范围严重的侵权。行政机关对食品安全违法企业进行行政罚款，既是源于对违法行为的惩罚，也是出于行政机关的执法义务。刑事罚金虽然是针对违法者作出的惩戒，但其实是公共执法权的实现，与受害人并无直接关联性，受害人无法通过刑事罚金主张个人权益的补偿。惩罚性赔偿不仅可以弥补受害人的损害，还可以达到惩罚和遏制违法行为的目标，此类赔偿在遏制违法行为的同时可以预防此类行为的发生。惩罚性赔偿通过对违法企业施加其难以承担的惩罚额度使其恐于过高违法成本而望而却步。惩罚性赔偿之下，违法行为须付出巨大的经济代价，因而其在行为选择时将慎重考量其成本和收益。基于经济人理性选择，多数企业将不会实施该类违法行为。

（四）惩罚性赔偿金管理成本效益优化

虽然个别地区的检察机关设立了公益诉讼专项基金账户，如宁波市检察机关、城固县检察机关，但是这些账户不区分公益诉讼类型，不论是食品公益诉讼还是环境公益诉讼，检察机关也难以承担向个人核实情况和发放款项的重任，实际上也未向食品安全受害个人发放过惩罚性赔偿金。基于此，笔者认为检察机关提出惩罚性赔偿的赔偿金最好由专门的基金会或者消费者权益保护组织等团体管理，保证其持续保值增值，对其去向和使用进行监管，可使得收益最大化，管理成本最小化。反之，如将惩罚性罚金交由检察机关代管，机关并无管理使用罚金的经验和先例，尚需额外安排人员重新学习财务管理及对接具体受害者，不仅增加惩罚性赔偿的后续成本，且对罚金并无具体使用规则，反而使罚金得物无所用，收益效果减弱。

四、结论

虽然检察机关提出惩罚性赔偿制度的基础法学理论尚有争议,司法实践操作的规则尚待完善,现有法律条文依据也不充足,但是该制度在食品安全领域确实起到了遏制违法企业的作用,弥补了消费者个人提起惩罚性赔偿的缺点和不足。通过惩罚性赔偿涉及主体的诉讼成本和诉讼收益经济分析对比可知,由检察机关提出惩罚性赔偿,在代表国家或者社会群体进行诉讼获得正向诉讼收益的同时,也能增加违法企业的违法成本,起到惩戒和预防的双重效果,保障食品安全和市场秩序。

论行政公益诉讼中"公共利益"的认定

》 王 有*

一、行政公益诉讼中认定"公共利益"的问题

自2017年《行政诉讼法》修正后,行政公益诉讼制度以法律的形式被确定下来,千呼万唤的行政公益诉讼制度终于可以在全国范围内开展,但提起行政公益诉讼,首先需要回答何种利益才能称为"公共利益"以及其构成要素是什么的问题。而"公共利益"之认定正是行政公益诉讼中的重点,同样也是难点之所在。以下通过一起行政公益诉讼案件,分析在现行条件下,我国司法机关在实务中对公共利益认定方面存在的一些问题。

(一)从一起行政公益诉讼案例谈起

2015年7月,经全国人大常委会授权,公益诉讼工作在陕西等13个省(区、市)如火如荼地铺展开来。随着诉讼实践的需要,"公共利益"的难题再一次不可避免地摆在了人们面前,对"公共利益"的讨论又掀起热潮。其中,"公共利益"的认定问题显得极为棘手,"西安市W区检察院诉西安市国土资源局行政公益诉讼案"[1]在该问题上具有代表性,以下就该案做一简单介绍。

自《检察机关提起公益诉讼改革试点方案》开始实施后,西安市W区

---

* 王有,西北政法大学法学硕士,现工作于中国人民银行兰州中心支行。

[1] 该案为笔者参与课题调研时所收集,于2017年6月在西安市召开的"西安市未央区人民检察院行政检察监督研讨会暨全省公益诉讼座谈会"上作为会议材料使用。

检察院在履职中发现，该区 H 街道办事处（以下简称 H 街办）F 村村民黄某未经审批违法占用 H 街办 W 村土地搭建厂房进行经营活动，该厂房非法占用的土地属于水浇地型耕地，为禁止建设用地。2016 年 7 月 19 日，西安市 W 区检察院便以西安市国土资源局（以下简称西安市国土局）对该违法行为未履行监督职责、侵犯国家和社会公共利益为由，作出行政公益诉讼立案的决定。

该宗土地原由张某承租 H 街办 W 村第二村民小组的土地，用来存放建材等物资，后张某委托其子小张与黄某签订租地协议。2015 年 4 月，黄某未经审批在该土地上建设新旧门窗家具市场。2015 年 4 月和 5 月西安市国土局 W 分局（以下简称国土 W 分局）向黄某两次送达"责令停止土地违法行为通知书"，并于 2015 年 9 月作出"行政处罚告知书"；同时，国土 W 分局联合西安市规划局 W 分局、西安市 W 区城市综合管理执法局在 2015 年 5 月至 2015 年 12 月共下发五份"关于拆除 W 村违法建筑的通告"；并且国土 W 分局配合 H 街办组织的联合执法行动对违法建筑进行拆除，张贴了"关于取缔 W 新旧门窗家具市场的公告"。但该宗被非法占用的耕地仍未恢复到耕种状态，且建筑垃圾大量堆放。

2016 年 9 月，西安市 W 区检察院向国土 W 分局发出检察建议，建议其积极履行职责，并要求国土 W 分局于收到检察建议后一个月内将办理情况予以回复。2016 年 10 月，国土 W 分局制作了"土地行政处罚决定书"，责令张某对其非法占用土地进行复垦，恢复土地原状，并处以张某 21 600 元的罚款，随后发函检察院。但是，由于非法占用土地整治不到位，该商品市场仍在经营。

2016 年 11 月，西安市 W 区检察院向西安市国土局发出检察建议，要求其认真履行监督职责，依法查处非法占用耕地的行为，并对占用的耕地进行综合管理，使其恢复到土地利用总体规划的耕地状态。随后，西安市违规调整规划查纠和违法用地专项执法监察活动领导小组办公室❶对检察建议作出回复,称已函告 W 区政府积极组织整改。当月,国土 W 分局对检察建议作出回复,称市场内所有商户旧货物品全部搬离,5000 平方米彩钢房被拆除,拆除后的土地已复垦平整。W 区检察院在 12 月调查核实时发现,土地虽然已经进行复垦和平整,但可以看到砾石含量高,并掺入了建筑垃圾。配套设施(排灌、道路、林网等)不符合我国行业标准,即《土地复垦质量控制标准》(TD/ T 1036—2013)。

同时,西安市国土局并未依照法定程序对该土地进行复垦验收。至此,由于西安市国土局未依照法律规定全面正确履行土地管理职责,致使农用地被损毁,一直未能恢复耕种状态,为保护土地资源不受损害,维护国家和社会公共利益,W 区检察院向西安市铁路运输法院依法提起行政公益诉讼。

(二)行政公益诉讼中认定"公共利益"存在的困难

1. "公共利益"概念本身内涵、外延不确定

"公共利益"是法律上最大的不确定概念,在行政法中也不例外。往大了说,行政机关的产生就是依照人民的意志履行公共管理职能,维护社会公共利益,即几乎所有的行政机构履行职务的行为都可以是促进公共利益的行为;但往小了说,对某个人、某个集体的利益的维护也可能是对公共利益的维护。公共利益虽不确定,但法院作为最终的裁判者,必须对公共利益进行认定。目前来看,关于行政公益诉讼中公共利益的认定方面至少存在以下困惑。

---

❶ 为切实加强对土地利用和管理秩序整改活动的组织领导,西安市政府成立违规调整规划查纠和违法用地专项执法监察活动领导小组,组长由副市长担任,副组长由市政府副秘书长担任;成员由市监察局、市国土局、市规划局、市公安局、市城管执法局等部门负责同志、各区县政府分管国土工作的负责同志组成。领导小组办公室设在市国土资源局,办公室主任由市国土资源局局长兼任。

首先,什么是"公共利益"?公共利益的认定是法学研究中不可回避的话题,在这方面古今中外的学者著述颇多,众说纷纭,至今难以达成统一认识。这个概念在不同的语境中有着不同的内涵,而检察院开展行政公益诉讼工作,需要明确在我国当前的社会背景和法治环境中公共利益的范围,要讨论行政公益诉讼中的公共利益是什么,形成对公共利益基本的共识,这是逻辑起点,即需要明确广义、狭义的公共利益指什么,或者在我国法律制度框架中的公共利益主要要素有哪些?具体到本案,涉案土地是W村第二村民小组的土地,那这一个村民小组的利益是不是公共利益,理由是什么?

其次,行政公益诉讼中的公共利益有什么不同?通过诉讼来实现对受侵害公共利益的恢复是以个案的形式进行的,检察院提起行政公益诉讼必然涉及案件选择的问题,即具体哪些案件是必须通过行政公益诉讼来实现对公共利益的维护。通过民事公益诉讼追究当事人的责任,促进行政机关行使职权同样可以实现对公共利益的维护。因此,一些专属于民事公益诉讼的案件不属于行政公益诉讼的管辖范围,况且,即便属于行政公益诉讼管辖范围的案件,并不都必须通过提起行政公益诉讼的方式进行。那么,这些必须提起行政公益诉讼的案件应当具备什么样的特点,上述案例是不是体现了这些特点?

再其次,认定公共利益受侵害的标准是什么?检察院提起行政公益诉讼,前提是公共利益必须受到了侵害,但是怎样才算是公共利益受到了侵害?例如,很多地方有"严禁向河道倾倒垃圾"的规定,显然,向河道倾倒垃圾污染河流会危及用水安全,破坏水中生物,是危害公共利益的行为。但是,在实践中到底怎样界定危害却是一个问题,是一旦倾倒垃圾就构成对公共利益的危害,还是倾倒到一定程度才可以,如果对污染程度有要求,那么界限又是什么?此外,像污染水源与污染空气、土壤这些具体行为的性质是不是一致,对不同的公共利益指向的对象认定侵害程度是不是会有所不同?前述案例还有一些特殊性,案中所涉土地是村民小组的土地，对该村民小组来说，或许将土地出租所获得的租金要比将土地用于从事农业生产获得的回报更加丰厚，这样的话认定公共利益受到侵害的正当理由是什么？

最后，怎样认定公共利益得到了恢复？在行政公益诉讼中，公共利益恢复的认定也是一项重要内容，它关涉公益诉讼要不要提起和要不要撤诉的问题。在上述 W 区检察院起诉西安市国土局不作为一案中，2016 年 11 月，国土局已将土地上原有的彩钢房拆除，复垦平整，只是土壤中砾石含量较高，并掺入了建筑垃圾，这样算不算公共利益已经得到了恢复？如果不算，那么在不清理砾石、建筑垃圾的情况下，在该土地上铺一层适合耕种的新土，这样能不能认定为公共利益得到了恢复？此外，还存在比较特殊的情况，例如，因小作坊非法生产造成不可降解的土壤污染，那通过让该小作坊主到沙漠植树来改良土壤、改善环境的替代做法是不是可以被认为是对公共利益的补救？如果连替代措施都无法实施，那通过缴纳罚金将罚金用作该类损害的专项救济算不算对公共利益的维护？

关于公共利益的认定，以上这几个问题有机地联系在一起，需要在开展诉讼过程中认识清楚，这样才能做到有的放矢，取得预期的效果。

2. 案件事实本身往往利益交织、关系复杂

在关涉公共利益的案件中，往往牵扯多方利益、关系复杂，这在一定程度上增加了法院在公共利益认定上的难度。这种利益交织情况主要体现在以下两个方面：

第一，公益与私益交织。在具体的案件中，往往表现为公共利益与个人利益、团体利益等交织的情况，这时候，如果只强调维护公共利益，则私益会受到一定程度的减损甚至遭受侵害，反之，如果一味强调私权则公益会受到损害，因此，需要在法律适用过程中注意公益与私益的平衡。在上述案例中，保护国家耕地资源是为了维护公共利益，但同时该案还涉及小商贩的利益和村民的利益。事实上，法院相当一部分审判工作是利益平衡工作，法律不能要求个人或者特定团体为了维护公共利益而完全舍弃

个人利益，合理的法律环境要求在维护公共利益而使个人利益遭受不利的情况时，要给予私人适当的补偿或者赔偿。同样地，个人不能因为维护私益而置公共利益于不顾，要在维护个人利益的同时受到公共利益界限的限制。此外，公共利益往往就是由不特定的多数人享有的利益所构成，从这个意义上讲，公共利益在一定程度上就表现为私益，公益与私益既对立，又统一。

第二，短期利益与长期利益交织。短期利益与长期利益产生冲突是较为常见的情形。很多情况下，在法律适用过程中要注意短期利益和长远利益的平衡。在本案中，从短期来看，村民将耕地出租获得的租金收入可能要远远高于从事农业种植所获得的收入，是一种能够短期受益的行为；但耕地的大幅减少和肆意破坏将影响国家粮食安全，且耕地被破坏后往往恢复成本很高或者极难恢复，从长远来看，这是一种不利益的行为。

3. 缺乏明确具体的法律依据

我国涉及"公共利益"的法律规定可谓卷帙浩繁，其中尤以行政法规数量最大，但这些规定大都是原则性的规定，而且法律条文之间表述未尽一致，在司法实践中缺乏可操作性。从现行法律法规中可以看出，涉及公共利益的制度性规定数量极为庞大，而且几乎涉及了各个层级和行业，但仔细阅读这些法律文件会发现，其中有关公共利益的条文仅出现在总则性规定部分，大都是关于公共利益的原则性规定。例如，在《宪法》中有两次出现了"公共利益"，分别在第10条和第13条中，表述均为"国家为了公共利益的需要，可以……"再如，《行政处罚法》第1条就写到"……维护公共利益和社会秩序……"《行政许可法》也在第1条提到了维护公共利益。然而，与这些法律规定相关的司法解释并没有具体说明公共利益的内容。这无疑为公共利益的具体认定留下了广阔的裁量空间，认定何者构成公共利益，需要适法者根据具体情况在个案中予以判定，这无疑增加了法律适用的难度。

当然，并不是所有的法律法规都没有对公共利益作出规定，2011年1月颁行的《国有土地上房屋征收与补偿条例》（以下简称《征收与补偿条例》)第 8 条就涉及公共利益的事项进行了非穷尽式列举,主要涉及由政府组织实施的能源、交通、水利等基础设施建设,科教文卫等公用事业建设需要等方面。除此之外,2017 年修正的《行政诉讼法》也对可提起行政公益诉讼的领域进行了列举,该法第 25 条规定"生态环境和资源保护、食品药品安全、国有财产保护、国有土地使用权出让等领域"。以上法律法规虽然对公共利益所涉及的领域进行了规定,但两次规定均不能涵盖公共利益涉及的所有领域。《征收与补偿条例》规定的公益事项主要集中于基础设施和公用事业建设方面,2017 年修正的《行政诉讼法》也只是列举了四个关系国计民生的重点领域,同样无法在具体案件中进行具体的司法指引。其实,由于国家和社会生活的不断发展进步,想要通过立法的形式穷尽列举公共利益的所有表现形态不够现实。

此外,我国法律法规对于公共利益的有关规定本身比较模糊、缺乏系统性。在《宪法》《征收与补偿条例》等规定中"公共利益"一词是独立出现,在《行政诉讼法》中的表述为"国家利益、社会公共利益",在《行政处罚法》中出现了"维护公共利益和社会秩序",以上只是在宪法行政法律规范中的用语差别,在民事法律规范中还有"社会公德"❶"公序良俗"❷等相似表述。在关于公共利益相关的法律用语上的不统一在一定程度上反映了立法规范公共利益的难度,但这种法律用语的不统一和概念模糊也给司法判定公共利益增加了难度。但值得庆幸的是,综观近几年修改的几部法律,要么将"公共利益"作为一个宏观的集合性概念使用,要么以"社会公共利益"的表述与"国家利益""他人合法权益"等并列出现。由此观之,立法过程中开始注意对公共利益进行体系化、规范化的表达,将

---

❶ 《民法典》第 1251 条规定:饲养动物应当遵守法律法规,尊重社会公德,不得妨碍他人生活。
❷ 《民法典》第 8 条规定:民事主体从事民事活动,不得违反法律,不得违背公序良俗。《民法典》第 10 条规定:处理民事纠纷,应当依照法律;法律没有规定的,可以适用习惯,但是不得违背公序良俗。

"公共利益"作为"国家利益""社会公共利益"的上位概念。

二、"公共利益"概念的理论界分

公共利益具有"一张普罗修斯似的脸",对其内涵与外延的研究一直吸引着古今中外的学者,但至今在理论界未能形成放之四海而皆准的统一定义,或许这一定义永远不会达成,就像有学者所言"公益之概念只能被描述而无法被定义"❶,但"公共利益"作为架构行政公益诉讼规范体系的基本概念,对其进行深入研究无法回避。特定的字词组合都有其相对固定的含义,不妨从公共利益这一词语本身出发来探究其内涵,"公共利益"一词是由"公共"和"利益"组成,对公共利益这一概念的探讨首先要明确"公共"和"利益"的内涵,探讨谁能代表"公共"和什么构成"利益"。

(一)公共利益概念的厘定

仔细考察发现,"公共"和"利益"的具体内涵同样难以精确定义,从而对这两个概念的厘定不得不转向对两者特点的考察,通过对特点的归纳进而描述公共利益所具有的基本内涵。

1. 公共利益的主体

公共利益的主体是指谁能够代表"公共",即公共利益是谁之利益,而对"公共"的认定离不开"范围"和"数量"这两个标准。范围标准是讨论多大区域才是"公共"一词应当涵盖的范围。例如,一个特定的利益团体所在的区域算不算是公共应有的范围,一个村民小组、一个县的范围算不算?为什么?数量标准是指多少人才能代表公共。例如,一百个人能不能代表公共,成千上万个呢?构成公共的界限到底在哪儿?对于范围标

---

❶ 蔡志方:《行政救济与行政法学(三)》,正典出版文化有限公司,2004,第526页。

准,放眼现在关系公共利益的环境、生态、水资源保护、民族、宗教、反恐等问题,早已不再局限于一定的地域或者行政区划范围,随着科技经济的发展,某一地区发生的问题完全可能会对另一区域产生重大影响,因此通过地域范围的大小来区别"公益"已是一种不合时宜的做法。对于数量标准,很难说人数多就代表公共利益,而少就不能体现公共利益,因为很可能虽然某一事项参与的人少,但参与的人数是不特定的(如公益设施的使用人),另一事项虽涉及很多人,但这是一个封闭组织,有共同的利益诉求(如某类社团组织),因此,用数量标识"公共"的做法也不可取。

早期的德国公法学者纽曼·斯克奴(Roman Schnur)提出,"公共"这一概念可分为两种,一种是"公共性"原则,即开放性,任何人可以不封闭也不专为某些个人所保留;另一种就是国家或地方自治团体等设立、维持的设施所掌握的职务。❶ 第一种说法具有说服力,只要某一事项涉及不特定人的利益,该事项对任何人是"开放的",具体的利益主体无法特定化,那它就具有"公共"的特征;而第二种说法的合理性在于国家机关的设置和公共设施的建设就是为了增进公共利益。

2. 公共利益的内容

公共利益的内容主要讨论公共利益中的"利益"是什么,利益的表现形式为何的问题。法理学中用价值来衡量利益,所谓利益是指客体对于主体的有用性,即当某种物质或者秩序等能够满足人们需要的时候,它就具有价值,对人们来说也就具有利益。不难发现,确定何者构成利益是一个价值判断的问题,由于每个人的需要可能是不同的,因而价值就具有主观性;而行政公益诉讼是要维护公共利益,因此,公益诉讼中的价值要体现相当的"公共性",这就要求价值判断者站在"他人""理性人"或者特定集体的角度去思考问题,这样评价产生的公共利益就具有一定的客观性。其实,即使是从客观角度出发评价的公共利益,它也要从评价主体的需求

---

❶ 陈新民:《德国公法学基础理论(上)》,山东人民出版社,2001,第185页。

和价值标准出发,要体现一定的主观性。综上,利益的评价是一个主观见之于客观的活动,对何者构成利益要从评价主体自身的需要(主观标准)和特定群体的需要(客观标准)两个方面来分析。

现在,对于前述案例中 W 村第二村民小组的利益是否构成行政公益诉讼中公共利益的问题就迎刃而解了。从主观标准出发,对该组村民来说,出租土地获得的收益更高,似乎并没有侵犯该组村民的利益,因而就此提起行政公益诉讼显得理由不足。但是,检察机关对西安市国土局提起行政公益诉讼并不是从该组村民的角度出发,而是从国家粮食安全和耕地资源保护的客观标准出发,维护全体国民的共同利益,因而是典型的行政公益诉讼。

综上,通过前述对词语构成的解构分析可知,公共利益的不确定性是由于主体的不确定和内容的不确定所致。进一步分析公共利益的主体和内容就可以发现,虽然公共利益的主体很难从范围和数量上进行具体化,但是公共利益的主体体现出了"开放性"和"职权性"的特点,而公共利益的内容,其实质是价值判断问题,遇到具体案件用客观标准和主观标准判断即可,并且,行政公益诉讼中一般适用客观标准。

(二)公共利益外延的界分

诸多学者将利益划分为公共利益、个人利益和国家利益三类,但对各自的内涵与外延依然未见有说服力的界定,这样的划分是否合理仍然是一个有待争辩的问题。

1. 公共利益与个人利益

个人之间既存在同一性又存在差异性,由此决定了人类生活中的个体利益可以区分为普遍性的个体利益和个别化的个体利益。[1] 立法者在法律制定的过程中将一部分普遍性的个体利益以法律的形式肯定下来,这部分

---

[1] 黄学贤、王太高:《行政公益诉讼研究》,中国政法大学出版社,2008,第 75-76 页。

利益是社会公众共同的价值追求，于是成了公共利益，而另一些特殊的个性化的需求自然不属于公共利益的范畴。从公共利益的产生过程来看，公共利益是由那些普遍的、相对稳定的个体利益所形成的，因此，对公共利益的保护总会间接地使一部分个人获利。实践中，由于纯粹的公共利益并不多见，因而只要提起行政公益诉讼的目的是维护公共利益，即便对公共利益的维护间接地使部分个体受惠，也不影响公益诉讼的性质。然而，个人利益与公共利益往往存在矛盾，因为个人和组织"每一方都追求着自身的目标，都力图最大限度地扩大国民收入中自己的份额，或最大限度地增强自己在社会等级中的地位"❶，而在一定区域内社会资源的总量是有限的，一部分人的利益增加往往意味着另一部分人利益的减损。因此，为了防止某些人或组织对公共利益的侵害就需要以公益诉讼的名义维护应有的法律分配秩序。

国外的制度中常提及团体诉讼、集团诉讼这样的词汇，鉴于我国社会组织发展的现状和国家法律制度的设置情况，可以将特定团体的利益归为个人利益的范畴，只要受益对象是特定的，其所追求的利益就有了私益的特征，那么其完全可以通过代表人诉讼等方式维护自身利益，无提起行政公益诉讼之必要。

区分公益与私益的一个重要出发点是要防止公益诉讼演变为私益诉讼，不能使国家公器成为某些组织和个人攫取非法利益的工具。例如，拆迁有时候表面上是为了维护公共利益，实则涉及开发商的利益，一定要防止这些组织和个人借公益之名行私益保护之实。

2. 公共利益与国家利益

公共利益与国家利益的关系问题也是理论界争议颇多的问题，有人说公共利益不同于国家利益，但不同点在哪儿又无法自圆其说，有人说公共利益就是国家利益，但理由又似是而非。相比之下，阎学通先生的观点显

---

❶ 哥伦比斯、沃尔夫：《权力与正义》，白希译，华夏出版社，1990，第120-121页。

得更为合理，他认为"国家利益"一词包含两层含义：一是国际政治范畴中的国家利益，指的是一个民族的国家利益；二是国内政治意义上的国家利益，指的是政府利益或政府代表的全国性利益。❶从国家利益的产生来看，为了实现对一国范围内全体社会成员共同利益的保护，人民建立国家机器，让这部分社会共同的利益以国家利益的面貌出现，简言之，国家利益不过是实现公共利益的必要手段，国家利益在本质上就是公共利益。从《全国人大常委会关于授权最高人民检察院在部分地区开展公益诉讼试点工作的决定》的规定来看，授权就生态环境保护、食品药品安全等提起行政公益诉讼，在一定程度上体现了国家利益就是公共利益。这部分上升为国家利益的公共利益被分配到不同的政府部门负责管理和维护，由检察机关进行法律监督，如果行政机关不作为或违法作为侵犯了这些共同利益，那检察机关就可以通过提起行政公益诉讼等手段使公共利益恢复到不受侵害的圆满状态。但是要注意，在国际政治中对国家利益的损害则不能由检察机关通过诉讼的方式救济，应由政府通过其他途径解决，检察机关提起公益诉讼应是针对国内政治意义上的行为。

此外，还有一点需要说明，公共利益总是由特定的机构和人员管理，而这些机构和个人往往有自己的部门利益和个人利益，他们可以很方便地利用职务上的便利为自己谋取私利。以前个人无法对这类侵害公共利益的行为提起诉讼，现在检察院可以通过公益诉讼承担起这一职责，行政公益诉讼要防止公共利益变成某些机构和个人获取非法利益的工具。例如，

---

❶ 阎学通：《中国国家利益分析》，天津人民出版社，1996，第4页。

2006 年发生的"财政局购车案"❶，超出财政预算购置车辆表面上是为了满足公共服务的需要，实则是为了满足某些个人和组织的特殊利益，而公民个人却无法通过公益诉讼的方式维护公共利益。

三、行政公益诉讼中认定"公共利益"的法律依据

司法是"以事实为依据，以法律为准绳"的适用法律的专门活动，行政公益诉讼中认定"公共利益"是基于现行法律规定而展开，因此，探讨司法中的"公共利益"就必须回归到法律文本中寻找依据。通过探究具体法律语境中"公共利益"的表现形式，就能更加准确地把握我国法律对"公共利益"的价值追求，进而为行政公益诉讼中认定"公共利益"提供指导。

（一）法律文本中"公共利益"的表现形式

在行政公益诉讼中认定"公共利益"最直接的法律依据是 2017 年修正的《行政诉讼法》第 25 条，该条用非穷尽式列举的方式规定了公共利益所涉及的四大重要领域。从法条规定的目的来看，在该条中"公共利益"是以行政公益诉讼的标的的形式出现。当然，法律文本中关于公共利益的规定远不止于此，行政公益诉讼中判定公共利益需要在该条规定的基础上依照或参照其他类型的法律规定，因此，有必要对其他法律规定中的"公共利益"类型进行归纳。

---

❶ "财政局购车案"：某村委会主任蒋某林以普通纳税人的身份，起诉湖南省常宁市财政局，要求法院认定该局超出年度财政预算购买两台小车的行为违法，应将违法购置轿车收归国库，以维护纳税人的合法权益。法院以起诉人不具有法律上的利害关系而不予受理。显然，超标准或超预算购置车辆背离了行政机关公共服务的目标，公民针对该行为提起诉讼具有强烈的公益色彩，但当时因为起诉资格的限制而无法以公民个人名义提起行政公益诉讼，而现在检察院可以针对该类行为提起公益之诉，防止某些机构和个人为私益而侵害公益。参见王学进：《农民蒋时林起诉财政局 唤醒纳税人权利意识》，《中国青年报》2006 年 4 月 5 日，http://zqb.cyol.com/content/2006-04/06/content_1352337.htm，访问日期：2023 年 8 月 20 日。

1. 公益诉讼标的

2017年修正的《行政诉讼法》又一次丰富了公共利益的内涵，以公益诉讼标的的形式将公共利益写进了法律。长期以来，当国家利益和社会公共利益遭受侵害时，由于缺乏具体可操作的法律依据、没有适格的原告等导致受侵害的公共利益无法得到及时的补救。随着2015年7月公益诉讼试点工作的展开，这一局面得到改变，试点期满，国家及时修正《行政诉讼法》，将行政公益诉讼以法律形式确定下来，公共利益在法律中又多了一个诉讼标的的身份。在2017年修正的《行政诉讼法》第25条规定，如果对生态环境和资源保护、食品药品安全等领域负有监督管理职责的行政机关，由于违法作为或不作为致使公共利益遭受侵害的，经检察机关履职中发现进行督促后，如果行政机关不依法纠正，检察机关可以向人民法院提起行政公益诉讼。在这个规定下，一些行政机关负有管理职责的涉及公共利益的领域成了公益诉讼的标的。

应当说，将由行政机关负有管理职责的，关系国计民生利益的领域纳入诉讼范围是司法进步的表现。在我国，行政机关拥有广泛的行政管理权，其管理范围涉及国民生活的方方面面，尤其是行政机关作为国有土地、国有财产的保护者，作为食品药品的监管者，作为环境资源的管理者，如果其违法作为或不作为将会影响全民福祉，对公共利益造成巨大损害。因此，必须要在法律上对行政机关进行约束，将"公共利益"作为诉讼标的写进法律，通过具体制度设计将维护公共利益落到实处。

此外，有学者根据规范目的梳理我国法律中的"公共利益"时，还总结了"作为法律保护对象"的公共利益类型，这种公共利益类型在一定程度上类似于作为公益诉讼标的类型，并且现有文献已有较为充分的论述，故在此不再赘述。

---

❶ 倪斐：《公共利益法律化：理论、路径与制度完善》，《法律科学（西北政法大学学报）》2009年第6期。

2. 立法目的

将公共利益作为立法宗旨或立法目的是我国行政立法甚至是普通立法的一大特点，其规定形式是在一部法律文件的第 1 条规定法律制定的目的之一就是维护公共利益。例如，《行政强制法》《行政处罚法》《行政许可法》等均在开篇第 1 条就规定制定本法的目的是"维护公共利益和社会秩序"。这种在开篇第 1 条就规定维护公共利益是立法目的之一，并通过整体法律制度的设计致力于公共利益的实现，这当然要求行政机关在执法和司法机关在适法过程中维护公共利益不受损害。

3. 公权力运行的正当化依据

将公共利益作为公权力运行正当化的依据在土地和个人财产征收、征用领域体现最为明显。在《宪法》中有两处提到"公共利益"，第一处是在《宪法》第 10 条，该条规定："国家为了公共利益的需要，可以依照法律规定对土地实行征收或者征用并给予补偿。"第二处是在《宪法》第 13 条，该条规定："国家为了公共利益的需要，可以依照法律规定对公民的私有财产实行征收或者征用并给予补偿。"《宪法》作为国家的根本法，规定了因公共利益之需要可以依法进行征收、征用，这在一定程度上是一种价值宣示。我国是社会主义国家，因而保护公共利益的价值追求贯穿于整个法律体系中，可见公共利益所具有的极端重要性。

《征收与补偿条例》第 8 条规定："为了保障国家安全、促进国民经济和社会发展等公共利益的需要，……确需征收房屋的，由市、县级人民政府作出房屋征收决定……"可见，行政机关在行使公权力时，维护公共利益既是其权利行使的目的和归宿也是其权力行使正当化的依据。

4. 私权自由的界限

公共利益是对一般权利进行限制的正当理据，这在我国法律规定中具有普遍性，在立法中一般表述为特定行为不得损害公共利益。例如，《慈善法》第 14 条明确规定，从事慈善活动的相关人员"不得利用其关联关系损害慈善组织、受益人的利益和社会公共利益"。《行政处罚法》第 83

条规定"行政机关对应当予以制止和处罚的违法行为不予制止、处罚,致使……公共利益和社会秩序遭受损害的,对直接负责的主管人员和其他直接责任人员依法给予行政处分……"将公共利益作为私权自由的界限在民事法律规范中更为常见,例如,《民法典》第534条规定,对当事人利用合同实施危害国家利益、社会公共利益行为的,市场监督管理和其他有关行政主管部门依照法律、行政法规的规定负责监督处理。

世界上没有绝对的自由,法律所承认的个人权利和自由是以不损害他人利益和公共利益为前提的。个人总有追求权利最大化的倾向,如果这种欲望得不到适当限制,就有可能损害他人的合法利益、公共利益和社会秩序等,因此必须对个人权利进行适当监督和限制。但从另一个角度来说,公共利益在一定程度上是通过具体的个人利益体现出来的,可以说公共利益包含了更为广泛的个人利益,所以公共利益是限制个人权利和自由的正当理由。

5. 法院裁判的指引性规范

将"公共利益"作为法院裁判的指引性规范集中体现在《行政诉讼法》中。《行政诉讼法》第56条规定了"诉讼不停止执行"制度,旨在维护应有的行政秩序,但同时该条规定了涉及公共利益的两种例外情形,这两种例外情形从正反两个方面对人民法院保护公共利益提出了要求:第一种情形要求停止执行不损害国家利益、社会公共利益;第二种情形是在执行给国家和社会公共利益造成重大损害的情况下可裁定停止执行。《行政诉讼法》第60条规定了行政调解制度,但在该条第2款特别强调"调解……不得损害国家利益、社会公共利益……"此外,在《行政诉讼法》第74条关于确认违法判决的规定中和第93条关于人民检察院抗诉、提出检察建议的规定中都提到了国家利益、社会公共利益。

《行政诉讼法》作为重要的行政程序法典,在审判程序和监督程序中频繁而又着重强调了公共利益的重要性,同时体现了法院在公共利益保护中的重要角色。在行政公益诉讼案件办理过程中,法院认定并切实保护公共利益的责任自不待言。

以上仅就直接规定"公共利益"的法律规范进行了简单梳理，但在具体的行政公益诉讼案件中，认定公共利益不能单纯依靠以上规范，还需要结合其他具体法律规定进行个案认定。例如，还需要依据"两高"出台的关于规范办理公益诉讼案件的司法解释。❶ 再如，在土地违法类案件中可能还需要依照《土地管理法》《土地管理法实施条例》《土地复垦条例》，以及地方为贯彻法律规定制定的办法、实施细则等，从而具体地确定公共利益包含的内容。

（二）法律规定的不足与行政公益诉讼的作用

从以上对法律中规定公共利益的类型进行分析不难发现，虽然法律中规定公共利益的条款颇多，但从规定形式上看，提及公共利益大多是一种抽象意义的价值宣示，鲜有对公共利益具体内容的界定，单纯根据法律条文本身的规定仍然不足以认定何者构成公共利益。在个案中具体认定公共利益的任务自然而然地落到了执法机关和司法机关的肩上。由于公共利益内涵和外延的极度不确定性，要求立法对公共利益作出具体界定并不现实，而且似乎无此必要，对于公共利益这样的典型不确定概念，对其界定最合理的路径可能是结合立法者、执法者、司法者等多家智慧共同确定，行政公益诉讼制度就是典型的例证。

1. 关于"公共利益"法律规定的不足

"公共利益"作为典型的抽象法律概念，由于其包含内容的复杂性和广泛性，加之立法具有一定的滞后性等，导致立法无法确切定义公共利益所包含的具体内容。前文述及，我国现行法律制度对公共利益具体内容的界定在《征收与补偿条例》和《行政诉讼法》中有过尝试，但由于公共利

---

❶ 《最高人民法院、最高人民检察院关于检察公益诉讼案件适用法律若干问题的解释》（法释〔2020〕20号）。

益所涵盖内容的广泛，以及社会发展带来公共利益内容的不断扩充，导致穷尽式列举公共利益的表现形式变得不可能。在《征收与补偿条例》中，对涉及公共利益的事项进行了列举式与概括式相结合的界定方法，而在《行政诉讼法》中则进行了非穷尽式列举，但仔细分析条文内容可以看出，条文中关于公共利益的规定在一定程度上是抽象的，在实际的适法过程中仍然无法根据这些规定推导出何者为公共利益，现有规定在一定程度上只具有指引性的作用。同时，也应该清楚地看到，只要是涉及公共需求的自然环境、食品药品、公共产品、文化教育等关系人们生活的方方面面都有可能涉及公共利益，小到一块耕地被破坏，大到国家粮食安全。因此，无论多么精巧的立法技术和冗长的列举，都不可能穷尽公共利益所包含的众多事项。

综上，对于"公共利益"这一抽象的法律概念，想要通过立法界定清楚其内涵不现实，而这一立法困难恰又给行政和司法界定公共利益留下了裁量空间。在这里有必要补充强调，虽然立法不能准确定义或者列举公共利益的所有形态，但通过立法形式清楚界定公共利益既无可能也无必要，首先，立法不可能穷尽列举所有公共利益的类型。其次，立法具有一定的滞后性，无法涵盖社会发展带来的新的公共利益类型，例如，在网络没有普及的时代，立法无法预见有一天网络信息安全、电信运营商的数据资费也会关涉公众利益。因此，通过立法手段规定公共利益的基本内涵和要求，通过行政和司法手段在适法过程中具体地认定公共利益成为必然选择。

行政主体虽作为社会的管理者，但并不当然地处处以维护公共利益为己任，每个人都有自己的私人利益，由工作人员组成的行政机关也不例外。行政机关也有自己的团体利益，如果不对行政机关界定公共利益的过程加以控制，行政机关作为公益的具体认定者，很容易为机关利益披上公共利益的外衣。诚如有学者所言："在法律没有给公共利益划定一个界限清晰无误的范围的情况下，国家机关在行使职权时就可以对某一事项是否涉及公共利益作出判定，有时候不可避免地给有利于自身利益的事项贴上公共利益这一标签，通过公共利益转化为自身集团利益。"❶ 因此，要认识到通过行政手段界定公共利益有其局限性，需要运用行政公益诉讼等司法界定的手段作为补充。

综上，认定公共利益是一项复杂的系统工程，对公共利益进行司法模式界定，是补充现有立法界定模式和行政界定模式不足的制度需要，是构建完善的公共利益界定体系的必然选择，行政公益诉讼就是公共利益界定体系中司法界定的典型模式。

2. 行政公益诉讼在"公共利益"认定上的作用

（1）行政公益诉讼有助于弥补立法在公共利益规定上的滞后性。用司法的方法认定公共利益，是克服司法和行政手段的局限性，及时解决纠纷、稳定社会秩序的需要。从社会发展的角度来看，公共利益是一个动态的概念，人类社会发展到今天，各行各业拥有着前所未有的创新创造能力，以互联网为核心的信息技术、以高铁为代表的基建项目、以食品药品为代表的生活消费领域等，无时无刻不在进行新产品的研发、制造、销售，而这些领域和行业无不与公共利益息息相关。社会的发展在创造着新的公共利益表现形态，而这些新的社会关系（如以网络为媒介的新型社交关系）、社会产品会催生新的社会矛盾，正如哈特穆特·毛雷尔（Hartmut Maurer）所说，"公共利益"并非恒定，而是随着时代的变迁而发展的，并且在其所处的时代中充满冲突。❷ 当这些新的社会矛盾产生时，由于立法的滞后性往往对这些新矛盾和新问题无法预见，因而当这些新的问题被诉至法院时，法院作为国家制度建构中适用法律、终局地解决法律纠纷的机构，在符合法定条件的案件中，其不能拒绝裁判。因此，在面对这些新的社会矛盾时，法院缺乏可据以裁判的具体规范，只能根据法律精神、原则

---

❶ 关保英、梁玥:《论公共利益的法律限定》,《学术研究》2006 年第 4 期, 第 77 页。
❷ 哈特穆特·毛雷尔:《行政法学总论》, 高家伟译, 法律出版社, 2000, 第 73 页。

和基本要求创造性地适用法律。于是，解决社会发展过程中的新问题、新矛盾的任务，自然落在法院的肩上。

（2）行政公益诉讼有助于防止行政权力在公共利益认定上的滥用。行政权本身带有一定的扩张性，在涉及公共利益的事项上，需要司法权的介入，从程序、实体等方面对行政权进行适当的控制，防止行政权的膨胀和滥用，从而保障公共利益的实现。相对于行政相对人，公权力处于较为强势的位置，当事人由于缺乏法律知识，或者由于行政机关有自己的团体利益、执法人员的个人私欲等，在缺乏相应的制约条件时，很容易对当事人的权利和社会公共利益造成损害，而司法权具有一定的中立性与权威性，通过司法权的介入，能够有效防止行政权力滥用，从而维护公共利益。司法权主要通过以下途径防止行政权力的滥用。

第一，在政府利益与公共利益产生冲突的情况下，由于法院行使国家判断权，可以正确区分政府利益与公共利益，防止政府利益对公共利益的侵蚀。虽然我国行政机关通常作为公共利益的守护者与代言人，但并非在任何情况下都是如此，当公共利益与行政机关的团体利益产生冲突时，政府就有可能滥用权力，公共利益往往就处于危险境地。就像有学者所言，"一旦政府利益与公共利益冲突……政府可能利用各种手段阻止公众参与、表达意见，包括提高参与成本，设置参与障碍等，或者将公众参与形式化"[1]。其实，不只是机关团体利益，行政执法者个人在面对利益诱惑时，如果监管不严，也会产生利用手中的公权力进行寻租，满足个人私欲而造成公共利益受到侵害。有鉴于此，需要司法权介入，通过诉讼的形式监督行政权，及时地让受侵害的公共利益得到救济。

第二，基于司法判决的可信性和确定性，行政机关在作出行政行为时会预见到可能的后果，因而会主动纠正不当甚至违法行为，进而节省司法

---

[1] 徐键：《城市规划中公共利益的内涵界定———一个城市规划案引出的思考》，《行政法学研究》2007年第1期，第73页。

资源。司法判决具有公信力和确定力,一旦作出司法裁决,那么行政机关和行政相对人应当遵守,如果行政机关的行政行为违法,那么在司法机关作出不利于行政机关的裁决的,行政机关就要承担赔偿、重新作出行政行为或行政行为被撤销的责任。据此,行政机关在作出行政行为时,应当预见到行政行为可能产生的后果,尤其是当行政机关所做的行政行为可能违法或者有损公共利益时,就更应该预见到将要面临的司法的负面评价。因此,司法权的设置,使行政机关会在执法过程中避免不当行政行为的发生,这在一定程度上防止了纠纷的产生维护了公共利益。

第三,司法权对行政权进行适当的审查和监督,是司法权职责定位之所在。司法裁判机关不仅是公民人身权利与财产权利的维护者与保障者:司法权的存在一方面是给那些受到损害的个人权利提供一种最终的、权威的救济,另一方面也对那些颇具侵犯性和扩张性的国家权力实施一种中立的审查和控制。❶ 行政机关由于管理社会事务的需要,为了维护公共安全或者实现公共利益,往往要主动作为,与当事人发生纠纷在所难免。当争议产生时,如果仅靠行政机关自身去解决争议,其结果往往难以令当事人信服,而法院在制度架构中处于中立地位,这种居中的调停和审查更容易让双方当事人接受,因此,有必要让司法机关在产生有关公共利益纠纷时对公共利益进行个案认定,法院这种中立的地位更有助于纠纷解决和维护公共利益。

总之,当产生公共利益纠纷或者损害公共利益的情形出现时,法院的司法审查有助于防止行政机关滥用职权,促进行政机关依法行政,维护当事人利益和社会公共利益。

---

❶ 陈瑞华:《司法权的性质——以刑事司法为范例的分析》,《法学研究》2000 年第 5 期。

四、行政公益诉讼中"公共利益"的特殊性

由上文分析可知：在理论上，公共利益在主体上表现为"开放性"，在内容上主要表现为评价标准的"客观性"；在法律上，行政公益诉讼中的公共利益主要表现为"标的性"。本部分主要分析在行政公益诉讼具体案件中公共利益所具有的特殊性。

（一）行政公益诉讼中"公共利益"需要具备的条件

公共利益的多样性和司法资源的有限性，使检察机关不可能对所有侵犯公共利益的行为都提起行政公益诉讼，只能根据法律规定和现实需要选择部分案件起诉。对法院而言，公共利益的认定在具体案件中是一个在特定环境中综合衡量的过程。需要明确的是，并不是所有公共利益都会走上司法认定的途径，也不是所有的公共利益都会得到司法的最终认定。而这部分被诉诸法院的案件一定要符合行政公益诉讼的特点，这些特点至少在"行政""公益""诉讼"这三个关键词上有所体现。

1. 可诉性——"公益"案件是否符合诉讼条件

行政公益诉讼必须遵循诉讼的基本条件和原则，检察机关提起公益诉讼往往是由于行政机关在一段时间内的多个违法行为导致公共利益遭受侵害或者不法侵害的持续存在，因而为了彻底解决问题，检察机关往往倾向于在一个案件中对一段时间内行政机关的所有违法行为提出诉讼请求。但对于法院来说，法院审判的基本原则是一案一诉，在不同的案件中可以适用不同的法律规则，但基本原则对所有类型的诉讼案件都适用。因此，在公益诉讼中，不能依靠一个案件一次性解决所有问题，法院无法在一个案件中审查所有的行政违法行为，这就要求检察机关提起行政公益诉讼的诉讼请求要尽可能地明确。

同时，行政公益诉讼是对行政机关不履行职责、违法行使职权等行为

进行审查，要注意这种审查应该是对"点"的审查而非对"面"的审查。如果违法行使职权跨度为10年，那么对这种行为的审查可能难以进行，因为在一个较长的时间跨度内，法律制度可能都已经发生变化，原本存在的问题现在可能不存在了或者已被新的问题所掩盖，同时，法院可能没有足够的精力查清行政行为的细节，况且这种工作有可能徒劳无益，并且，对"面"的起诉会导致诉讼请求不明确的问题。因此，要求法院对多年内所有相关的行政行为进行审查不够现实。法院审判遵循一案一诉原则，公益诉讼是对"点"进行审查，这方便法院在现有的制度框架内开展审判。综上，通过诉讼的方式维护公益就是要通过个案，一点一点推进，逐步实现保护公共利益的目的。

当然，一案一诉只是诉讼中的基本原则之一，其他一些诉讼的基本条件和原则同样需要遵守。例如，提起诉讼要证明对公共利益损害的客观存在或构成潜在威胁。

2. 职权性——行政机关有无"公益"的管理职权

行政诉讼不同于民事诉讼和刑事诉讼，其是以行政机关为被告，对行政机关的违法行为或者不作为提起诉讼。在行政公益诉讼中，行政机关的具体违法行为或不作为损害了公共利益。不论违法作为或不作为，都是"行政机关的行为"，因此，对公共利益的认定与行政机关的行为紧密相连，对行政机关行为的认定直接决定了案件范围大小。如果认定行政机关的行为是行政机关履行职责的行为，那么行政公益诉讼的案件范围将会很广，因为行政机关的绝大部分行为都是履职行为；如果认定行政机关的行为是"行政行为"，那案件范围会小很多。实践中，法院和行政机关在诉讼中倾向于进行限缩性解释，而检察机关倾向于扩张性解释。基于此，对行政机关行为的认定非常关键，《行政诉讼法》中规定的行政公益诉讼的被告是对某些领域负有监督管理职责，但违法行使职权或不作为的行政机关。从该措辞来看，只要属于规定范围内或者授权组织职权范围内的行政机关，检察机关就可以提起行政公益诉讼。

在行政公益诉讼中,要尽可能针对某个特定的行政机关提起诉讼,哪个机关对关涉公共利益的事项负有主要的管理职责,就针对这个机关提起行政公益诉讼。从目前我国的行政机构设置来看,行政机关之间对特定事项可能有职能交叉,但如果因为职能交叉就同时对几个行政机关都提起行政公益诉讼,依靠法院来认定具体负有管理职责的机关,可能会导致诉讼中各行政机关之间相互推诿,使各机关的职能泛化,发生都有管辖权却都不管的悲剧。例如,对于国有资产应该由具体管理使用国有资产的机关管理,还是财政局管理,需要看"三定方案"❶的具体规定,明确机关法人对自己财产的监督与国有资产中对财产的监管(保值增值)两者是不同意义上的监督,由哪一个主体导致国有资产的流失就对哪个机关提起行政公益诉讼。对被告行政机关的选择要从抽象到具体,不能针对所有的行政主体都提起行政诉讼。

3. 公益性——是否有"公益"的存在

提起行政公益诉讼的前提是公益受到了侵害或者潜在威胁,虽然很多时候公共利益与私人利益交织在一起,但提起公益诉讼必须是要有公共利益存在,没有待保护的公共利益,就不存在提起行政公益诉讼之必要。需要注意的是,公益诉讼中的"公益"并不要求是纯公益。例如,检察机关提起环境公益诉讼,从纯环境的角度考虑,要求诉讼中的公益表现为"纯公益"可能并不现实,环境的改善必然要惠及特定区域内生活的人们,即便环境公益诉讼与个人有关,只要体现出环境修复的内容,就不影响环境公益诉讼的性质。

同时,公共利益的内涵极其丰富,在检察机关提起行政公益诉讼的过程中要防止对"公益"的泛化理解。公共利益的内容包括了人们生活的方方面面,由于检察机关人财物等方面的有限性,无法对所有涉及公共

---

❶ 三定方案是对一个部门的主要职责、内设机构、人员编制及领导职数等三大内容进行确定。三定具体是指:定机构、定职能、定编制。

利益的事项进行面面俱到的监督，为了使工作取得理想的效果，可以每年根据法律的规定和实践的需要，在检察机关的年度工作计划中，主要选择一两个重点领域开展行政公益诉讼工作。这种专项监督的方式可以最大限度地节约现有的司法资源，也便于检察机关对同类案件集中精力做好监督工作，等到这一类问题解决之后，再根据工作实际研究部署下一年度工作的着力点。将众多涉及行政公益诉讼的事项，按照公益类型的不同进行划分，分年度落实，毕竟行政机关涉及的事务点多、面广，检察机关应该尽可能地在自己熟悉的领域对行政权进行监督，不能"眉毛胡子一把抓"。当然，有时候年度计划可能无法满足实践的需要，辖区内出现重大、紧急事项时需要行政公益诉讼及时开展来保护公共利益，这时候检察机关可以适当地对年度工作计划进行调整。由此可见，并不是所有涉及公共利益的案件都会落入行政公益诉讼的范围，即使属于行政公益诉讼的案件也未必都会进入诉讼程序。

（二）检察机关提起公益诉讼时对"公共利益"的选择

在检察机关提起公益诉讼的情形下，具体公共利益的维护是依据法律的规定，由检察机关选择提起，法院判决确认，公共利益的认定实际上是检察官、法官、立法者、执法者智慧的结合，并非法院单独确定，因此有必要探讨检察机关提起公益诉讼时的合理考量。国家发展的特定阶段所拥有的诉讼资源是有限的，对每个符合提起行政公益诉讼条件的案件都提起行政公益诉讼并不是最好的选择，由于人力、物力影响公共利益的严重程度等的差别，检察机关在提起诉讼时不得不根据案件的轻重缓急作出权宜的抉择。

1. 提起行政公益诉讼的必要性

利益的认定实质是一个价值判断的问题，不论从客观标准还是从主观标准考量，总能够对价值大小作出一定程度的区分，对人们生活影响大，关系衣、食、住、用、行等人们基本生活的事物总是要比其他一些额外的需求更为重要。换言之，公共利益是有层次之分的，如果有多个案件都符合行政公益诉讼的起诉条件，那么必然存在案件选择的问题。按照价值位阶原则，首先应该提起诉讼的应该是那些影响地域广泛、牵涉人数众多、关系人们生活重大利益的案件，而那些不那么紧迫和重要的案件可以在后来的工作中解决。同时，有学者提出，如果出现以下两种情形：一种是公共利益涉及的范围广、人数众多，但对人们生活的影响并没有那么大；另一种是虽然范围小、人数少，但关系到人们的基本生活需求的满足，那么这种情形下案件的选择应该是"质高而量寡者"优于"量多而质低者"，这是法治理念的基本要求。❶

2. 提起行政公益诉讼的可行性

检察机关在提起行政公益诉讼时需要进行案件效果的评估，提起公益诉讼的案件所针对的问题必须具有通过诉讼解决的可能性。如果通过诉讼解决问题的成本极高、可能性极小，这时候就要衡量有无提起行政公益诉讼之必要。例如，有些历史遗留问题可能不适宜法院在一起诉讼中解决，历史遗留问题积弊已深，这类问题的解决需要政府部门和社会组织以及个人共同努力，随着社会的发展逐步谋求问题的最终解决，绝不是通过法院的一起诉讼就可以完全解决的。

当然，如果历史遗留问题具有通过诉讼解决的可能性，那么最好在起诉时就具体的点、新问题起诉，这样会降低一些问题的处理难度，能够获得最佳的诉讼效果，也符合诉讼时效的要求。如果针对一个时间段内所有行政机关的行为提起诉讼，结果可能会是一个不作为连着一个不作为，法院无法通过一个案件查清所有事实，导致难以裁断，因此，建议检察机关在起诉时抓点不抓面，以点带面，循序渐进。

同时，在起诉时要根据诉讼的进展情况和行政机关履职的情况适时调整诉讼策略，争取用最小的司法投入取得最大的诉讼效果，例如，在前面

---

❶ 城仲模主编《行政法之一般法律原则（二）》，三民书局，1997，第16页。

介绍的案例中,在行政公益诉讼存续期间,W 区国土局对涉案土地进行了复垦工作,这时候 W 区检察院就可以根据复垦是否达到规定的耕种标准,决定是否变更诉讼请求或者撤回起诉,避免造成司法资源的浪费。

五、行政公益诉讼案件中认定"公共利益"的方法

有学者犀利地指出,在行政公益诉讼中存在这样一个悖论:一方面,公共利益是提起行政公益诉讼的最基础的概念,是行政公益诉讼制度构建的前提;另一方面,由于公共利益中公共的不确定性和利益的不确定性导致立法者无法对公共利益作出清晰的定义,因而何者构成公共利益只能由法院在个案中予以认定。就目前来看,我国基本形成了立法、行政、司法三种界定公共利益的模式,三种界定模式的关系是:法律法规进行原则性的规定;行政机关直接进行社会管理,最为了解执法状况,由行政机关制定具体的公共利益判定标准;而司法认定主要是进行司法审查,判定行政机关的公共利益界定是否符合法律规定,在此基础上对制度空白进行适当的填补。下文主要就司法机关,尤其是法院在行政公益诉讼中认定公共利益所应当遵循的原则和方法进行探究。

(一)认定逻辑

1. 推理结构

由于公共利益与私人利益有交集,公共利益的确定不是一个简单的价值判断问题,而是在社会经济背景下的一个综合考量和技术论证的过程。众所周知,法院裁判案件的标准逻辑是在法律规定的大前提下,将作为小前提的案件事实比照法律规定进行法律适用,进而得出裁判结果,虽然在司法实践中的操作逻辑是根据已知的案件事实寻找可依照的法律规范。因

---

❶ 章志远:《行政公益诉讼热的冷思考》,《法学评论》2007 年第 1 期。

此，在行政公益诉讼中，是根据法律对于公共利益的规定，再根据具体案件中公共利益的状态进行司法裁断。

从行政公益诉讼的角度分析这一认定逻辑可知，就大前提而言，前文已经分析到，目前我国法律制度并未能就公共利益的内容作出具体规定，法律中大多是指导性的抽象规定，导致在诉讼中无法单纯根据法律规定判定公共利益的具体内容，因此，必须将现有规定结合一些法律原则作为公共利益认定之大前提，这些认定公共利益所应遵循的原则将在后文具体论述。在小前提上，认识行政公益诉讼案件中公共利益的具体内容则比较复杂，因为公共利益无处不在，表现形式多样。但行政公益诉讼中认定公共利益却有特定的考量，司法认定公共利益可能主要从三个角度思考：一是该问题或事物是否涉及公共利益，而判断公共利益最显著的特征莫过于公共性；二是行政机关在处理该问题或事物时的手段是否可取，而为了不干涉行政权，司法在该问题上往往只审查程序是否合法；三是公共利益是否受到损害或者是否得到恢复。此外，由于公共利益涉及的关系往往错综复杂，当出现利益交织等情况时需要法官进行利益衡量。

因此，司法认定公共利益的逻辑过程一般包含三个步骤：一是确定因公共利益限定私人利益是否具有合理性或者案件中是否存在公共利益；二是判断行政机关为维护公共利益所采取的手段或选择的方式是否可取；三是是否给予当事人适当补偿或在行政公益诉讼案件中公共利益是否得到了恢复。而在这三个步骤中，主要涉及的三个推理要素是公共目的、程序合法、利益衡量。

2. 推理要素

（1）公共目的（公共性）。公共利益的形成是以限制或干预私有财产所要达到的目的的公共性为基础的，或者说公共目的是实现公共利益的前提。在个案当中，限制个人利益或者肯定公共利益的重要理由是牵涉利益所具有的公共性，在大多数情况下，只要案件内容涉及关系公共福祉的生存、健康、安全、道德风俗等衣食住用行的领域，都可以是公共利益的具体表现形式。可能在有些具体案件中，保护公共利益的同时也使个人和团体受益，这并不影响公共利益的目的，但如果是假借维护公共利益之名满足个人私利，利益所指向的客体并不具有公共性，那么就不能认定为存在公共利益。因此，司法在认定公共利益的过程中首先要证明该利益具有公共性。

（2）程序合法。公共利益的判断应符合法定程序，程序对公共利益的定位应符合伦理、公平和正义的原则。不同于其他案件客体，在公共利益认定过程中遵循法定程序有着特殊的重要性，因为公共利益关涉大多数人的利益，与人们的生活息息相关，所以不论是在行政过程还是司法过程中认定公共利益，都需要公众具体地参与到认定过程中来，充分听取各方意见，这样才会对公共利益的影响范围、具体内容、损害后果等有更加全面准确的把握，所以公共利益尤其强调公众参与等法定程序。以不动产征收为例，行政机关在进行征收时就应该履行公益调查、公益公告、听证、说明征收决定理由等基本程序。房屋、农田等是公民赖以安身立命之根本，因此在进行征收过程中必须依照法定程序，充分协商沟通，求得结果的公正性和可接受性。司法在处理此类案件时，有必要对该机构是否遵循法律程序进行严格审查，如果未严格遵守基本法定程序，即使是以公共利益之名，也不得损害私益。

（3）利益衡量。司法认定公共利益是以个案的方式在特定场景中进行的，需要对公共利益影响的范围、受益主体、利益大小等进行衡量。在很多情况下，公益的认定过程就是利益衡量的过程，正所谓："利益衡量在司法过程中是客观存在的，不承认法官的利益衡量就意味着否认司法内在的规律。"❶ 在公共利益与私人利益冲突的案件中，要限制甚至牺牲个人利益维护公共利益，首先，就要证明牺牲个人利益有充分的理由，即所要追求的公共利益要明显大于私人利益，如果个人损失极大而公共利益收益极

---

❶ 房广亮：《我国利益衡量司法应用研究》，山东大学博士学位论文，2017，第41页。

少，则显然牺牲个人利益不具有正当性。例如，在修建高铁、国家高速公路时要求个别农户搬迁是合理的，但因为修建乡村公路要求农户搬迁，可能理由就不够充分。其次，为维护公共利益所采取的手段应当是合理的。例如，在高铁轨道修建过程中需要穿越农田，有架桥、绕道、直接穿越等多种选择，合理的选择应当是在充分考虑对农田和居民生活的影响、安全、资金成本等基础上作出的最经济、对农田破坏最小的方式。此外，在个案中还要求公共利益值得保护，可能在有些情况下，实现公共利益成本极高而获益极少，或者即使大成本投入也可能无法得到公共利益恢复之目的，那么司法在裁决中就要慎重考量。

因此，在特定情况下，虽然某些利益涉及公共事项，但如果与私益相比不具有明显的重要性或者公共利益维护成本过高甚至目的难以实现，则该部分公共利益也就无法得到司法的认可。

（二）认定原则

关于行政公益诉讼中公共利益的认定原则，除必须符合合法性原则、程序合法原则、公正补偿原则等基本的法律原则之外，还有以下两个原则需要予以特别重视。

1. 比例原则

公共利益的认定需要符合比例原则。有许多学者在谈到公共利益的认定时特别强调"利益衡量原则"，实际上所谓的"利益衡量"在某种程度上就体现为行政法上常谈到的比例原则。很多公益案件涉及公共利益之间，公共利益和私人利益、团体利益等之间的交织，这时候司法要在厘清法律关系，衡量利益大小的基础上进行司法裁断。通常，在限制行政机关自由裁量权时会提及比例原则，但在公共利益问题上坚持比例原则同样具有重要意义。例如，当耕地资源被非法占用修建厂房导致地面硬化，这时候为了恢复耕地，在硬化地面上花费巨大资金回填新土就未必符合公共利益的要求；再如，有些金属冶炼企业非法排污导致土壤、水源等污染，恢复的成本极其高昂,甚至花费巨额资金也不可能恢复,这时候就要用到比例原则。

此外,在确定某一具体拆迁项目是否符合公共利益时,需要权衡当地公共利益与整体公共利益、短期公共利益与长期公共利益,并不一定所有的个人利益都必须让位于公共利益,也不是所有的短期利益都要服从长远利益。通过这些权衡,将风险降到最低,避免因小失大,这也是比例原则在公共利益认定与维护上的应有之义。

2. 参与原则

公众参与原则已被行政法学界普遍认定为行政程序的基本原则,因此,法院在具体案件中需要审查行政机关在作出关系公共利益的行政行为时是否按照符合法律规定的程序听取当事人陈述、听证等,也需要在案件审理过程中给予双方平等的陈述和申辩的机会,切实体现参与原则。

公共利益的行政认定过程实质上是政府作为公共利益事实上的代言人与社会个体作为私人利益的实际享有者之间的利益博弈过程,这一过程充满公共利益、部门利益及私人利益之间的选择与冲突。正如美国著名行政法学者理查德·B.斯图尔特(Richard B. Stewart)所言:"充分考虑所有影响的利益之后所作出的行政决定,就在微观意义上基于和立法一样的原则而获得了合法性。"❶ 行政机关想要使自己对公共利益的认定得到社会认可,就需要在行政决定作出过程中贯彻参与原则,虽然不能做到让利益可能涉及的所有各方都参与到决策过程中,但是至少应该让行政相对人、相关人参与进来。具体而言,应当在行政决定作出过程中向相对人、相关人公开有关信息,给予表达意见和诉求的权利等。

在行政公益诉讼中认定公共利益时,就需要审查行政机关在行政行为作出过程中是否充分尊重了当事人的参与原则,行政决定的作出过程是否符合程序要求,如果未遵循这一重要原则,那其行政决定的合法性必将

---

❶ 理查德·B.斯图尔特:《美国行政法的重构》,沈岿译,商务印书馆,2002,第64页。

受到质疑。司法机关在认定公共利益过程中要坚持参与原则：一是要对照该原则审查行政机关在履职过程中是否体现了参与原则；二是司法机关在办案过程中也要坚持参与原则。在行政公益诉讼中要为双方当事人争取平等对话的机会，通过法庭调查、法庭辩论、举证质证等庭审环节，在充分听取当事人意见和诉求的基础上，增强司法裁决的合理性和可接受性，实现对不同意见的有效控制和整合，使公共利益的承认和实现符合合法性和合理性原则，同时也要保护私人利益，从而实现公共利益和私人利益的双赢。

（三）认定方法

由于个案的复杂性和公共利益的不确定性，很难归纳出一套司法机关在行政公益诉讼中认定公共利益固定的、具体的标准，但同时司法机关认定公共利益也不能全无章法。笔者认为，司法机关在行政公益诉讼中具体地认定公共利益所指向的对象、包含的内容、受侵害程度以及公共利益是否得到恢复等，或多或少需要遵从以下方法。

1. 区分合理性问题与合法性问题

司法机关在案件办理过程中主要就合法性问题进行审查和判断，在行政公益诉讼中也不例外。在认定公共利益是否因行政机关的违法作为或不作为导致其遭受减损的情况下，司法机关一般情况下就行政机关的行为是否符合法律规定进行审查，而对于公共利益的维护是否充分、有效、合理等问题一般不进行专门认定。理论上，行政机关对公共利益的最恰当的维护应该是既符合法律规定又采取最合理的方式，但是司法机关在审查公共利益是否得到有效的维护时不能采用既合法又合理的标准，司法机关一般只需要根据法律规定，判断行政机关的行为是否符合法定要求，是否尽到了法律规定的对公共利益的监管、维护、恢复等职责，只要行政机关的行为符合法律要求，不论其维护管理手段是否"最优"，都可以认可行政机关的行为，除非行政机关的行为"明显不当"，因为从某种程度上来讲

"严重的不合理即不合法"。在行政公益诉讼中公共利益认定问题上坚持合法性标准也是遵从《行政诉讼法》规定的体现。❶

其实，该问题的本质是司法权和行政权的分工问题，反映到行政公益诉讼中公共利益的认定问题上就是法院的审查深度问题。关于法院对行政案件审查深度，著名的"谢弗林诉自然保护委员会案"（Chevron v. Natural Resources Defense Council）对该问题讨论最为典型，美国联邦最高法院在该案判决中提出了著名的"谢弗林两步法"：第一，法律解释经常涉及政策选择问题；第二，行政机关比法院更适合作出这样的选择，所以法院对行政机关的合理解释应当予以尊让。❷ 虽然该案是美国法律与实践背景下的判决，我国法律制度规定、法治文化等与美国区别较大，但司法权与行政权的分工合作也是我国法治面临的现实情况，因此关于该问题的讨论对我国的司法实践也有借鉴参考价值。对"公共利益"的具体认定实际上需要立法、执法、司法共同确定，而且在我国行政机关拥有广泛的行政管理职责和自由裁量权，同时，行政机关经过长期的公共利益管理实践，其对公共利益涉及的事项更为了解，管理上也更为专业，因此，司法机关要尊重行政机关符合法律规定的管理行为。

在本文开篇提到的行政公益诉讼案例中，禁止作为建设用地的耕地被非法占用，致使土地公共利益遭受损害，前期土地被非法占用，国土局未及时依法履职属合法性问题，但 2016 年 11 月西安市国土局对违法用地进行复垦，整改是否到位则可以评价为合理性问题，但是肉眼可见砂石含量较高，其中夹杂建筑垃圾显然属于"明显不当"，并且这也不符合有关复垦质量标准的要求，因此司法可认定为公共利益仍处于受侵害状态，尚待恢复。

---

❶ 《行政诉讼法》第 70 条规定："行政行为有下列情形之一的，人民法院判决撤销或者部分撤销，并可以判决被告重新作出行政行为：（一）主要证据不足的；（二）适用法律、法规错误的；（三）违反法定程序的；（四）超越职权的；（五）滥用职权的；（六）明显不当的。"

❷ 李洪雷：《行政法释义学：行政法学理的更新》，中国人民大学出版社，2014，第 349 页。

2. 审查程序性事项与实体性事项

司法机关在审查行政机关是否尽到了公共利益维护职责时，主要从实体和程序两方面进行，并且要给予同等的重视。具体来说，一是审查行政机关有无该公共利益的管理职责以及公共利益是否遭受侵害；二是审查行政机关的履职行为是否符合法定程序，是否尽到了应有的管理职责。长期以来，在我国行政执法和司法实践中有"重实体、轻程序"的现象，随着社会法治进步，人们逐渐认识到程序的独立价值，在公共利益的认定问题上，有学者指出："公共利益的正当性、合法性，不仅是指实体上要符合法律的规定与原理，还意味着在程序上也必须符合具体规则的要求。"❶ 甚至有学者认为，公共利益问题在本质上是一个程序问题，界定公共利益最好的方法是程序控制，不经法定程序，无论基于何种理由，都是对公共利益的背离。❷

因此，在行政公益诉讼中认定公共利益必然要进行程序审查，我国法律法规、相关政策等对行政机关履行职责的程序作出了具体规定，行政机关要严格按照程序要求开展工作，在公共利益管理维护中自然不得例外。例如，《土地管理法》第 69 条规定："土地管理监督检查人员履行职责，需要进入现场进行勘测、……应当出示土地管理监督检查证件。"再如，根据《环境保护法》的要求，有关行政机关要制定本区域的"环境保护规划"，要进行污染的现场检查，上报污染地块的环境管理工作，对违法排污等行为进行行政处罚等。可见，法律法规等对行政机关维护公共利益的程序从事前、事中到事后都有规定，行政机关在履职过程中要遵守这些程序规定。如果行政机关有程序违法行为，同样可认定为未尽到公共利益管理职责。

此外，法院在行政公益诉讼中进行有关程序审查时不仅要审查行政机

---

❶ 杨峰：《财产征收中"公共利益"如何确定》，《法学》2005 年第 10 期，第 100 页。
❷ 许中缘：《论公共利益的程序控制——以法国不动产征收作为比较对象》，《环球法律评论》2008 年第 3 期，第 25 页。

关的履职行为，还要审查检察机关在提起诉讼时是否已经履行督促履职、发送检察建议等法定程序。在西安市 W 区检察院诉西安市国土局行政公益诉讼案中，西安市国土 W 分局先后送达责令停止违法行为通知书，作出处罚决定，张贴公告，对违法建筑组织拆除，平整复垦耕地。在程序环节不可谓不重视，但程序虽完备，作为公共利益的耕地仍然被违法占用，在实体上公共利益仍处于遭受损害的不圆满状态。

3. 分清客观事实与法律事实

在行政公益诉讼中，司法机关认定公共利益的存在状态及受损害程度等是根据检察机关和行政机关双方提供的证据，审查证据的"客观性、关联性、合法性"，从而认定具体案件中公共利益的实际状态，即法官根据证据情况形成内心确信，从而确定法律事实的过程。在司法认定公共利益的过程中，要注意区分客观事实与法律事实，尤其是要区分客观事实中的科学事实，"所谓科学事实是指通过科学活动所获得的关于客体性事实的描述与把握"❶。对于这类科学事实，司法机关只需要根据权威检测机构或者专家的评定意见进行认定即可，而无须专门对科学性结论、数据进行司法审查认定。

在土地违法类、环境违法类行政公益诉讼案件中，当土壤、空气、水源、植被等关涉公共利益的事物遭受侵害时，需要检测确定此类公共利益事项遭受损害的程度。行政公益诉讼开展过程中，检察机关和行政机关为了确定土壤、水源等的污染程度，各自会找检测机构进行鉴定、评测，当两份不同的检测鉴定意见提交至法院，如果出现不同的检测结论时，法院就难以取舍。其实，像这类对环境等损害程度的鉴定属于科学性事实，法院裁判是根据法律规定和证据情况进行司法裁决，并无对科学事实进行检测论证之责。当这种情况发生时，法院由于专业性限制无法比较两份检测报告哪个更准确，也不宜重新找另外的检测机构进行检测，法院可能会

---

❶ 杨建军:《法律事实的概念》,《法律科学（西北政法大学学报）》2004 年第 6 期, 第 44 页。

陷入两难境地。其实，对于此类科学事实，当检察机关或者行政机关某一方已经进行相关检测，另一方就再无重新检测之必要，只要该检测机构资质、检测程序等符合要求，便可以采信该检测鉴定结论。对于科学事实司法无须倾注多余精力，除非有证据证明检测机构不符合资质、检测过程存在重大瑕疵或者造假等情形。而在西安市W区检察院诉西安市国土局行政公益诉讼案中，检察机关和国土局都对涉案土地是否符合复垦标准进行了检测，法院在审查过程中就面临证据采信的问题，如果不能区分科学事实与法律事实，法院可能对科学事实进行不必要的纠缠。其实，公共利益损害与否，是否得到恢复，只需要对比法律法规等规定，如果符合规定，便可认定公共利益的状态。在该案中，如果检测机构符合资质要求，检测程序等合法，复垦土地符合土地复垦标准，就可以认定公共利益得到恢复。

此外，在行政公益诉讼中，尤其是环境违法类案件中，往往要对环境受损害的情况进行检测鉴定来确定公共利益遭受损害的程度，但在现实检测鉴定环节中存在很多问题：首先，对土地、水流、空气等受损害检测的难度大、技术要求高，很难进行检测，而且检测费用极其高昂；其次，类似的权威检测机构缺乏，很多地方没有相关检测机构。在这种情况下，认定公共利益遭受损害程度时就存在难度，需要在行政公益诉讼不断完善过程中对此类问题予以重视，注重检测机构的培育和选取、检测技术和检测程序的完善等。

六、结语

对公共利益的探究可能是个永恒的话题，因为公共利益不是永恒不变的，而是随着时代的发展而发展的。随着我国城镇化进程的推进和社会的快速发展，公共利益与个人利益间的冲突与碰撞以及公共利益遭受侵害的情况将会持续，而将公共利益放置在法律的领域内，用法律的语言与思维进行分析、阐释，无疑是最有效、最理性地应对公共利益实践需求的方式。其中，行政公益诉讼就是应维护公共利益之迫切需要而生。单就公共利益认定而言，面对这一内涵极为丰富的概念，宏观的研究难免收效甚微。随着行政公益诉讼的发展，有必要对公共利益进行类型化的研究，总结特定公共利益类型所具有的特点等，或许更有助于认识公共利益。

行政公益诉讼制度从无到有是法律制度进步的体现，也是我们保护公共利益的有效举措，同时也让我们对公共利益的研究和理解更为深入。法律制度和社会文明的进步是一个渐进的过程，一路上会有各种各样的问题，这是不可避免的，但重要的是发现问题，认真分析问题从而解决问题，让行政公益诉讼不断地走向完善，成为保护公共利益的法律武器。

行政公益诉讼受案范围之"等"外领域拓展研究

» 张 悦*

一、拓展行政公益诉讼"等"外领域之正当性分析

（一）行政权与公共利益之博弈

公共利益是检察公益诉讼的基础，也是行政公益诉讼制度的主要依据。公共利益的生成逻辑是：一种特定环境下因某种共有的价值得到社会群体的注意，引发社会不同阶层成员的共鸣。这种和谐的呼声使得公共利益处于一种长期稳固而其内容又在不断变化与扩充的状态。公共利益的真正范围，从利益类别来看，已经基本达成共识，即表现为国家利益和社会公共利益。法律作为国家上层建筑的重要组成部分，将公共利益维护作为保障人民群众权益的一个重要节点，体现了公共利益在经过社会成员和国家的博弈之后，获得了国家主体的肯定性评价，这种肯定性评价固化为公共利益的保障。立法者通过法律路径，形成公民固然又正当的权益。

行政公益诉讼主要涉及政府主导的社会管理空间中不特定多数人利益的损害补救和预防。检察机关代表公共利益享有者监督行政机关的管理与执法行为正是现代公共权益的保障过程，这在一定程度上满足了公共利益权利化的迫切需要。随着社会经济的发展和生活生产方式的多样化，人民

---

* 张悦，西北政法大学法学硕士，现工作于陕西省土地工程建设集团纪检监察部门。

群众活动的空间范围延伸，领域更广、群体角色日益复杂化，这些广泛的特征聚集在一起，形成了一个新的公共利益聚集点。传统行政公益诉讼法律之下的公共利益，已然无法将这些新的公共利益元素涵摄，单纯地靠法官依照目的性扩张解释的方法，对现有的法律制度予以解释和运用，可能会出现公共利益概念随意解释、偏颇不一，影响审判结果的现象，造成行政机关不必要的时间、财力、物力等资源浪费。

当代权利观念的开放要求行政公益诉讼在制度设计和运用上时刻保持开放态度，时刻留有适度的空间。在公益诉讼法律完善的过程中，随着公共利益的扩张，立法者应当进行反思，在已确定的行政公益诉讼理念之下，更加准确而及时地对现实迫切性问题作出反应，不能刻板地将法律规定领域之外的公共利益问题阻隔于司法程序之外。同时，为了防范一些法院法官任意性的操作，有必要将行政公益诉讼受案领域的"等"加以扩充与解释。在法律没有正式修改之前，行政公益诉讼的受案领域可以通过司法解释的方式为权利主体享有公共利益提供保障，充分建立公共利益权利格局。

行政公益诉讼制度的设立本质上是以维护公共利益为出发点的，这一点在世界各国达成了共识。由此，公共利益所制约的行为主体就不单单是构成社会的简单个体成员，对国家司法机关、行政机关的行为也提出了要求。作为法律秩序的守护者，公诉机关不能被简单标签化或者分裂化，只能作为公共利益的中间守门人。实践证明，行政公益诉讼制度对促使检察机关严格履行责任使命、监督行政机关依法履职与切实维护国家和社会公共利益起到了良好的效果。[1] 例如，重庆市荣昌区人民检察院诉荣昌区古昌镇政府怠于履行职责案胜诉后，荣昌区委、区政府部门部署开展系列专项整治活动，关闭、搬迁全区87条河流禁养区存在的286家养殖场（户）。再如，四川省通江县人民检察院，对沿江倾倒城市生活垃圾严重破坏生态环境的行为提

---

[1] 颜运秋：《公益诉讼法律制度研究》，法律出版社，2008，第11页。

起行政公益诉讼并胜诉，推动县政府投资2.5亿元规划建设28个热裂解垃圾处理场，推动城市生活垃圾处理持续规范化。❶检察机关继续加强大气、水、土壤污染防治，为环境污染防治攻坚战打下了众多的胜利成果，及时回应了人民群众现实关切的焦点问题，对民生服务起到了巨大的推进作用。随着科技革命带来的新期待，社会必然迎来诸多新领域的革新与挑战，行政机关必然面临更多更复杂的社会事务的管理要求。这拓展更新了行政公益诉讼受案领域，检察机关应及时发挥监督职能，弥补行政机关管理漏洞，满足人民群众日益增长的需求，倾听广大人民群众利益呼声，做到司法为人民、执法为人民、担当为人民，最大限度保护国家和社会公共利益，维护社会稳定的大好局面。

（二）检察监督行政之演进

洛克曾说："在一定情况和条件下，对于滥用职权的强力，真正的纠正办法，就是用强力对付强力。"❷国家权力从人类社会迈入文明时代起，就被划分为立法、行政、司法等权力具体要素。这些原始要素分类是权力走向合理正当不可缺少的步骤。近代资产阶级革命后的一段时间里，行政权似乎被无形压缩与管控。因为当时政府将"管得少的政府是最好的政府"这样的理念奉为圭臬，行政管理的领域仅仅为治安、税收、司法和国防等有限的范围。但是随着科学技术普及应用和社会经济的迅速发展，行政的触角已经延伸至社会生活的诸多方面。行政法体系发展的历史便是行政机关权力逐步扩大的真实写照。但同时暴露出行政效率下降，司法资源和社会资源浪费等问题。行政权膨胀的最终后果就是公权力系统成为庞然大物，聚合了一个个拥有过度扩张权力的行政主体。而这必将堵塞公民的合法性私权益和法律赋予并保障其享有的公权益。我国公权主体及其关系

---

❶ 李岗、李建军、吕佳璐：《四川通江：着力加大城乡生活垃圾无害化处理》，https://baijiahao.baidu.com/s?id=1597646095868269512&wfr=spider&for=pc，访问日期：2023年8月20日。

❷ 洛克：《政府论》，叶启芳、瞿菊农译，商务印书馆，1996，第95页。

比较复杂，有审判权的权力构型、检察权的权力构型、监察权的权力构型，但没有司法权的权力构型。除明确规定权力机关即人民代表机关有权监督行政权以外，其他国家公权与行政权的关系没有具体规定。根据《行政诉讼法》和其他法律，检察机关被定义为法制监督机关。行政公益诉讼制度的确立改变了传统检察监督行政的格局，检察机关对行政权的监督有了较深的程度，在人民和国家公共利益受损的情况下，检察机关可以对行政机关无作为、乱作为而间接或直接侵犯公共利益的行为进行强有力的监督。[1]新时代社会发展的特征是新事物不断涌现、新思想不断进发，行政管理事务也随之更加复杂化与多元化。作为行政机关权力的制约者和监督者，法律应该授予检察机关更宽泛而明确的监督领域，以实现对行政机关的严密监控。通俗地讲，司法权必须能够适应扩大中的行政权。

行政公益诉权是诉权社会化的产物，也是公益诉权的一项重要内容。行政公益诉讼制度将公益诉权的行使分配给国家检察机关，赋予其以"垄断"的形式行使公诉权，既能应对个人权利对抗国家权力时的疲软与无力局面，又在一定程度上节约了诉讼资本与司法资源。随着社会阶层的分化、社会事务的增多，国家参与管理的触角也涉及了社会的各分支。拓展行政公益诉讼"等"外领域，适应公诉权向高级形态发展的趋势，体现诉讼权利更强大的预防性功能。在公共利益内涵不断扩大与充实的当下，因势利导地延伸行政公益诉讼"等"外领域显然具有不可忽视的必要性。

二、拓展行政公益诉讼"等"外领域之现实必要性

（一）新时代法治政府建设的有力助推器

政府是国家机构的重要组成部分，它依照法律授权管理国家和社会生活的方方面面。政府的这种权力归根到底源于人民，当然也属于人民。

---

[1] 关保英：《行政公益诉讼中检察介入行政裁量权研究》，《现代法学》2020年第1期。

因此，在行使权力的过程中，要始终坚持为广大人民群众谋福利的目标。执法为民是每个行政机关及其工作人员的行为准则。要实现权利的公共性必须确保"权为民所用"。政府机关权力具有强制性是实现公共权力运行的必要属性。行政行为涉及的双方之间是一种不对等的关系，存在力量与主导地位的悬殊。行政机关行使公共权力以国家机器的运作为后盾，在资源利用方面也处于明显优势。这样的权力运行模式下，不可避免地会出现强势一方利用强制性手段迫使另一方不得不服从其管理，从而损害弱势一方利益。❶作为集行政管理权于一体的政府有可能滥用权力，侵犯广大人民合法权益。而市场经济环境中，不论是作为个体的公民还是代表公共权力的政府都容易受到来自外界的诱惑，从而变异成损害公共利益的强大潜在因素。正如博登海默（Bodenheimer）曾写道："一个被授予权力的人，总是面临着滥用权力的诱惑、面临着逾越正义与道德界限的诱惑。人们可以将它比作附在权力上的一种咒语——它是不可抵挡的。"❷因此，这种潜在危害因素一旦缺乏制约与监督，势必成为一股巨浪，给国家和社会的发展带来不可磨灭的伤害。

随着改革开放的深入发展，法治政府建设的步伐也在加快。四十余年来，法治政府建设成就不容小觑。在行政理念方面，多数行政机关牢固树立执法为民、权责法定的宗旨；在机构设置方面，职能部门权责明确、分工科学，初具高效管理法治政府的雏形；在行政效果方面，国家和地方各机关行政决策民主化水平不断提高，群众认可度显著增强。在积极发展景观之下，也应当看到这种权力的运行存在很多问题：其一，存在政府部门不遵守法律、执法不严、不起诉违法行为的现象，个别政府部门甚至知法犯法、徇私枉法，在执法中实行"潜规则"。在某些法律规定不足的地方，个别政府部门忽视甚至无视程序性和实体上的规范，不作为、乱作为。其

---

❶ 王月明：《地方公共权力监督制约体制研究》，法律出版社，2012，第17页。
❷ 丁延松：《法治语境下我国秘密侦查制度的现实困境和出路》，《政法论丛》2011年第4期。

二，有的政府部门在计划经济体制的惯性与传统作用下，出现过分插手市场经济的问题，对资源配置和市场导向都有着或多或少的不当干预。权力寻租、权钱交易、以权谋私成为个别行政审批部门惯用的伎俩，严重阻碍着国民经济的发展。此外，有的政府部门囿于来自上级部门的权力压制和地方集团势力的威胁，在该出手管的时候敬而远之，对损害社会公共利益的行为置若罔闻，以求自身利益保全。拓宽行政公益诉讼受案领域，可以从监督机关的角度倒逼行政机关在已有的制度规范之下严格规范执法行为，充分发挥其在国家行政管理中的积极作用，以改变不正思想态度与不良工作作风，逐渐克服政府权力运行的陋习，最终形成权力监督权力的科学合理机制。❶

（二）检察机关法律监督职能的客观要求

首先，我国实行以公有制为主体的社会主义市场经济制度。所谓"公有"，亦指"共有"，具体来说共有的主体分为全民和集体两大部分。当前，我国经济仍然面临发展不平衡、总体水平不高、质量参差不齐的问题。在多种所有制经济的发展过程中存在"市场调节失灵"的问题。市场本身具有自发性与盲目性，这一点无可厚非，但行政机关作为公共权力的行使者，有时因缺乏理性而在权力的运行中不可避免地会自由扩张，导致其在市场经济中宏观调控的"大手"作用甚微。其次，监督制约机制存在不足。国家的概念是模糊的，只能通过代表其行使所有权的政府机关和国有企业进行权力（权利）的享用。这样一来，行政机关兼具国家行政管理权和所有权，政治性和行政性包裹下的政府部门极易演变为权力的滥用者。政府部门作为国家公权力的执行者，其工作的出发点和落脚点应为维护国家和社会公共利益、净化公共环境、营造良好的公共空间。行政权存在的合理性体现在对公共利益的保护，这不仅是行政权的目的，也是其存

---

❶ 王月明：《地方公共权力监督制约体制研究》，法律出版社，2012，第22页。

在的客观基础。而公共利益的范围、公共利益与私人利益的界限、公共利益的维护和私人利益的保障等是目前学界和实务界尚未统一的真空地带。从理想化的视角来看，公共利益的代表者、行使者、维护者是政府。对公共利益的范畴，似乎行政机关是最有决定权和话语权的。实践中，在自身利益优化和公共利益维护的选择上，政府存在不适宜的行为。有的行政机关钻行政监管的漏洞，利用监督约束机制的漏洞，借公共利益之名为自身谋取私益，甚至不惜牺牲公共利益来实现自我利益的最大化。在这样的一些问题逐渐暴露与显现出来的时候，监督制约机制未免显得疲软。

作为公法救济的主导力量，检察机关的监督为政府依法行政、维护公共利益打造权威的监管屏障。这正是检察机关法律监督职能的价值所在和制度定位。检察机关行政公诉权的运用符合我国权力制约的宪法精神和原则。随着行政权力的扩张，检察机关的监管权范围也应当适时地予以更新和完善，以及时弥补行政管理的空缺，来维护多元社会主体利益需求，使国家和社会公共资源的保护和利用持续、合理、有秩序地进行，促进和谐社会的发展进步。

（三）行政公益诉讼制度创新的重要着力点

随着中国特色社会主义法治体系的逐步构建，我国的法治化水平正从低层次、低效益的阶段迈上新的台阶。公民法律意识的增强和法律社会的构建，要求对私人利益和公共利益的保护更为全面和有力。《行政诉讼法》将处于劣势一方的行政相对人，包括公民、法人、社会团体等纳入行政监督的领域。《行政诉讼法》作为我国法律体系的重要分支，在维护公民私人利益上发挥了极为重要的作用。目前，在行政管理的过程中，行政机关依法行政仍然贯彻执行不到位，对私人利益与公共利益的保护力度不足，行政法治局面尚未形成。

检察机关作为行政机关的外部监督主体，对损害国家和社会公共利益的政府管理行为予以监督，是国家检察公益诉讼制度的结构分支和功能体现。行政公益诉讼制度的实行已有一段时间，对于日益膨胀的行政权的监督与制约发挥着重要的作用。随着公民法治意识的增强，全民法治环境逐渐形成，这一制度在现实的运行中也慢慢暴露出一些缺陷，需要从制度构建出发适应急速更迭的社会生活。探索拓宽行政公益受案领域就是行政公益诉讼制度改进、完善与创新发展的重要举措。检察公益诉讼制度运行中，越来越多的权益急需保护却因为"名分不正"缺少法律支撑，保护力度不足，现有法律制定的受案领域的框架导致行政公益诉讼制度作用发挥受到限制，司法实践功能较低。

行政公益诉讼制度的创新完善不仅能够在广大人民群众中树立政府的良好形象，使政府机关成为公共利益的代表人和捍卫者，还能进一步加强政府在国家社会事务管理中的积极性，促使其更加自觉、主动地参与到行政管理之中，切实履行好自身职责。在社会面貌更新速度极快的当下，探索拓宽行政公益诉讼受案领域成为行政公益诉讼这一重要制度创新发展的关键节点和发力点。

三、拓展行政公益诉讼"等"外领域的具体进路

（一）有关行政公益诉讼受案范围之"等"字的理论争议

我国采取混合式立法模式对行政公益诉讼受案范围进行了规定，《行政诉讼法》第25条以列举方式将环境资源、食药安全、国有财产与国有土地使用权出让这四个领域纳入行政公益诉讼受案范围。这基本上符合理论界对客观公共利益保护的要求和实务界的呼声，同时又以"等"字进行概括式的阐述，框架性和开放性兼具，对此究竟应该作何解释？在不断延伸的公益诉讼领域中，又该如何将法律规定的作用发挥到最大限度，不禁引起了学术界的关注和争论。而目前，对"等"字如何解释主要存在以下两种分歧。

1. "等内等"主张说

主张作"等内等"解释的学者认为,行政公益诉讼制度已经以明确的方式对检察机关利用公诉权参与行政机关的监督领域进行了规定,不应当就法律规定之外的领域进行拓展施行行政公益诉讼检察工作。而且目前行政公益诉讼制度各个时期的规定,尽管前后顺序、具体表述可能存在差异,但都是围绕以上四个领域。持"等内等"解释的学者进一步论证其合理性。首先,他们认为盲目扩大检察机关的监管范围是不符合现行法律规定的做法。公共利益表现为不特定的、公共的权利,学界对"公益"的内涵尚未作出统一定论,那么实践操作过程中更不能任意扩大内涵范畴。与此同时,检察机关在行使公诉权时往往带有一定的主观性,认定是否存在侵害国家和社会公共利益难免出现横向、纵向的差异。其次,检察权和行政权两者背后存在此消彼长的状况。如果扩大行政公诉权的范围,那么势必带来行政权的缩小。许多行政机关碍于外部政府形象维护和内部资源节省等,选择息事宁人,存在行政积极性不高的问题。这对充分发挥法治政府的作用,建设社会主义法治国家是不利的。从资源效益角度来看,这无疑对检察部门的人力、财力、物力等方面提出了更为严苛的要求。而在最终的诉讼解决方案和结果的表现中,又可能存在监管水平低下、监督成效甚微的情况,造成司法资源浪费。这种观点的支持者似乎占据少数部分,而且在实践过程中逐渐被否认与淡化。

2. "等外等"主张说

"等外等"主张应当在现有受案领域规定的基础上探索拓宽。这不仅是对日益复杂的公共利益的回应与保护,也有利于检察机关对行政机关违法行使职权的各种行为进行有效监督。笔者赞同对行政公益诉讼受案范围的"等"作"等外等"解释。首先,行政公益诉讼提供了一个较为公开的由行政机关和代表公共利益受害主体意志的检察机关参与司法较量的场合。行政公益诉讼制度的运行过程中,检察机关可以要求行政机关对有损于公共利益的不作为、乱作为进行弥补和整改。在公共利益可能受损的情况下，检察机关可以向行政机关提出相应的建议，督促行政机关履行职责，从而维护公众利益和国家利益。当行政机关对检察建议所提出的职能要求不依法作为的，就可以向法院提出诉讼请求。作"等外等"解释，响应检察监督深入开展的新要求，直接减轻因政府不当行为造成的对公共利益的侵害，并落实到具体的个人、单位、集体，更加全面有力地保障其合法权益。其次，检察监督机关作为国家公权力的代表机关直接对行政机关的违法行为进行监督，听取行政机关对涉及行政行为的举证和辩解，对影响公共利益的案件事实予以调查，运用相关法律法规制约行政机关权力运行，体现了依法行政和依法治国的基本要求，有利于减少行政权滥用和扩张现象。最后，符合司法资源合理分配的要求。公共利益是不特定多数人的利益集合。在行政公益诉讼制度运行之下，作为公共利益受损的诉求方，检察机关代表公共利益受损者的态度和意见，向审判机关提起诉讼，督促行政机关对其行为进行整改，减少个人或团体通过行政复议、行政诉讼甚至请愿等程序寻求法律救济，减轻国家机关的工作压力，有助于缓解行政机关与行政相对人之间的矛盾和紧张关系。总之，社会问题和社会实践的发展都为行政公益诉讼受案范围"等外等"理念打下了扎实的根基。拓宽行政公益诉讼受案范围，改变立法滞后局面，才能以更加主动、更加从容的姿态面对蓬勃发展的社会。

（二）行政公益诉讼"等"外拓展之规范性思考

国家和社会利益的群体性、公共性决定了其利益享受主体的需求之多，在有关利益遭受侵损的情形下也将面对来自不同类型社会个体或者群体的抱怨和诉求。检察机关在面对因行政机关违法履职行为造成群体公共性质的利益有所减损之时，作为大多数社会群体或者维护国家利益的代表者，在行使其检察监督权的同时，也指向国家和社会公共利益的保护。从理论层面上看，行政公益诉讼的受案范围应包括一切违法履行职务而损害公共利益的行为。但一切事物因其边界的划定而合理存在，没有界限与边缘则会是无序混乱的状态。行政公益诉讼的案件范围亦是如此，在响应探索"等"外领域案件的同时，必须意识到将案件的拓展方向把控在合理路径上，防止利用公共利益之名无限度地对行政公益诉讼的受案领域进行延伸，从而出现检察机关检察监督权不断拉宽，行政机关行政权被挤兑，面对和解决行政相对人提出的问题或者申请之时唯唯诺诺不敢为、少作为的恶性循环局面。基于此，拓展领域如何划定就要受到一定标准和原则的限定，笔者在此提出对行政公益诉讼受案范围标准的一些粗浅想法。

第一，如何在行政权力涉足越来越广泛的领域凸显和确立检察监督的能动性？笔者认为必须从行政公益诉讼设立的目的来考虑。行政公益诉讼作为公益诉讼的一个分支，其设立目的与民事公益诉讼的交叉点在于，它们都是为了保障国家和社会公共利益处于完整和圆满状态，对侵害公共利益的行为进行及时督促整改，并追究其相应责任，从而对利益享有者提供法律上的援助和保障。而与民事公益诉讼不同的是，行政公益诉讼是检察机关对行政机关实施检察监督的有力武器，一方面彰显了检察机关法律监督的职能所在，另一方面规范了行政机关社会事务参与和管理行为，提高了行政机关行政服务质量和水平。但值得注意的是，行政公益诉讼目的的公益性要求，在因行政行为的不当或者缺失造成一部分不特定公民的共同利益可能或者已经面临侵害的情况之下，才能对涉案行政机关提出行政公益性监督，并诉至法院，请求法院进行最终的司法性审查。利益的相关主体必须具有一定的规模，符合一定的数量要求，足以将该受损利益认定为公共性质的利益时，检察机关才能依法实施相应公益性的诉前程序和诉讼程序。

第二，根据行政法对行政机关有关履职行为的性质进行考虑。行政机关的行政行为分类是行政法理论研究的一个重要分支，在指导和辅助行政法理论深入和突破发展的过程中发挥着不可替代的作用。因此，正确认识行政机关实施的行政行为，分析其性质与特征，对其是否具有可诉性进行充分、有理有据的判定，是行政公益诉讼受案范围扩展中必须把握的要点。实践中，法院已有案例的认定结果和认定方式对检察机关实施行政公益诉讼的指导性意义不容小觑。法院对公共利益的认定、对影响公共利益认定因素的分析，以及对涉及公共利益案件的裁判结果都可以直接作用到检察机关相关领域的检察监督活动，对行政机关的种种社会事务管理行为也必将产生较大影响。

第三，从行政公益诉讼的主体角度分析，涉及公共利益的享有者、侵害者和维护者。就享有者而言，公共利益涉及的主体为国家和社会公众。国家利益的享有主体归根到底还是组成国家共同体的人民大众。因此笼统地讲，公共利益的享有者是组成国家和社会的具体单位即人民群众。司法权对行政权的监督过程中需要遵循一定的标准，宽度和深度如果超出合理范围，对行政权的运行过分干涉，可能物极必反。造成的直接影响可能是行政机关无法有效实施行政管理或者行政权的运行效果大打折扣。行政机关在实施行政行为，进行事务管理的过程中需要检察机关予以监督，从而达到国家公权力设立的预期效果。检察机关实施行政检察监督，一方面要考虑是否能达成对社会公共利益救助的目的，另一方面认定公共利益受损要综合考量各方因素。公共利益的损失应当是具有一定覆盖面的群体利益，该利益的受损直接或者间接地对该利益享有群体造成一定影响，要么已经显现，要么即将暴露，如果不采取相应的整改对策，将会造成更为严重的危害。除此之外，在国家和社会中行政系统长期存在，已经形成一套固定的行政程序，体现一定的规范性和秩序性，如果因检察机关的过分干预，造成行政秩序紊乱，这也是值得反思与重新考量的。

（三）行政公益诉讼"等"外拓展之原则说

1. 依法拓展原则

扩大行政公益诉讼受案范围是完善公益诉讼制度的重要任务和关键环节。依法开展相应举措首先必须牢固树立遵法守法意识，强化法律的指导性地位，维护党内法规和国家法律的尊严。依法开展行政公益诉讼探索性尝试，应当牢固树立以下观念：一是合法性与有效性相统一。避免检察机关主观随意性支配案件的办理，对认定行政行为的受诉可能性与公益损害程度等方面出现判断失误，造成案件整体方向和审判结果出现问题，从而影响行政机关执法的效能。二是要充分理解和服从有关政策法规。根据已有法律和决定等文件作出的有关行政公益诉讼决策部署等的精神和要旨，谨慎推进受案范围拓展工作。总结实践中司法活动的经验，进而提炼归纳，最后，将它转变成一种强制性的法律规范。

2. 价值衡量原则

由于多种主客观因素的交叉作用，参与行政公益案件的主体可能涉及多领域、多层级、多部门的行政机关与司法机关。行政机关的上下级、检察机关与行政机关之间对公共利益和案件的定性存在认识不统一的现象，这是不可避免的。在扩大行政公益诉讼受案范围的过程中，对于判定行政行为是否满足提起行政公益诉讼的条件，不仅需要司法资源的投入，还会消耗更多的行政资源。因此，在行政公益诉讼受案范围拓展的过程中应当特别注意行政司法资源的节约，在问题出现之时应当全面考虑法律适用效能，寻求最适用的法律或者指导案例，实现案件办理的最佳局面。综合分析案件对利益侵害者和利益受损者双方的价值实现尺度，从而实现结果最优化。社会关系的精细化，国家和社会公共领域的日渐扩大，对检察机关推进行政公益检察工作无疑是一个新的挑战与任务，应当时刻注重把握价值尺度，摸索案件处理的最优方案。

3. 灵活性原则

灵活性原则要求检察机关因地制宜，实现检察监督权的多样化和实效化。可以考虑通过人大授权的方式，在有条件或者情况特殊的地区开展行政公益受案范围拓展等试点性工作。对于群众呼声高、反映多的领域，可以加大行政公益检察拓展力度，把案件所涉及的问题分析透彻，明确行政部门和检察部门的职责所在。将行政公益诉讼受案范围的拓展聚焦在新型公益案件领域上，如网络公共空间的利益维护。此外，社会矛盾集中的其他热点问题也值得引起重视。各地区检察机关在行政公益诉讼受案范围拓展中要灵活把握工作方向，重点问题重点解决，疑难问题深入研究，在遵守法律红线的基础上体现各地区、各级检察机关的能动性，避免机械化作业、生搬硬套法律和决定等文件，从检察理念、自身素质和主体责任等方面提高检察公益案件拓展工作实施水平。

4.稳妥性原则

行政公益诉讼受案范围的拓展需要各级检察机关、司法机关与行政机关的协同配合，同时也不能没有各级人大、党委和人民群众的协调联通。公益诉讼制度本身在学界的研究并不是很多，在探索拓展受案范围的过程中，免不了会走一些弯路、遭遇一些坎坷，只有各方团结一致、汇聚力量，才能真正将这项对国家和社会公众受益无穷的制度落到实处，展现其制度的功能和优势。公益诉讼制度运用水平的提升需要检察机关对公共利益的准确把握，哪些应当适用、哪些应当严格限制，目前法律并没有对此作出具体规定。因此，检察机关在拓展行政公益诉讼受案范围的过程中应当采取审慎态度，稳步探索尝试，善于总结经验和教训，避免对公共利益的任意解释，破坏行政和司法秩序的运行，影响行政活动和司法活动的正常开展。

（四）行政公益诉讼"等"外拓展之标准说

笔者认为行政公益诉讼的受案范围拓展已不可逆转并迫在眉睫，但这个闸口必须严控，必须为其设立一套严格可行的标准。

1.受诉行为实施主体的标准

根据行政法的规定，行政行为具备合法性应当满足的条件是行为主体具有行政主体资格，能够以自己的名义进行行政管理，作出相应的行政行为，并能够独立承担该行为作出后可能或者已经产生的法律后果。由此，在对检察机关提起行政公益诉讼行为进行限制的过程中，必须将该主体要素考虑在内。具体而言，启动行政公益诉讼的对应行政行为的实施主体必须是国家行政机关，排除其他国家机关或者非国家机关的其他组织。当然，法律法规授权或者原行政机关委托的组织不能排除。由于授权和委托会产生一定的行政效果，可以等同于行政机关的行政管理行为。这是涉及行政公益诉讼受诉行为实施主体的相关标准。

2. 受诉行为的可诉性标准

行政公益诉讼是行政诉讼中一项无可替代的重要制度。在普通行政诉讼尚且无法制止侵害国家和社会公共利益的行为之时，公益诉讼的出现可谓弥足珍贵。检察机关以公共利益代表人的身份向司法审判机关提起诉讼，无形中为公共利益的保护铸造了坚固的防火墙。在检察机关检察监督和法院审判监督的双重合力之下，行政机关必然会约束或整改自身行为，从而保障国家和社会公共利益不致出现严重受损的局面。那么，行政公益诉讼中能够启动这项制度的受诉行为应该满足哪些条件或者标准？笔者在这里想从以下几个方面谈谈。

第一，根据行政法关于行政公益诉讼制度规定来看，只有在职权行使过程中的行政行为才符合行政公益诉讼设定的前提条件。那么，这是否意味着行政机关若不处于职权履行过程中的行为就不能成为公益性质的可诉行政行为？这里就可能存在由于行为可参照的规范不足或者具体规定暂未出台，行政机关因疏忽和不作为损害了国家和社会的公共利益，对此是否能提起行政公益诉讼的问题。随着时代的演进和科学技术水平的提高，人们的服务和活动场所已经不再局限于现实空间，出现了隐形的、潜在的、无法触碰的但真实存在的活动领域。而且这些领域的活动越发增多，危险性因素时时刻刻潜伏在活动主体周围，理应被国家行政机关所关注和重视。行政机关作为国家权力的代表机关，具有管理和服务的职责。因此，对于不作为的情形，判断其是否属于行政公益诉讼的可诉性行为还是应当以"职权性"作为认定基础和准则，也就是说应该作为而未作为的行为如果是行政机关职权履行所需，则应当认定为该行为符合公益诉讼的行为可诉性标准。

第二，行政事实行为是否能纳入行政公益诉讼受诉行为的拓展范围？这也是当前应该关注探讨的内容。笔者认为实践中网络空间、生产领域、公共安全领域出现的大量行政机关工作人员利用职权造成事实上的公共利益侵害，不符合检察机关启动行政公益诉讼的条件。很多情况下，侵害行为与刑事法律责任存在交叉，应当追究其刑事法律责任，而不能由检察机关行使公益诉权。明确行政法律行为和行政事实行为的可诉性要求，将一部分不满足公益诉讼程序的行为排除在外，能够调动检察公益部门的主动性和积极性，促使其在公益维护领域发挥更好的作用，彰显更大的公益维护价值。从深层次角度看，这也会督促行政机关以更专业的姿态投入到从事管理社会和服务人民大众的各项事务中，提高全民治理水平和服务质量。

第三，关于可诉行政行为的阶段性或者状态性要求。行政机关明确采取行动实施管理的情况下，对于处于准备实施阶段而尚未落到实处的准备性行政行为是否满足启动行政公益诉讼的条件，这是界定行政公益受诉行为的另一个考量视角。笔者认为应当严格将此类行为排除在外，因为行政机关采取举措履行职能需要自下而上的汇报和自上而下的部署，这个过程可能因实际问题的复杂性而需要或长或短的时间，所以预备性的行政行为不能成为行政公益受诉行为，以免造成过度干涉行政机关的决策、部署、实施和自我评估等过程。

第四，抽象性行政行为能否在拓展受案领域的过程中成为行政公益诉讼的可诉性行为。笔者认为严格对此予以规定很有必要。具体来说，在检察机关依照职权行使检察公益监督时只能对具体行政行为提起，也就是说，只有行政行为针对具体事项而产生对特定或者不特定的个体或者群体行政法上的权利或者义务的效力时，才可以成为行政公益可诉性行为。基于此，抽象性行政行为应当严格被排除在外。一方面，对行政公益诉讼的提起机关作出要求，严格控制其无限制延伸公益诉讼权利；另一方面，提升立法机关自身的立法水平或者依靠审查备案制度进行弥补和完善。

（五）行政公益诉讼"等"外拓展之具体进路

目前，关于行政公益诉讼的相关规定将行政公益诉讼的受案范围大致分为四个领域，也就是说采取受案领域"分类说"对行政公益诉讼的受案范围予以划定。就目前法律适用状况来看，现有"分类说"可能无法涵盖行政公益诉讼的受案范围。在指导和规范行政公益诉讼案件办理过程中，作用极其有限，实践中出现大量现有法律规定之外但亟须被行政公益诉讼制度所规范的现实问题。基于此，笔者认为可以从以下两个方面拓展行政公益诉讼的受案范围。

1. 将网络安全纳入行政公益诉讼受案范围

（1）网络空间暴露公益受损问题。在互联网与现实社会的融汇之下，搜索引擎广泛使用，几乎每个网民都会在第一时间通过网络搜索来查找解决问题的办法。搜索引擎可以说既是一个海量信息的传递者，也推动着信息时代的飞速前行。搜索引擎在网络社会掌控着信息传播的主动权，为数以亿计的网民提供公共服务，为广大网民带来便利的同时，也成为虚假信息、欺骗性广告等违法信息的直通车。搜索引擎本身是营利性的，它的运营模式很大程度上受运营商逐利心理的影响。为了获得更可观的利益，这些运营商会通过人为操控改变搜索结果的前后顺序，使一些企业能够借助网民普通的搜索行为达到其产品渗透式宣传效果。甚至不少运营商利用网络监管漏洞推广不法内容，严重损害了网络社会的公共秩序，殃及广大网民的公共利益。互联网主体和平台壮大，而相比之下网络活动参与者的力量渺小，无论是组成网络社会的个人还是群体或者团体组织，都不足以对抗互联网背后庞大的力量群。不少网络使用者对网络社会公共利益的认识不足，网络不法侵害者更是利用这一点投机取巧，肆无忌惮地对网络公共利益施加妨害。

与此同时，新兴网络直播逐渐成为广大群众趋之若鹜的行业。大量的网络主播一时间涌现于大众视野面前，只为了能够赚取更多的金钱利益。

然而，在无数被大众追捧的镜头另一端的主播，其身份、职业及其观念价值林林总总、参差不齐。这其中就产生了以下问题：不少网络主播为了夺人眼球、蹭取热度、登录热搜榜榜单等，传递低俗、愚昧甚至违反社会正向价值观的信息，对维护伦理道德底线造成了风险；还有甚者为了追求独特新奇的视觉效果，满足普通大众猎奇心理，而发布一些危害国家与社会公共利益，与主流文化背道而驰的视频、音频等；更有些道德缺失的网络主播利用网络直播监管的漏洞，抓住青少年这一特殊群体，对其灌输不良的文化与思想，对青少年的健康成长与身心发展构成了严重威胁。然而，网络信息传递的敏捷性与实时性，令政府机关在实际监管中的操作难度大大增加，政府机关在面对混乱的网络直播局面时往往束手无策。在当前法制监管体系下，那些看似不违法实则游弋于法律边沿的视频、音频因为其不存在直接性违法事实，导致无法形成统一的法律性评价，政府该不该管、该怎样管，成为行政机关棘手的一大难题。

此外，随着互联网技术的普及与成熟，教育新模式逐渐广泛应用，这成为网络公共利益受损的导火索之一。各式各样的教育App、学习小程序被大众喜闻乐见，并通过运营商及其线下的运用开始被推崇，一度成为教育的主要方式之一。教育App打破了传统知识传播的牢笼，开拓了孩子们的视域。教育App可以激发孩子们的学习热情和动力，有助于实时了解与反映学习情况，提高学生的学习效率。大数据的应用便于家长、老师更好地对孩子的学习情况予以监督，在一定程度上缓解家庭、学校的教学压力。但不少App开发者在暴利的诱导下，为了能从中分得更大的蛋糕，开始触及道德红线，将教育教学的运营理念抛在一边，使软件程序设计和运作的核心及其功效从教学转变为商业营利。普遍存在的现象有某学习类App中掺杂不少涉黄类信息，媒体曝光不少"黄段子"暗藏其中。例如，一款名叫"互动作业"的App存在大量腐蚀青少年大众身心的低俗色情内容、暗含性内容的图片等信息。不少App在未明确告知使用者，未引起使用者防备的情况下，收集其基本信息。学习类App的受众群体更主要是那些身心尚未发育成熟，极易受到周围事物、外部思想影响的未成年学生，这些问题将严重阻碍信息时代学生的健康成长，对公共利益造成极大的损害。

（2）网络安全防护成为公益维护新使命。在互联网广泛应用的今天，无论是个人、群体还是组织团体都置身于网络社会之中，并以各种形式利用网络资源，共同构建网络社会关系平台，形成网络公共和私人空间的协调运行模式。与现实社会相比，网络社会具有显著的特征：其一，网络社会具有虚拟性。就网络行为参与的主体来说，存在一方属于虚拟平台或是虚拟软件而另一方是实实在在参与网络活动的社会公众，也存在双方都是虚拟活动主体的情况。虚拟行为主体不具有物理和生物属性，不能借助人类特有的听觉神经、视觉神经等感官神经，因此无法直观并准确地察觉行为主体的主观倾向与客观行为特性。行为主体本身具有虚构性，一个个看似真实的网络群体背后可能是与之相差甚远的个体。网络社会没有绝对的实名制要求，网络行为主体可以根据自身偏好编辑名称、年龄、性别、身份、职业与兴趣特长。其二，结构扁平化。在现实生活中，每个人都有自己的国家和民族属性，可以来自不同的地域、不同的国家、不同的民族。人与人之间也因为某些客观因素，如生活习惯、文化习俗、年龄差异等被阶梯化与分层化。任何一个行为主体都会依据不同的标准被划分到不同的梯度空间。我们无法忽视，也不能否认这些阶层式的群体分布现象。而在网络生活中，个体未被冠以国别、种族、年龄等的固定式标签。网络连接的每个行为主体都没有明显的地位差异。换句话说，不像现实社会中阶层式的分布，网络社会不存在高低差别，也不存在所谓的"权威"。互联网技术的高速发展，助力网络社会快速运行，这使网络社会成为中国法治建设的新兴领域。法律在维护互联网社会秩序和信息产业科学管理方面扮演着不可替代的角色。但是，网络社会越来越复杂，参与活动的主体急速增多，对网络事务的管理成为行政机关的棘手问题。网络空间的有关立法明显跟不上科技发展的脚步，相关部门的网络执法规章和程序还未统一，网络执法人员的能力和水平还有很大的提升空间。如何在迅速发展的网络空间中保护公共利益，是行政公益诉讼实行至今出现的一大难题。

2.将生产安全纳入行政公益诉讼受案范围

（1）保障生产安全成为维护公共利益新要求。何为生产安全，通俗地讲就是生产过程中保证安全，包括人身和设备安全。生产安全必须同时兼顾生产和安全，生产者或劳动者要在生产环境和条件满足安全要求的情况下进行生产劳动，以防止人员伤亡、设备损失及其他灾害的发生。安全与生产是辩证统一的关系，反对将两者割裂开来看待安全和生产。安全达标，劳动者能够享有更完善的生产条件、更完备的生产设施，这将大大促进生产者积极性，提升劳动水平和生产效能。另外，保障安全，减少了不必要的伤亡事故的发生，促进生产总量高效提升，也为生产商家减少了换工用工的经济成本，从而为打造安全用工环节提供持续的资金支持。生产安全在社会发展的现阶段，成为国家和人民持续关注的热点，在任何时刻任何阶段都不容放松警惕。国家法律法规的出台与完善、相应监管体制的形成与建立，行政监管部门监管权力的实施是将生产安全纳入规范治理必经之路和有效途径。完善法律规定和加强安全执法监督成为生产安全迈入法治化阶段的推动力，也奠定了社会主义法治国家的安全基石。生产安全的法治化对保障生产安全法律的制定提出要求，通过完备、适用性强的规范来约束和指导行政机关及其工作人员的执法流程，规范经营生产部门及其相关负责和作业人员的生产操作过程。而生产单位的安全运行离不开行政监管机关切实有力的监督，安全是企业发展的保障，安全是家庭福祉的基石，安全是社会和谐的源泉。目前，独生子女已经成为我国的主要劳动力。在发生事故导致伤残、死亡时，至少会对三个家庭的正常生活产生影响。即使是奉行高额赔偿政策，也难以减轻安全事故对个人、家庭造成的巨大伤害。因此，生产安全是一个迫切需要纳入国家法治化运行轨道的关

---

❶ 张文杰：《论安全生产的法治化》，武汉大学博士学位论文，2013。

键零部件。

随着社会工业化的发展,安全生产事故时有发生。2018年8月6日,贵州省盘州市石桥镇梓木戛煤矿110102号开切眼瓦斯突出,造成13人死亡、7人受伤。事故暴露了以下问题:不符合煤矿安全规程的有关规定,未按矿井编制的工作面防突设计与施工,未按要求安装瓦斯抽采计量装置,采掘接续严重不平衡,隧道工作面防突验证中测点的布置不合理,中介服务不规范等。这些问题如果能够在行政机关监管环节加强监管和后续的整改督查则完全可以将损失大大减小甚至可以达到灾难事故的零发生。2018年6月5日,辽宁省某煤炭集团施工现场,负责运送炸药的车辆行进至井口时突然发生爆炸,造成12人死亡、2人失踪、10人受伤。造成事故的原因是:爆破方管理混乱,在向地下运输民用爆炸物的过程中,严重违反规定,将炸药和雷管混合起吊,在粗放装卸过程中发生爆炸;施工方在爆破作业单位运送炸药的同时进行井下水泵安装、人员等候入井等违章交叉作业导致人员伤亡扩大;建设方没有及时发现并制止爆破作业单位和施工单位的违法违规行为。这些事故原因的背后都折射出有关部门对民用爆物品监管缺失,对基建项目以包代管、违规违章作业行为查处不严等问题。❶

生产安全是公共安全的一个关键领域。政府的中心职能便是维护个人安全。我国服务型政府的建设无不以维护社会安全和稳定秩序为要义,其中政府如何维护作为社会主体的人民的安全就是迫切需要完成的任务。从目前出现的事故成因来看,均与政府监管的缺失错位相挂钩。个别政府在生产安全领域监管存在以下问题:其一,对生产安全的重视度不足。部分政府部门在对本行政区域的治理过程中,片面追求经济增长,看重经济成绩单。在各行各业涌现不同类别的私营企业、公司等生产单位时,疏忽

---

❶ 安公子:《2018年十大热点安全生产事故盘点,血的教训,警钟长鸣》,http://www.sohu.com/a/284548476_100050821,访问日期:2021年12月26日。

对其生产安全的考核，一味地追求其可能带来的经济贡献，最终造成生产领域出现监管乱象，大大小小的事故时有发生，政府的公信力受影响。其二，多头执法、职能错乱、责任落实不到位等仍有发生。目前，有的地方政府在安全生产领域存在安全监管部门责任落实不到位的问题。在生产领域存在权力寻租现象。个别地方生产企业夸大其经济成果，对政府监管部门的公正执法和严格监管产生了一定的干扰。

（2）安全生产纳入行政公益诉讼受案范围的探索性举措。2019年10月，最高人民检察院召开"以人民为中心，全面推进公益诉讼检察工作"新闻发布会，在新闻发布会上发布公益诉讼典型案例26件。其中，河南省三门峡市违建塘坝危害高铁运营安全公益诉讼就是一例。自2016年2月以来，郑州市至西安市高速铁路南交口大桥南北两侧距离桥墩不到100米处，因为一些村民修路筑坝、填土种田，造成桥梁南侧塘坝蓄水约1万立方米；北侧形成堰塞湖，高速铁路桥墩直接浸泡在水中，给高速铁路运营带来重大安全隐患。2018年2月28日，河南省人民检察院郑州铁路运输分院依法向三门峡市政府发出行政公益诉讼诉前检察建议和隐患情况报告，三门峡市政府予以高度重视，专门安排资金、组织力量开展除险工程，最终使重大风险得到排除。护航安全生产，该案无疑是一个良好的范例。[1]2019年6月20日，铁岭市银州区人民检察院对一起安全生产领域损害公共利益的案件正式立案。该案在辽宁省检察院、铁岭市检察院的指导下，三级检察机关联动一体化办案，加班加点研究以公益诉讼程序推进安全生产领域规范化运行的必要性、可行性。6月24日，检察院向相关行政部门发出了诉前建议，要求他们立即监督建筑公司，防止进一步损害公共利益。因本案涉及严重的生产安全和环境污染等问题，检察机关要求

---

[1] 杨维立：《护航安全生产，检察公益诉讼大有可为》，http://opinion.cnnb.com.cn/system/2019/12/09/030107886.shtml，访问日期：2021年12月9日。

相关行政机关在 15 日内督促企业进行整改并及时书面回复整改情况。❶

党的十九届四中全会指明，要坚持和完善共建共治共享的社会治理制度，保持社会稳定、维护国家安全。社会治理是国家治理的重要方面。要健全新形势下妥善处理群众矛盾的有效机制、健全治安防控体系、健全公共安全体制机制，构建基层社会治理新格局，完善国家安全体系。党的十八大以来，我国着力提升公共安全方面的科技水平，完善各项综合应急保障措施规范，旨在预防重大危险性事故的发生和及时有效应对突发事件，最大限度避免人员和财产损失。总体来说，在公共安全治理方面取得显著成效，但不可否认的是，目前我国正步入经济、社会以及文化全方位的转型期，在这个艰难转型阶段，各种因素混杂造成社会管理的复杂程度越来越高，安全生产方面的风险和事故逐渐由原始的单一领域扩散至全社会各个角落，各种类型的风险隐患急剧上升且表现出互相交织、互相耦合的形态，一旦发生相关事故，损失将无法估量。我国的公共安全形势依然严峻，公共安全管理水平有待提升与改进，这是社会转型期一项极为艰巨的任务。❷

3.将公共安全纳入行政公益诉讼受案范围

（1）公共安全保障成为公益维护新主题。人类的进步和发展是一个曲折漫长的过程，必然经历与社会种种未知因素的抗衡与较量。不可否认的是，人类越发关注和重视对人权和公共利益的维护与保障，这是人类发展史上取得的显著成就。公共安全这一名词的概念也在随着人类生产生活范围的扩大而被赋予深刻的含义。人们开始对公共安全有了更为宽泛的解释，表现在其包含的领域不断延伸，保护的对象也在逐渐增多。在人类社会发展的初级阶段，生产力水平还很落后，那时候思想认识层次还较低，人类对公共安全的界定范围还很狭窄，包括自然灾害、社会治安和犯罪这

---

❶ 江海峰：《铁岭立案全省首例安全生产领域公益诉讼案》，http://www.lnfz.cn/news/23940.html，访问日期：2019 年 12 月 9 日。

❷ 袁宏永：《探索城市公共安全治理新模式》，https://www.men.gov.cn/xw/ztzl/2019/xxgcddsjjszqhjs/thwz/201911/t20191127_341685.shtml，访问日期：2020 年 1 月 30 日。

三个主要部分。随着社会生产力的不断发展，物质条件越发优越，人们逐渐对公共安全的要求越来越严格，已经不再满足于最初的简单内涵界定，公共安全的内涵得以明显地扩充。

现阶段我国处于社会转型期，现代科技的普遍推广与应用、城市化的不断深入与经济全球化等多重因素为公共安全带来了巨大的隐患。就公共卫生问题方面，流行性疾病的发生依然屡见不鲜，医疗保健行业的问题也经常暴露出来。例如，2018年11月13日，西安市国际港务区发生一起重大道路交通事故，造成10人死亡，2人受伤。2019年4月30日，陕西省应急管理厅公布了"11·13"重大道路交通事故调查报告，暴露出市政建设部门安全监管不到位等问题。作为港务区道路基础设施维护养护的责任部门，港务区建设局缺乏有力的安全监管，表现为一方面安全管理的制度不够完善，另一方面对行业的安全管理责任也未落到实处，督促市政配套公司等单位落实"纺渭路交通安全隐患整治工作"不力；未严格执行"三项攻坚行动"中"每月开展一次运输企业落实安全主体责任大检查"工作要求，执法检查未做到全覆盖，对涉案公司未按规定设置安全管理机构、配备专职的安全管理人员等问题失察失管。❶

（2）公共安全纳入行政公益诉讼受案范围的探索性举措。2019年3月6日，浙江省杭州市拱墅区人民检察院民事行政检察部在履行公益监督职责中发现，叶青兜路有两处餐饮店存在燃气使用安全隐患。该辖区餐饮场所量多面广，大多数规模较小，部分餐饮店安全意识较低，且多设立在人员集中区域，若发生安全事故，将会带来不可计量的人员伤亡和财产损失。餐饮场所燃气泄漏发生事故造成的后果惨重，应当引起高度重视。因此，拱墅区检察院积极探索创新，经上级院批准，在消防安全领域，探索行政公益诉讼，旨在通过监督行政机关履行监管职责，排查和消除安全

---

❶ 佚名：《西安"11·13"致10死2伤重大道路交通事故原因披露：客车驾驶员操作不当、隐患排查治理不及时》，http://www.aqsc.cn/anjian/201905/08/c105546.html，访问日期：2019年5月8日。

隐患，加强源头治理，建立长效机制，预防和遏制餐饮场所燃气事故的发生，维护社会公共利益。2019年3月13日，拱墅区检察院向行政机关送达检察建议书，要求行政机关在对案涉的两处餐饮店进行监督整改的同时，对辖区内餐饮场所进行全面排查，并加强日常的宣传指导，保障群众的人身和财产安全。收到检察建议书后，行政机关会同燃气公司工作人员制定方案，牵头召开拱墅区城镇燃气安全培训会议，监督案涉两处餐饮店进行整改。强化燃气供应及使用安全的执法检查，积极消除安全隐患；加强宣传，提高了各单位燃气使用的安全意识。拱墅区检察院对公益诉讼"等"外案件的探索和创新，深化了燃气安全的全面整治。❶ 除此之外，全国不少地方都暴露出公共安全事故隐患，各地的检察机关也纷纷投入时间与精力，着重对公共安全领域的公益受损问题进行监督和整改。可以说，保卫公共安全离不开行政机关和检察机关的制约配合。

四、拓展行政公益诉讼"等"外领域的障碍

（一）立法层面的问题

随着社会分工的细化与社会结构的多元化，很多行政行为的作用对象不仅限于一个社会利益主体。传统诉讼模式下，一对一的结构已经无法适用复杂化的利益关系网络。行政公益诉讼作为检察机关对行政机关的一种监督方式，它不同于刑事诉讼和民事诉讼的就是它体现了权力制衡的原理。检察机关针对行政机关侵害国家和社会公共利益作出的违法行为，以诉前监督和诉讼监督两种方式督促行政机关最终落实职责，进而实现国家和社会公共利益最大化保障目标。行政公益诉讼在我国的发展尚处于新兴阶段，人民长久以来都视其为陌生的面孔，而随着法治建设的开展和深

---

❶ 拱墅检察：《公益诉讼这次对"等"外案件出招了》，https://mp.weixin.qq.com/s/aQvX_m0WK3kULJH6zXvSTQ，访问日期：2019年7月20日。

化，才渐渐被公众所认知并逐渐熟悉起来。党的十八届四中全会通过的《中共中央关于全面推进依法治国若干重大问题的决定》指出，"检察机关在履行职责中发现行政机关违法行使职权或者不行使职权的行为，应督促其纠正"，并明确要求应"探索建立检察机关提起公益诉讼制度"。2015年7月1日，第十二届全国人大常委会第十五次会议通过《全国人民代表大会常务委员会关于授权最高人民检察院在部分地区开展公益诉讼试点工作的决定》。次日，最高人民检察院发布了《检察机关提起公益诉讼改革试点方案》。2015年12月24日，最高人民检察院召开第十二届检察委员会第四十五次会议，发布《人民检察院提起公益诉讼试点工作实施办法》（高检发释字〔2015〕6号）。这为公益诉讼试点的配套工作制度提供了极大的支持和动力。2016年2月25日，最高人民法院印发《人民法院审理人民检察院提起公益诉讼案件试点工作实施办法》。这些决定、方案与办法的发布成为我国检察机关行使行政公益权力的基础性规则和最具直接效力的法律依据。由此，我国行政公益诉讼制度初具雏形，并开始慢慢发展与完善。伴随《行政诉讼法》的修正，行政公益诉讼制度的种子在我国法治化的宽广天地上真正得以扎根和萌发。2017年6月27日，第十二届全国人民代表大会常务委员会召开第二十八次会议。此次会议通过了关于修改《行政诉讼法》的决定，针对行政公益诉讼新增了1款："人民检察院在履行职责中发现生态环境和资源保护、食品药品安全、国有财产保护、国有土地使用权出让等领域负有监督管理职责的行政机关违法行使职权或者不作为，致使国家利益或者社会公共利益受到侵害的，应当向行政机关提出检察建议，督促其依法履行职责。行政机关不依法履行职责的，人民检察院依法向人民法院提起诉讼。"此内容反映出我国实行的公益诉讼制度不再只是针对试点区域，而对全国范围内检察机关的公益诉讼行为提供了正式的法律依据。2018年3月1日，最高人民检察院联合最高人民法院发布了《最高人民法院、最高人民检察院关于检察公益诉讼案件适用法律若干问题的解释》（法释〔2018〕6号）。该解释就检察机关开展公益诉讼相关的程序和相应的权利与义务作出了明确深入的规定。截至目前，我国行政公益诉讼受案范围仍旧主要指法律所规定的四大领域。的确，《行政诉讼法》审时度势将当前受损严重并亟须保护的领域纳入检察机关运用公益诉权保护国家和社会公共利益的范围，满足了整个社会大部分群众对公益诉讼制度的期盼与希冀，也符合最广大人民群众的现实需要。对一项全新的制度而言更是必要的，因为它可以防范检察机关错误运用这项检察监督权。❶尽管"等"字以兜底条款的形式为行政机关提起公益诉讼的范围拓展提供了法律支撑，但是并未起到明显的现实作用。这样的规定导致检察机关在实际操作中并不能有足够的底气对行政机关的其他违法行为进行监督。面对不断复杂化的社会事务和不断扩大的政府职能，多方位多领域保护人民群众的权益是检察机关的职能所在和制度目标。因此，从立法层面对检察机关行使公益诉权提供支撑，监督行政机关的职权行使将是制度发展的现实要义和迫切要求。目前，"等"外领域规定仍然处于空白状态，要想填补这种立法空白就必须遵循科学规划、合力推进的原则填补"等"外领域的空缺。在立法正式开展之前，检察机关应当通过与各级党委、人大、政府建立协同机制，共同为"等"外探索实践活动的开展贡献力量，为检察机关运用行政公益诉权提供强大的后劲力量，通过地方性法规、规章、制度等文件的支持，检察机关可以放开手脚，以积极姿态在本行政区域内开展法律监督活动，积累实践经验，从而使行政公益诉讼制度发挥更大实效。

（二）实践层面的问题

检察建议作为检察机关监督行政职权的重要手段，就目前情况来看存在程序不规范、落实不到位等问题。随着公益诉讼制度的大范围运用与实施，检察机关也在越来越多的场合下采取发送检察建议以使行政机关

---

❶ 黄学贤：《完善行政公益诉讼 助推法治政府建设》，《群言》2019年第5期。

等切实履行法定职责。但因为检察机关公诉权不限于行政领域，还涉及刑事、民事等方面，而且现实中可能更多的是参与刑事活动的监督。检察建议的监督方向主要是面向司法机关、公安机关。据了解，西安市向公安机关、司法机关发送检察建议集中在法院、公安机关、刑罚执行机关的执法过程中，对于行政机关的执法活动发送的检察建议却相对较少，可见，行政公益诉讼监督的整体力度还有待加强。具体来说，检察建议在发挥监督行政机关职权行使的过程中存在以下问题：一是书面检察建议未达到规范要求。行政机关收到的建议文书多存在内容不规范、调查结果与事实不符、违法现象分析不到位等问题，一方面不利于行政机关就检察建议实施整改，另一方面降低了行政机关对检察建议的认可度。看似检察机关已经就行政机关的某种作为或者不作为向行政机关发送了具有监督性质的检察建议，行政机关也收到建议文书，但是其指导意义和监督实效却不尽如人意。二是检察建议往往缺乏实操性。许多检察机关的提议过程敷衍了事，重形式，缺乏必要的、全面的调研和考察过程，导致检察建议模板化、僵硬化，实务操作性弱。还有些检察机关在对问题的把握上方向偏颇，文书写作上内容粗略模糊、晦涩难懂，这样一来难以对行政机关的违法行为进行针对性强、可行性高的指导与建议，检察建议的作用大大降低。三是检察建议刚性不足，以至于后续公诉活动缺乏前期程序性保障。检察机关对行政机关的回复整改监督缺失。有些建议只是明确要求行政机关予以回复，并未对后续的整改提出要求，也未说明不整改的后果，致使行政机关仅仅停留在对检察机关提出其违法行为的回复层面，无法引起行政机关的重视。

（三）能力层面的问题

首先，普遍存在人员编制不足的问题。随着社会事务的日益复杂化与《行政诉讼法》正式确立检察机关提起公益诉讼制度，检察机关开展公益保护的工作内容与日俱增，而相对稳定不变的工作队伍越来越不能适应日益增多的工作量。

其次，部分检察官的专业素质和能力与现实办案需求不相匹配。检察官应定期开展自我评估和自我检测的活动，增强学习的主动性和自觉性，重视业务素养和能力建设。在掌握好相关法律法规的基础上，深入了解行政机关的执法理念、执法依据，并对执法效果进行综合考量，以此来评判行政机关的执法行为。需要注意的是，检察机关对公益诉权的行使应该在法律的合理严格范围之内，而不能游离于法律之外肆意妄为，更不能因某些主客观因素而被任意扩张。检察权是检察机关享有的针对行政机关实施法律监督的权力表现，检察机关享有监督的便利条件，能够对诉讼的全过程进行参与了解，这就对检察机关行使法律监督权提出了更高的要求。公民从出生一直到老去，无不与行政机关的服务紧密相连，从个人权益的维护到公共产品的享用，行政权的影响无处不在。行政权作为依法治国的重要力量，必须始终坚持依法办事。同时，法治的内涵包括行政权必须受其他公权力的制约。因此，必须建立高效的执法监督机制，立足于当前行政公益诉讼制度运行的困境，加强与行政机关的信息沟通，坚持问题导向，实现"缺什么，学什么，补什么"，从提高检察机关个人素质过渡到提升公益诉讼部门整体水平，增强较为薄弱的行政公益诉讼队伍力量。

五、拓展行政公益诉讼"等"外领域的建议

（一）及时完善法律相应供给

行政公益诉讼是立足于保护公共利益的一项特殊制度，而当下对公共利益的法律保障有待加强，公共利益的立法工作不能适应快速变革的社会。我们应当研究当下哪些公共利益能够得到切实保障，哪些还在被侵害。许多公共利益已经转化为权利，例如，经济困难者有权得到法律援助、农民工在城市应受同等保护、劳动者的劳动条件和报酬应得到保障。但是，对这些权利的保障未必实现如立法之初所期望的效果。这些问题背

后暴露出在权利的保障方面仍然欠缺,其原因之一是缺乏有效的处罚措施。行政机关在行使职权时被"多一事不如少一事"的心理作祟,不免存在懈怠和不作为行为。此时,检察机关的出拳将是对公共利益维护的最后屏障。如果大量矛盾纠纷不能通过公益诉讼的方式解决,将助长行政机关的懒散风气,增加社会冲突,不利于和谐社会的构建。因此,对行政公益诉讼受案领域的拓展可以说是呼之欲出,回应了最广大群众的殷切期盼,这将鼓舞检察机关积极行使法律监督权、保障公共利益,也会使行政机关在打造"服务型"政府的画卷上再添风采。但是在较短的时间内不应将其大规模地扩大与放宽。笔者认为,可以利用特别法形式来对"等"字的内涵予以丰富和扩充。此外,通过司法解释来逐步拓展"等"外领域也是可行的选择。这样既可以应对日益复杂的社会,也可以避免出现受案范围无序延伸的局面。

从治理的传统路径来看,权力路径、法律路径、管理路径是三大类具有代表性的路径。其中,有学者认为管理路径是区别于权力路径和法律路径的一种治理思路,是一种静态平稳却更具有灵活性的治理路径。为了最大限度地避免或者减少复杂化给治理系统造成的侵扰,管理主体尝试通过精密的制度设计从而达到尽可能规避风险、稳定治理状态进而向高效治理的理想阶段靠近。在竞争逻辑和控制思维引导下,命令和服从的框架规制了官僚政治的管理手段。❶ 行政命令式的管理运行方向是自上而下的,治理主体不可避免会对客体进行主观分类,导致"行政傲慢"的出现。而在某些管理领域方面,由于公众意识增强和责任分担的强化,出现"行政谨慎"的现象。"行政傲慢"和"行政谨慎"的出现在不同程度上影响着行政管理机关针对具体事务时的态度和行为方式。执法的傲慢与谨慎,其背后体现的运作机理值得剖析,可以采取的有效论证和解释方式就是在寻

---

❶ 卢希起:《司法执法边界新论——以环境保护和安全生产领域为视角》,《求是学刊》2018年第1期。

求价值论意义上的应然性的确定性的过程中进行"合并同类项"和"排除法"。"合并同类项"是指寻找最低限度的相似性。"排除法"是指寻找与其相斥的逻辑对象，也就是对应然性的否定程度。前者表现为通过价值论体现出来的"不得不"，是对主体人的最低限度的选择。后者是"不应该"，是摇摆不定的概念和内涵，在不同的价值取向主体的决断和选择之后可能呈现出相似、相近甚至千差万别的结果。其中，价值判断主体的喜好、欲望和倾向都很大程度上影响着判断结果。在经济发展和产业升级的时代，行政机关的行为游离于"不得不"与"不应该"的价值之间，很多时候会受到外部压力和内部管控的影响，是否作为、如何作为、作为方式与手段等成为行政机关纠结和困惑的问题。

行政公益诉讼中，检察权和公诉权与行政机关的行政管理之间如何划定边界，是探索行政公益诉讼受案范围"等"外领域最主要的问题。从宏观来看，行政公益诉讼制度中，检察机关的权力运行和行政机关的执法权，无不以保障社会和国家的公共利益为目的和出发点。那么，检察监督是应当以保护公共利益为核心来监督行政权力运行，还是应当以制约行政权为核心从而达到保护公共利益的目的，这是划定检察监督权在行政公益诉讼制度上权利边界的核心要素。笔者认为，行政公益诉讼制度中检察监督权始终要将监督与制约行政机关作为提出检察建议和行使公诉权的出发点和主旨。现有关于行政公益诉讼制度的探索大多是参考司法案例，很多地方在法律没有正式明确规定的情况下，并不敢突破现有《行政诉讼法》受案领域的边界。

因此，在对行政公益诉讼受案领域的拓展上，应当始终坚持《宪法》的秩序要求、坚持合法性原则，这是行政公益诉讼制度运行的基础性规则。在行政执法的过程中，行政机关及其工作人员要遵循法律、法规、部门规章等，同时也要结合社会实际作出合理合法的行政决定和采取正当适度的行政行为，避免行政机关撇开法律法规而随意决策，引发行政相对人的不满。检察机关也必须根据法律法规的内容进行全方位的判断与分析，为更好地制约行政机关的行为和保证公共利益作出更大的贡献。行政公益诉讼"等"外领域的扩展必须坚持和落实合法性原则。首先，对《行政诉讼法》和相关决定中涉及的行政公益诉讼制度理念、原则与具体性规定的把握不应仅停留于表面，在具体工作中也不能流于形式，否则会使这项检察制度落空。深刻理解行政公益诉讼制度设计背后的法理和精神，对合法性的理解保持开放、理性的态度。其次，检察机关行使检察建议权和行政公诉权的前提不仅要合乎法律、法规以及相关规章的规定，还要时刻以维护公共利益为最终目的，对行政机关的监督必须牢牢把握法律已有的范围，对于行政裁量权的介入在已有行政许可裁量、行政执法裁量、行政处罚裁量的基础上，要着重对消极裁量行为进行监督。党的十九大以来，服务型政府建设备受国家重视和公民期待。在公共利益概念延伸的当今社会，行政机关作为强有力国家机器，除了运用法律和管理等强硬措施，还应积极实施裁量行为来营造公共利益得以充分保护和合理享用的氛围。如此看来，行政公益诉讼制度的范围必须包含安全生产、公共安全以及网络安全等领域行政机关消极裁量甚至懈怠不作为。

（二）完善受案范围拓展标准

行政公益诉讼受案范围的"等"外领域的拓展，应当在合理的空间，遵循严格的监督制约标准。具体来说，在检察机关试图对"等"外领域延伸之时，首先必须明确一系列严格的约束规则。行政公益诉讼从提出检察建议到进入公诉阶段都要注意公益诉讼运行的出发点、条件、时机及其结果等一系列问题。第一，行政公益诉讼必须经过诉前检察建议环节，并且要保证与其他程序不存在互相矛盾或冲突的情况下进行。第二，进一步明确行政公益诉讼制度进入公诉阶段的前提是行政机关行使职能的不合法和不积极。检察机关启动公诉的前置程序或者前提条件是行政机关不依法履职，但关于判定行政机关"不依法履行职责"的具体标准，法律并未作出具体规定。实践中，行政机关未依法履行职责的情形主要有：行政机关收到检察建议后，明确表示不进行整改的；行政机关虽回复采纳检察建议并采取整改措施，但实际上行动迟缓、敷衍应付、没有作为的；行政机关仅部分纠正行政违法行为的；行政机关虽采取了履职措施，但履职仍不完全、不充分，无法达到监管目的，且没有进一步行使其他监管职权等情形。"未依法履行职责"的界定是提起行政公益诉讼的核心环节。当行政机关因客观事由而"履行不能"时，检察机关必须考虑客观事实状态、行为能动性等对行政机关是否"依法履行职责"这一要素进行综合评判与考量。对于因客观障碍或者技术缺陷问题造成的"履行不能"，应当排除在提起行政公益诉讼的条件与标准之外，也就是不能依照"结果主义"原则衡量行政机关的行为合法性。以网络公共安全管理为例，行政机关可能受制于技术人才、设备等的种种暂时无法克服的困难，而难以及时、合理作出相应的对策来保护网络环境中的公共利益。现实中，很多基层检察机关承担着行政公益诉讼的职能，但因无法及时适应网络社会的变革，技术型人才占比不足，在网络安全监管方面往往显得力不从心。若仅以"结果主义"为标准，不免对行政机关有些严苛，造成行政管理压力加大。不论是行政部门的领导还是下级工作人员，都难免手忙脚乱，这样一来行政违法履职现象反而更加严重。第三，检察机关依法提起行政公益诉讼的前提条件是："经过检察建议程序，行政机关仍未依法履行职责，国家利益或者社会公共利益持续处于受侵害的，人民检察院依法提起行政公益诉讼。"[1] 可见，检察机关要提起行政公益诉讼需要满足三个条件：一是前置性的检察建议环节；二是行政机关职责履行存在缺陷；三是国家或者社会公共利益因行政机关的职责履行不到位而持续性受到侵害。笔者在这里想要探讨的是第三点，检察机关提起行政公益诉讼必须满足的条件是：公共利益的受侵害状态是实际存在的，且因行政机关违法履职行为而造成受侵害状态是持续性的。由此可见，不包括即将或者未来可预见的侵害。这似乎背弃了行

---

[1] 《检察机关行政公益诉讼案件办案指南（试行）》，http://www.cangzhou.jcy.gov.cn/jwgk/gzlc/202008/t20200828_2933031.shtml，访问日期：2023 年 8 月 17 日。

政公益诉讼制度设计的初衷。因为实践中，许多公共利益的受侵害可能需要经历一段时间或者几个阶段的演变，不是一蹴而就的过程。它最直观的判断标准是一定危害性事件的出现，但其存在也可能是隐形的。没有出现危害事件或者利益纠纷，是不足以否定公共利益受损状况的存在或者延续。因此，防止国家或者社会公共利益受到侵害，不仅要体现制止性、约束性还要加入预防性的手段。也就是说，检察机关对于因行政机关违法履职使公共利益即将或者未来一段时间可能受到侵害的，都应当纳入行政公益诉讼的受案范围。安全生产领域、网络安全领域及公共安全领域的行政公益诉讼制度尤其应当注意这一点，因为它们作为行政机关长期以来涉足较浅或者执法水平受限的领域，公共利益的侵害更是随时可能发生，且危害性难以估计。因此，必须进一步完善检察机关提起行政公益诉讼的条件，才能以更大的力度来保障国家和社会公共利益处于一个较为安全的环境。

（三）持续提升检察建议的刚性

在检察机关的监督活动中，应当革新对检察建议的重视度。柔性的检察建议未必会弱于刚性的行政公诉的监督效果。相反，非诉性检察建议是行政公益诉讼全过程极为必要的部分和环节。因此，检察建议要想发挥其最佳效果，首先要求检察机关注重检察建议的效用，在实践中探索完善检察建议的内容，发挥其在行政公益诉讼活动中的功效。其次，针对检察建议质量不高的问题，有必要进行规范化整治活动，摒弃以往轻质量、形式化的检察建议制定及发送模式，逐步向高质量高权威过渡，实现检察建议精、简、准、实。在建议制定之前必须做到对违法行为的全面客观调查，在检察建议制定之时必须做到法理兼具，在检察建议制定完成后要保证其具有可适用性和可操作性。总之，检察建议的质量要稳步提升，避免检察机关不必要的人力、物力及时间成本消耗。再次，加强检察建议跟踪回访机制的建设与完善。在向行政机关发送检察建议之后，应当设置专门人员对行政机关的整改情况进行持续的跟进调查，在确保检察建议的实施效果上，可以寻求行政主体的上级单位、部门及其党委、人大或者监察委员会的帮助，充分调动多方力量，打造多元化配合监督机制。对具体案件的监督，其实际效果应该具有放射性，保证其宏观监督效果。个案治理不能仅局限于个案效果，同类型案件及社会普遍性问题的解决都应当从中受益。这就要求检察机关应当注重对案件类型的把握、分类，在个案解决的过程中，促进某一部门或者某一领域行政执法水平的规范化、科学化，从而促进检察机关工作能力的提升，也为更好监督行政机关职权行使发挥其应有价值。最后，注重宣传引导工作，将检察建议工作规范化，对检察建议工作中出现的问题与难点进行有针对性的指导与研究，解决检察建议不规范问题，加强检察建议工作的考核评估，从检察建议的指导功效和跟踪落实等方面对其实效进行贯彻与落实。❶

（四）建立健全协助配合机制

首先，加强内部协作。制定和完善相关规定，要求其他业务部门在刑事案件中发现行政公益诉讼案件线索时，要及时将线索转交给公益诉讼部门，完善联络员制度，通过指定专人来完成案件线索移送和传达，从而加强案件信息沟通联络的工作。其次，加快建立省检察院工作机制。例如，为全面推进陕西省公益诉讼深入发展，陕西省人民检察院选定15个县检察院为省级联系院，并对这些联系院的示范能力提出要求，以创造良好的社会氛围。❷2015年，最高人民检察院联合公安部、最高人民法院与国家食品药品监管总局等制定发布《食品药品行政执法与刑事司法衔接工作办法》（食药监稽〔2015〕271号），在很多方面达成了共识，在社会事务的管理运行中实现信息联通共享、案件情况的通报与移送等。各省纷纷利用

---

❶ 赵岩：《检察建议规范化存在的问题及解决——以陕西省检察建议工作开展情况为样本》，《人民检察陕西版》2018年6月第1版。

❷ 最高人民检察院：《公益诉讼试点工作先进集体：陕西省人民检察院行政检察处》，https://www.spp.gov.cn/spp/zdgz/201803/t20180303_368691.shtml，访问日期：2023年7月15日。

互联网平台,建立覆盖面广、涵盖多家行政机关的数据网络,促进了行政信息共享,拓宽了立案监督的渠道。❶再次,引入专家辅助人制度。行政公益诉讼受案领域的拓展是一个循序渐进、逐步提升的过程。对于受诉行为的性质、特征和公益受损主体的判断、考量以及公共利益究竟遭受的损失程度等的认定都需要具备专业法律素养和评估资格的人员来参与其中。检察机关作为公益诉讼的启动者,仅由其认定行政机关相关行为是否造成公益侵害可能具有一定的主观片面性。为了防止判断失误造成的不公平现象,可以通过内部行政机关、司法机关与法律专家、学者组成的专家辅助团体来参与对行政公益诉讼具体事实、环节的判定。最后,要充分发挥法院案例的作用。研究选出具有代表性的行政公益诉讼经典案例来对受案范围拓展中遇到的问题进行指导,促进检察机关司法监督水平的提高。

（五）加强检察队伍素质能力建设

检察队伍建设要树立"信念过硬、政治过硬、责任过硬、能力过硬、作风过硬"的信念,在开展检察工作的过程中要重视知识积累、调研考察、勇于突破陋习、更新思想观念,做到检察公益全面升级和蜕变,为检察工作的长足进步和行政服务的顺利推进贡献力量。在思想政治方面,检察机关应当定期开展学习教育活动,丰富学习与教学形式,紧紧跟随党和国家的号召,积极主动参与各类主题学习活动,打好理想信念的牢固基础。在专业能力建设方面,必须时刻坚持问题导向,总结检察实践工作中的不足与短板,弥补专业知识与能力上的不足,开展检察机关工作人员专业知识与素质能力的定期考核与评价机制,对于不符合要求标准的,必须加强培训,使之符合新时代检察工作开展所要求的硬性条件。在符合标准的检察机关工作人员中挑选业务能力高、素质条件好的标兵,发挥其模范

---

❶ 彭波:《给食品犯罪当保护伞,痛打!》,http://www.humanrights.cn/html/2016/6_0202/14121.html,访问日期:2020年2月2日。

带头作用,增强检察工作队伍的生机与活力,同时加强与高校的协作与交流,定期聘请高校专家、学者开展专业知识教学与研讨活动,增强检察队伍的综合素质。在作风建设方面,要顺应国家从严治检要求,从听从口号到工作落实,要加强纪律检查和工作作风肃正,对检察机关工作的各个工作环节的监督都不容轻视,避免监督者滥用权力的情形出现,发现有违纪违法行为,必须严正惩处,追究有关人员的责任,对违纪行为链条上的每个分支都要客观考量与整治。打造检察监督工作的链条体系,通过正向引导与负向激励的途径促进检察机关工作人员敢于监督、善于监督、程序更为规范、措施更加有力、效果更加明显。

六、结语

行政公益诉讼"等"外领域的拓展实践是集紧迫性和长期性于一体的具有高度实践性的活动,检察机关以雪亮的眼睛密切关注着人民群众最迫切需要帮助的领域。已经有不少地方检察机关积极予以探索和尝试,体现了一定的创造性。"等"外领域的拓展必然伴随司法实践和社会发展而不断深入,检察机关必须重视其在未来"等"外领域拓展中的先锋位置,也必须正视今后在监督行政机关和维护广大公共利益上的重要使命,在司法改革的浪潮之下勇于破除陈旧、摒弃糟粕,做到责任与使命共担。

当今时代,挑战与机遇并存,公正与和谐必须齐头并进才能从根本上得到人民群众的认可和支持。错综复杂的问题与困难、来自四面八方的群众利益呼声将成为检察机关今后开展行政公益诉讼实践活动的立足点和出发点。如何在理论和实践中对行政公益诉讼"等"外领域进行有益拓展,发挥应有的作用;如何廓清政府、企业、组织、群众四者利益博弈中的迷雾。开创新路径来实现公共利益的最大化是检察机关在今后面临的一个巨大难题。检察机关公益诉讼制度作为保持社会长期稳定的重要力量必将全力以赴。这条道路或许艰难重重,但还是充满希望。

公益诉讼

诉 . 前 . 程 . 序

行政公益诉讼诉前程序相关问题浅析

» 崔吟楠　李　阳[*]

近年来，随着市场经济的不断发展，生态环境遭受破坏和污染的问题日趋严重，给经济的可持续发展带来危机和挑战，也对社会公共利益和国家利益造成一定的损害。为此，党中央在十八大报告中将生态文明作为一项重大任务，与经济建设、政治建设、文化建设、社会建设形成"五位一体"的总体布局。为全面推进生态环境保护，从制度上保障落实，党的十八届四中全会率先提出建立检察机关提起公益诉讼制度。通过诉讼方式保障相关职能机关依法履职、打击侵害国家利益和社会公共利益的行为。实践中，检察院提起的公益诉讼包括行政公益诉讼和民事公益诉讼两种类型。尤其是行政公益诉讼对于检察院发挥法律监督职能、加强社会公共利益和国家利益的保护、促进行政机关依法行政、提升国家治理能力现代化等都具有重要意义。依据法律及相关法规，对于侵害国家利益或社会公共利益的行为，应首先由相关职能机关依法履行职责予以保护或处罚、追责，只有相关职能机关怠于履职或者未依法履职的情况下，检察机关才能启动行政公益诉讼程序。但提起行政公益诉讼之前，应当首先向不履行法定职责或者违法履职的行政机关发出检察建议（即诉前程序），要求其依法履职或纠正违法行为，在行政机关仍然不履职、拒不纠正违法行为的前提下，才能提起行政公益诉讼。也就是说，行政公益诉讼包含诉前程序和诉讼程序两个阶段。诉前程序作为独立的法定程序，与诉讼程序一样，对

---

[*] 崔吟楠，陕西省周至县人民法院行政庭法官助理。李阳，陕西省周至县人民法院民二庭庭长。

于督促行政机关依法履行职责，维护社会公共利益和国家利益发挥了非常重要的作用。但由于相关制度仍不完善，实践中存在不少难题，本文着重从诉前程序存在的相关问题展开论述，以期对实践有所参考。

一、我国行政公益诉讼诉前程序的立法概况及释义

行政公益诉讼，是指检察院针对行政机关未依法履职或违法行为致使国家利益或者公共利益遭受损害时，依法向人民法院提起的行政诉讼。行政公益诉讼诉前程序最早在2015年最高人民检察院发布的《人民检察院提起公益诉讼试点工作实施办法》（高检发释字〔2015〕6号）第40条中提出，该条对诉前程序进行了明确阐述：一是诉前程序要求检察院在提起公益诉讼前先行向行政机关发出"检察建议"；二是明确诉前程序是不可缺少、不可逾越的法定程序。这样规定的主要目的在于督促行政机关主动履职、纠正违法行为。2016年2月25日最高人民法院发布的《人民法院审理人民检察院提起公益诉讼案件试点工作实施办法》（法发〔2016〕6号）第12条第3项也明确要求检察院提起行政公益诉讼时应提交向行政机关发出检察建议、督促行政机关依法履职或者纠正违法具体行政行为的诉前程序相关证明材料。比较上述两个实施办法，最高人民检察院似乎认为诉前程序的实施方式就是向行政机关发出检察建议这一种方式；而最高人民法院在立案审查时对检察院是否履行诉前程序的审查，从形式上似乎更宽泛和灵活些，除检察建议可证明检察院履行了诉前程序以外，只要是能够证明作出督促行政机关依法履职或者纠正违法行政行为的其他材料，均可认定履行了诉前程序。

实践证明，诉前程序在公益诉讼中发挥了重要作用，很多涉及侵害公共利益或者国家利益的行为在经过诉前程序后就已经得到有效解决。2017年6月27日修正通过的《行政诉讼法》中正式确立了检察公益诉讼制

度。[1] 2018年最高人民法院和最高人民检察院联合发布公益诉讼司法解释，正式将诉前程序纳入立法，明确诉前程序是提起行政公益诉讼的前提，该司法解释已于2020年修正，但仍然保留了诉前程序。[2] 依据上述法律及司法解释的规定，2019年2月26日最高人民检察院发布的《人民检察院检察建议工作规定》（高检发释字〔2019〕1号）也明确检察机关在提起行政公益诉讼前应首先向相关行政机关提出检察建议。[3]

如何正确理解诉前程序的相关规定，本文从以下几个方面简要分析。

（一）行政公益诉讼诉前程序的意义

目前，在保护社会公共利益和国家利益方面，我国的公益诉讼包括行政公益诉讼和民事公益诉讼两种方式，且两种诉讼都规定了诉前程序。但行政公益诉讼的诉前程序具有其自身特色：首先，相比较民事公益诉讼，行政公益诉讼还有监督和促使行政机关依法履行法定职责、纠正违法行为的重要作用，所以行政公益诉讼诉前程序的首要意义在于尊重行政机关的自身职能，督促其充分发挥依法履职的主动性；其次，针对行政机关的违法行为或者不作为，检察机关通过诉前程序，充分调查取证，为提起行政

---

[1] 《行政诉讼法》第25条第4款规定：人民检察院在履行职责中发现生态环境和资源保护、食品药品安全、国有财产保护、国有土地使用权出让等领域负有监督管理职责的行政机关违法行使职权或者不作为，致使国家利益或者社会公共利益受到侵害的，应当向行政机关提出检察建议，督促其依法履行职责。行政机关不依法履行职责的，人民检察院依法向人民法院提起诉讼。

[2] 《最高人民法院、最高人民检察院关于检察公益诉讼案件适用法律若干问题的解释》（法释〔2020〕20号）第21条规定：人民检察院在履行职责中发现生态环境和资源保护、食品药品安全、国有财产保护、国有土地使用权出让等领域负有监督管理职责的行政机关违法行使职权或者不作为，致使国家利益或者社会公共利益受到侵害的，应当向行政机关提出检察建议，督促其依法履行职责。行政机关应当在收到检察建议书之日起两个月内依法履行职责，并书面回复人民检察院。出现国家利益或者社会公共利益损害继续扩大等紧急情形的，行政机关应当在十五日内书面回复。行政机关不依法履行职责的，人民检察院依法向人民法院提起诉讼。

[3] 《人民检察院检察建议工作规定》第10条规定：人民检察院在履行职责中发现生态环境和资源保护、食品药品安全、国有财产保护、国有土地使用权出让等领域负有监督管理职责的行政机关违法行使职权或者不作为，致使国家利益或者社会公共利益受到侵害，符合法律规定的公益诉讼条件的，应当按照公益诉讼案件办理程序向行政机关提出督促依法履职的检察建议。

公益诉讼提供事实依据;最后,很多公益诉讼案件通过诉前程序这样低成本、少付出的方式就能高效地解决问题,很大程度上节约了司法资源,❶也体现了司法的谦抑性。

(二)检察院是提起行政公益诉讼的唯一法定主体

在党的十八届四中全会确立检察公益诉讼制度之前,涉及侵害社会公共利益的公益诉讼,大多由相关社会公益组织向人民法院提起,但由于相关社会公益组织没有监督行政机关依法行政的法定职权,不具备"公权力"的刚性制约,且受到人力、财力以及诉讼能力等条件的限制,社会公益组织提起行政公益诉讼所收到的效果一般比较微弱。然而,社会公共利益或国家利益事关重大,行政公益诉讼制度就必须借助"公权力"的刚性手段方能有效落实,检察院是国家法律监督机关,具有督促行政机关依法履职和调查取证的权力,因此,2017年修正通过的《行政诉讼法》明确赋予检察机关提起行政公益诉讼的权力。综上可知检察机关是唯一有资格提起行政公益诉讼的主体。❷

(三)诉前程序是必经程序,具有独立的价值

行政公益诉讼的初衷不在于诉讼,更不在于让行政机关败诉,而在于维护公共利益或者国家利益。行政公益诉讼诉前程序设计的根本目的在于花最小的成本,在"不诉"的情况下实现"诉讼"效果,故诉前程序是诉讼程序的前提,是不可缺少的重要环节。据统计,2017年7月至2019年9月,全国共立案公益诉讼案件214 740件,办理诉前程序案件187 565件、

---

❶ 王春业:《行政公益诉讼"诉前程序"检视》,《社会科学》2018年第6期。
❷ 刘艺:《检察公益诉讼的司法实践与理论探索》,《国家检察官学院学报》2017年第2期。

提起诉讼 6353 件。❶ 可见，诉前程序在很大程度上能够发挥与"诉讼程序"同样重要的作用。尤其是随着司法实践的不断深入，行政公益诉讼越发成熟，对没有依法履职或者违法行政的行政机关也产生了一定的震慑作用，相关行政机关会因为畏惧承担"败诉"的一系列不良后果而在诉前程序中及时主动履职或者积极纠正违法行为，使得损害国家利益或社会公共利益的状态得到有效遏制或者恢复，检察院就没有再提起公益诉讼的必要。

（四）检察建议并非诉前程序的唯一方式

行政公益诉讼案件中，检察院主要通过向相关行政机关发出检察建议的方式履行诉前程序。依据《人民法院审理人民检察院提起公益诉讼案件试点工作实施办法》第 12 条可知，检察院履行诉前程序，发出检察建议并非唯一的方式，只要能够证明尽到了督促行政机关依法履职或者纠正违法行政行为的义务，就应认定履行了诉前程序。例如，检察意见中涉及该项内容的部分事实清楚、认定准确、提出的建议或措施具有针对性和可操作性，也应视为具有检察建议的效力。至于其他形式，实践中还有待于思考和探索。

（五）"督促依法履职"中应包含"纠正违法行为"的内容

关于检察建议的具体内容，2015 年发布的《人民检察院提起公益诉讼试点工作实施办法》规定："人民检察院应当先行向相关行政机关提出检察建议，督促其纠正违法行为或者依法履行职责"，从该表述可以看出，检察建议应具体建议行政机关"纠正违法行为"或"依法履行职责"；但之后修改的《行政诉讼法》《人民检察院检察建议工作规定》以及最高人民法院、最高人民检察院联合发布的《最高人民法院、最高人民检察院关

---

❶ 张军：《最高人民检察院关于开展公益诉讼检察工作情况的报告——2019 年 10 月 23 日在第十三届全国人民代表大会常务委员会第十四次会议上》，《中华人民共和国全国人民代表大会常务委员会公报》2019 年第 6 期。

于检察公益诉讼案件适用法律若干问题的解释》仅规定检察机关向行政机关提出检察建议，督促其依法履行职责。仅从字面看，后面修改的法律及司法解释似乎遗漏了检察机关应当督促行政机关"纠正违法行为"这项内容。实际并非如此，在具体案件中，行政机关可能存在（纯粹不作为性质的）不依法履职的行为，也可能存在违法履职的行为。无论哪种情况，均能通过督促其依法履职实现两项内容的目的：若行政机关怠于履职，检察院向行政机关发出检察建议督促其依法履职，自然无可厚非；若行政机关原先存在违法行政行为，发出检察建议督促其"依法履职"本质是要求其对违法行为予以纠正。从另一个角度讲，实践中一些侵害社会公共利益或国家利益的情况比较复杂，行政机关在履职过程中是否存在违法行为，违法的程度是否与国家利益或公共利益的损害具有因果关系，检察院往往难以准确判断。检察建议对违法行为认定得过于细致可能会增加检察机关的工作难度，不利于实现检察建议的目的。

（六）"两个月"履职期限应理解为一般期限，但有例外情形

为防止行政机关拖延怠慢，2015年发布的《人民检察院提起公益诉讼试点工作实施办法》第40条规定"行政机关应当在收到检察建议书后一个月内依法办理，并将办理情况及时书面回复人民检察院"，而2017年修正的《行政诉讼法》没有明确规定行政机关的履职期限。2018年发布的《最高人民法院、最高人民检察院关于检察公益诉讼案件适用法律若干问题的解释》则明确规定，行政机关收到检察建议后，应在两个月之内依法履职并书面回复检察院。但同时规定在出现社会公共利益或者国家利益损害继续扩大等紧急情形的，行政机关应当于十五日内书面回复。可见，《最高人民法院、最高人民检察院关于检察公益诉讼案件适用法律若干问题的解释》规定的"两个月"期限，应适用于一般情况。实践中，行政机关收到检察建议后，部分能积极地作出回应，实现诉前程序的目的。但在一些特殊领域，如生态环境遭受破坏时，因受限于自然规律，往往无法在两个月

内达到检察建议所要求的目标,如果行政机关通过依法履职能够达到避免生态环境继续遭受破坏或者达到能够恢复良好状态的预期的情况下,为鼓励行政机关发挥主观能动性,检察院应当考虑合理地延长履职期限。在这个过程中,检察院可对行政行为持续跟踪监督,其间发现不依法履职的行为已达到严重程度的,在符合条件的情况下仍可依法提起公益诉讼。在此情况下,人民法院对诉前程序中两个月的审查也不宜过于严苛,应视具体情况判定是否符合行政公益诉讼的立案条件。

(七)应慎重判断《最高人民法院、最高人民检察院关于检察公益诉讼案件适用法律若干问题的解释》规定的"紧急情形"

《最高人民法院、最高人民检察院关于检察公益诉讼案件适用法律若干问题的解释》明确规定,在出现社会公共利益或者国家利益损害继续扩大等紧急情形的,行政机关应在收到检察建议后十五日内书面回复履职情况。关于该规定的"紧急情形",除了该司法解释中明确规定的上述两种情形,也应包括其他情况:行政机关经过调查研判后,认为受损的社会公共利益或国家利益不能得到恢复的情况;相关侵权人很可能涉嫌构成刑事犯罪的情形。除上述以外的其他情形是否属于"紧急情形",检察院应秉持审慎的态度,视具体情况具体分析,多实地调研,必要时听取行政机关的意见,但司法实践中不宜扩大"紧急情形"的适用范围,以避免公益诉讼权利的滥用。

二、行政公益诉讼诉前程序的困境浅析

(一)价值取向:公益诉讼诉前程序的选择

针对侵害公共利益的行为,依据现行法律规定,在某些领域可以提起行政公益诉讼,例如,涉及生态环境和资源保护、食品药品安全、国有财

产保护、国有土地使用权出让等❶;在某些领域可以提起民事公益诉讼,例如,涉及资源保护、破坏环境、食品药品安全领域侵害众多消费者合法权益等❷。通过对比可知,针对资源和生态环境保护以及食品药品安全领域等社会公共利益范畴的侵权行为,既可提起行政公益诉讼,也可提起民事公益诉讼。两者的明显区别是被告有所不同。虽然两种诉讼方式的根本目的是一致的,都在于维护社会公共利益,但提起行政公益诉讼还是民事公益诉讼会因被告不同而体现不同的诉讼价值,适用的诉前程序也将不同,意味着同样的侵权行为可能面临价值取向的选择问题。

(二)核心问题:检察建议功能之困境

检察院履行诉前程序的主要方式是向相关行政机关发出督促其依法履行职责的检察建议。虽然检察建议在诉前程序中解决了部分问题,达到了一定的目的,但因为检察建议不能像生效的法律文书那样具有强制执行力,只能是一种软约束,更多的是提醒、建议作用,其威慑力大多源于可能提起的诉讼程序。所以想要更好地发挥检察建议的功效,加强检察建议与诉讼的有效衔接,就必须对检察建议存在的一些问题进行分析和解决。实践中,检察建议存在的主要问题为:一是检察建议被重视的程度不高。部分检察建议发出后,并没有被行政机关重视和采纳,少部分行政机关要么不在期限内回复,要么敷衍了事地予以回复。除行政机关自身的一些原因以外,还有一部分原因在于部分检察建议存在认定事实不清、对相关问题的定性不准确、内容过于空泛、对违法事实阐述不具体、建议

---

❶ 《行政诉讼法》第25条第4款规定:人民检察院在履行职责中发现生态环境和资源保护、食品药品安全、国有财产保护、国有土地使用权出让等领域负有监督管理职责的行政机关违法行使职权或者不作为,致使国家利益或者社会公共利益受到侵害的,应当向行政机关提出检察建议,督促其依法履行职责。行政机关不依法履行职责的,人民检察院依法向人民法院提起诉讼。

❷ 《民事诉讼法》第58条第2款规定:人民检察院在履行职责中发现破坏生态环境和资源保护、食品药品安全领域侵害众多消费者合法权益等损害社会公共利益的行为,在没有前款规定的机关和组织或者前款规定的机关和组织不提起诉讼的情况下,可以向人民法院提起诉讼。前款规定的机关或者组织提起诉讼的,人民检察院可以支持起诉。

措施与实践不符、没有可操作性等问题。行政机关收到这样的检察建议后，发现不了存在的具体问题，不能意识到公共利益或者国家利益已经遭受到严重的损害，思想上没有足够重视，而未能采取有效的措施。于是，检察建议未能发挥应有的作用，导致程序空转。二是检察院发出检察建议后大多被动等待行政机关的回复，一般不会对行政机关的履职情况进行了解跟进，也不及时和行政机关就某些具体问题进行沟通。即使收到行政机关的回复后，多数情况倾向于书面审查，缺乏深入实地考察和调查，对行政机关采取的措施、取得的效果不能做到准确、客观的评价。如果检察院认为检察建议所要求的目的没有完全实现，大多会认定行政机关没有履行检察建议的要求而提起公益诉讼。

（三）起诉标准：以结果判断行政机关是否依法履职之质疑

行政机关一般应在收到检察建议后两个月内向检察院回复履职情况。"两个月"既是行政机关履行检察建议所要求的期限，也是从诉前程序到诉讼程序的过渡阶段。该阶段行政机关的履职情况直接关系到检察院是否有必要向法院提起行政公益诉讼。实践中，关于行政机关是否依法履职的认定，检察院主要存在两种不同的标准：第一种观点认为，应以结果作为判断依据[1]，即行政行为是否达到了检察建议所要求的目的；第二种观点则认为，应以行政行为和收到的结果进行综合考虑[2]，即一方面要审查行政行为的合法性，另一方面要审查检察建议所要求的目的是否全部实现。无论上述哪种观点，都以要求的目标完全实现作为最终的依据和落脚点。在一些领域，如破坏生态环境案件中，行政行为需要尊重自然规律，需要的期限往往超过要求的履职期限，甚至在需要多部门协同执法、相互配合的情

---

[1] 刘学涛、潘昆仑：《行政公益诉讼中诉前程序职责履行的认定标准》，《中共山西省党校学报》2020年第3期。

[2] 王晓航、张源：《行政公益诉讼诉前程序需要"优化"》，《检察日报》2019年3月21日第3版。

况下，也很难在两个月内达到检察建议所要求的结果。例如，在公益诉讼人山东省沂南县人民检察院诉被告沂南县水利局不履行河道采砂监管法定职责案中，公益诉讼人因为沂南县水利局在诉前程序中没有按照检察建议的要求对沂南县频发的盗采河砂行为依法全面履行法定职责，而提起环境行政公益诉讼。但根据执法权分配和该县政府文件，制止盗采河砂行为、救济环境公益需要由水利、公安、国土、交通等部门联合执法，仅水利部门很难在规定的期限内实现检察建议要求的查处和禁止所有盗采河砂、破坏环境公益的行为。❶ 上述情况下，如果检察机关依然以行政机关未依法履职为由提起行政诉讼，显然是违背客观规律和事实的，不利于激发行政机关积极履职的动力，反而达不到诉前程序的目的。

三、行政公益诉讼诉前程序之规范与完善

（一）坚持行政公益诉讼优先，发挥检察建议的独特价值

行政公益诉讼制度的价值在于通过司法手段强化行政行为，督促行政机关履行维护公共利益的法定责任。民事公益诉讼的价值在于责令侵害人承担相应的民事赔偿，对其他人也能起到一定的警示作用。因此，两种诉讼在维护公共利益目的同时，分别对提升行政管理职能和惩戒侵害者都具有特殊的意义，那么选择哪种公益诉讼直接关系到诉前程序的适用问题。在同一社会公益侵权行为的背后，大多存在行政机关不依法履职或者违法履职的行为。然而，行政机关是维护公共利益直接责任主体，从补强行政机关依法行政、高效解决侵权问题的角度出发，检察院应秉持优先提起行政公益诉讼的司法理念，通过检察建议加强对行政机关的监督和促进，充分发挥检察建议的作用，最终实现国家治理能力的提升，才是保护社会公共利益和国家利益的长久之策。

---

❶ 刘超：《环境行政公益诉讼诉前程序省思》，《法学》2018 年第 1 期。

（二）兼顾程序和实体，优化检察建议

检察建议是行政公益诉讼诉前程序的核心内容，故检察建议的质量对于其价值的体现具有重要意义，也关系到是否提起行政公益诉讼，所以有必要从程序和内容两方面对检察建议进行优化。

1. 检察建议作出前，完善调查核实阶段的相关程序

实践中，部分检察建议对违法事实和依据没有较为准确的判断和定性，导致检察建议内容过于笼统和空洞，没有说服力和可操作性。对此，结合《人民检察院检察建议工作规定》相关要求，并借鉴相关规定❶，在检察院发现问题后，为完善调查核实违法事实阶段的程序，建议引入以下机制：一是建立沟通协商机制。检察机关可就调查阶段发现的履职或违法问题与行政机关及时沟通，并听取行政机关的有关意见。一方面，对其发现的问题是否真实存在，认定是否正确进行审查和再次判断；另一方面，行政机关的意见可作为检察建议的依据和基础，可酌情根据意见对检察建议进行修正，确保检察建议有的放矢，具有针对性。需要注意的是该阶段不宜过长，不宜反复沟通，而应抓住关键问题进行有效沟通。二是必要时引入专家辅助人解决相关专业和技术问题。❷ 司法实践中，一般会在诉讼程序中引入专家辅助人，但在涉及土壤污染、非法排污等领域中，如果专家辅助人能提前介入，对行为与损害结果之间的因果关系、相关事实和依据、恢复的措施和期限等问题发表专业性和权威性的观点，将使检察建议论理更加充分，更具有说服力。三是对拟发出的检察建议进行可行性论证。通过召开听证会、专业会议等方式对检察建议所要求的履职要求和目标的可操作性进行研讨论证，在此过程中，行政机关也应参与，必要时发表意见或者提出异议。在此基础上，检察机关最终形成正式检察建议向行

---

❶ 例如，最高人民检察院与十部门联合印发的《关于在检察公益诉讼中加强协作配合依法保障食品药品安全的意见》（高检发〔2020〕11号）。

❷ 王春业：《行政公益诉讼"诉前程序"检视》，《社会科学》2018年第6期。

政机关提出，有利于行政机关下一步更好地履行职责。

2.建立监督机制，发挥检察建议的实质功能

一般情况下，检察建议发出后，行政机关应于两个月内回复，通常只回复一次。实践中回复的内容呈现多样化，有的陈述了一堆理由，没有具体的方法和措施；有的则仅进行"书面整改"或者"书面履职"，并未真正纠正违法行为或者实际依法履职，明显敷衍了事；有的将"依法履职"片面理解为"开始履职"，不反思行为是否存在违法之处。检察院从回复情况中往往未必能对行政机关是否依法履职进行客观、合理的评价。因此，检察院有必要对行政机关的履职过程进行跟进监督。目前，法律没有明确规定检察建议发出后检察院应跟进监督行政行为的相关制度，所以应从完善检察建议的内容着手，为后期的监督跟进提供依据。检察机关可改变之前笼统地要求行政机关"于两个月内回复"的表述，而将回复事项具体化。例如，检察建议中可要求行政机关于一周内或十日内先提出明确、具体的履职方案或者改进措施，并向其书面回复，之后每半个月（也可以20天）或者每经过一个工作阶段回复一次履职情况。检察院也可以通过派出工作组等方式主动参与，跟进履职情况。这样一来，一是可以改变部分检察建议"纸上监督"的弊端，补强监督效果；二是对于后期是否应该提起诉讼程序，检察机关也能持审慎的态度，防止武断地提起诉讼。

（三）秉持司法谦抑，审慎判断提起公益诉讼的标准

从诉前程序是否能够进入诉讼程序，主要依据行政机关是否按照检察建议的内容履行法定职责、纠正违法行政行为，故检察院必须对此作出合理的判断。现实中，检察院一般从具体行政行为和行为结果两个方面考量行政机关是否依法履职。在行为无法明确评判时，一般倾向于结果标准。而检察建议是检察机关根据自身对案件事实和相关法规的运用向行政机关提出的，对其内容缺乏审核监督，检察建议能否减少公共利益的损失也缺

乏衡量标准❶，检察院以诉前程序这样一个短期内显现出来的结果来评判行政机关是否依法履职，可能并不能真正体现行政公益诉讼制度促进行政机关依法行使行政权、保护公共利益和国家利益的价值目标。如前所述，在生态环境与资源保护等领域，必须尊重客观自然规律，短期内完全实现所要求的全部目标显然与客观实际不符，也对行政机关过于严苛。因此，应对行政机关在相关专业领域所作出的判断予以尊重，应具体问题具体分析，视情况适用行为标准或者结果标准或者两者同时适用，但如果行政机关的确已经依法履职或改正了违法行为，并且随着履职过程的推进，受损害的国家利益或公共利益也在有序、稳定地得到遏制或者持续恢复。换句话说，检察建议目的实现具有可信赖的预期，即使在法定期限内未完全达到检察建议要求的所有目标，也应认定行政机关已依法履行职责或纠正违法行为，可考虑暂且不提起诉讼，给行政机关履行职责提供合理的期间。但检察院应持续对行政机关的履职情况进行监督，以保证检察建议的目的能够真正得到实现。

四、结语

对社会公共利益和国家利益的保护，本质是保障人民群众的切身利益。行政公益诉讼具有补强行政机关履职能力的刚性优势，对于保护社会公共利益和国家利益的效果十分明显。诉前程序作为具有独立价值的重要环节，能够督促行政机关发挥能动性，及时解决相关问题，减轻诉讼的负担，故检察机关应充分发挥诉前程序的作用，在实践中从程序和实体上进一步探索和完善诉前程序，建立与行政机关的沟通机制，审慎采取行政公益诉讼，促进行政公益诉讼制度的规范和完善。

---

❶ 刘超：《环境行政公益诉讼诉前程序省思》，《法学》2018 年第 1 期。

行政公益诉讼诉前程序刍议

» 钟世程*

根据《行政诉讼法》第 25 条第 4 款的规定，检察机关在提起行政公益诉讼前，应先制发检察建议，督促其依法履行职责。当行政机关收到检察建议后不依法履职的，检察机关可以提起诉讼。检察机关在起诉前所制发的检察建议就是行政公益诉讼诉前程序。诉前程序已成为检察机关办理行政公益诉讼案件的主要方式和实现公益保护目的的最佳状态。深入研究诉前程序有助于从根本上助推检察机关行政公益诉讼案件办理质效。

一、诉前程序实践现状与问题检视

2020 年，全国检察机关共向行政机关制发行政公益诉讼诉前检察建议 11.8 万件，回复整改率 99.4%，使绝大部分公益损害问题在起诉前得到解决。[1] 虽然诉前程序的公益保护作用在实践中获得了一致好评，但是也要看到，伴随行政公益诉讼制度逐渐从试点探索进入制度塑造的深化期，其在实践中也暴露出一些不容忽视的问题。

---

* 钟世程，法律硕士，现任陕西省安康市人民检察院办公室副主任。

[1] 张军：《最高人民检察院工作报告——2021 年 3 月 8 日第十三届全国人民代表大会第四次会议上》，《中华人民共和国最高人民检察院公报》2021 年第 2 期。

（一）案件线索的来源范围存有争议

案件线索是办理行政公益诉讼案件的前提和基础，线索少则诉前程序的效能发挥就会受到限制。《行政诉讼法》将案件线索限定在"履行职责中发现"。如何理解法律规定的在履行职责中发现，实践中有不同认识。有的检察机关认为"在履行职责中"是指在履行审查起诉、批准逮捕、诉讼监督、控告申诉等职能中，对履行上述职责以外发现的案件线索在启动公益诉讼程序上更为慎重。基于此种认识，有的公益诉讼检察人员对媒体报道的案件线索一般以自己为举报人的形式将其转化为在履行控告申诉职能中发现或者先移送行政机关办理再对后续执法情况进行跟进监督。有的则将人大、政府、纪委监委等国家公权力机关移送以及媒体报道的公益损害线索统一纳入检察公益线索的来源范围。此外，检察监督工作基础好的地方检察机关还与行政机关探索建立了信息共享机制，直接对接行政执法信息端口，依职权主动排查案件线索。正是因为概念认识的不统一，才造成各地发现线索的渠道与办案规模存在明显差异。对于作狭义理解的地方而言，案件线索数量会随着时间的推移越来越少，发现线索难成为制约办案成效的基础性障碍。而作广义理解的检察机关在排查线索中更为积极主动，来源渠道更广，既能对媒体报道的线索及时作出反应，也能对行政机关的执法情况有较为全面的掌握，办案规模十分明显。但此种主动介入、全面监督的方式，存在监督面过宽、介入过早的问题，一定程度上产生影响行政效能的风险。

（二）调查核实不规范，事实认定的精准性不足

1. 调查核实的规范性有待提升

行政公益诉讼中，最主要的取证方式是调阅、复制有关行政执法卷宗、查看案件现场、制作询问笔录等，鉴定、评估、审计等取证方式因相关技术性保障措施欠缺而很少采用。在常用的几种方式中，询问笔录因涉及被询问对象主要是行政执法人员，加之行政公益诉讼案件办理的复杂性和敏感性特

点,相关案件事实多是通过交流座谈的形式获取,主要以工作记录或会议记录的形式予以记载,难以形成符合证据要求的法定形式,证明力较弱。

2. 软性的调查核实措施造成案件事实认定困难

案件事实清楚、监督对象精准是提升诉前检察建议权威性、说服力与监督刚性的前提,也是推动行政机关依法履职从而实现公益保护效果的基础。总体来看,行政公益诉讼中检察调查核实权的有效行使仍面临一些制度性障碍,调查核实公益受损害程度及行政机关的违法情形很大程度上取决于行政机关和相对人的配合程度。在一些案件办理中,存在行政机关以调取相关执法材料需请示领导或经上级审批等软方式拖延调查的情形。行政违法行为人在接受检察机关调查核实后,亦会采取转移设备、消灭证据等逃避处罚的手段,造成对行政机关后期执法取证难。

(三)诉前检察建议制发环节的争议问题

1. 制发诉前检察建议的标准不一

行政机关违法行使职权或不作为应当是检察机关发出诉前检察建议的必要条件之一,但如何把握这一条件,实践中的认识和做法不一。例如,针对媒体报道或检察机关通过"行刑衔接"等渠道发现的线索,检察机关是应先将有关情况通过工作函或者检察意见书的方式向行政机关移送还是直接以诉前检察建议的形式督促其履职?针对此种情况,存在两种不同的做法:一种是一经核实发现公共利益存在受侵害情形且行政机关应当对存在的违法行为进行查处,检察机关就以诉前检察建议的形式督促其履职,不考虑行政行为的合法性及其与公益损害结果之间的因果关系这两个因素;另一种是先将发现的线索移交有关行政机关处理,对移交后行政机关仍未依法履职的,再启动公益诉讼程序督促其履职。前一种方式重公益损害的及时修复,监督的时间节点早,以"公益损害事实的存在"为制发诉前检察建议的主要条件。后一种处理方式,反映出诉前建议的制发不仅要存在公共利益受到损害的情形,也存在行政机关未依法履职的行为,且两者之间具有因果关系,认定标准更高,更体现检察监督的谦抑性特点。这种制发诉前建议标准的不严格、不统一,产生个别地方检察机关"搭便车"办理公益诉讼案件的现象,即在政府部门重点开展的专项治理活动中,通过沟通协调把检察建议发给行政机关。在此类案件中,即使未收到诉前检察建议,行政机关也要着手治理。久而久之,这一现象会造成诉前检察建议公信力与监督刚性的减弱,其监督作用也就无从体现,造成司法与执法资源的浪费。

2. 公益损害程度判定之困

从目前的实践情况看,启动诉前程序,是否以"公共利益受到实然侵害"为前提,检察机关能否采取"预防性"监督措施,还存在争议。从制度层面看,《行政诉讼法》与《最高人民法院、最高人民检察院关于检察公益诉讼案件适用法律若干问题的解释》均未明确在公共利益受到损害危险时能否启动公益诉讼程序,相关问题仍有待立法予以明确。从实践层面看,对食品药品安全领域与安全生产领域中存在的公共利益受损危险,虽尚未发生实然公益损害,检察机关也会启动诉前程序以督促相关部门及时消除隐患。此外,行政公益诉讼中的公益损害程度是否需要鉴定以及如何实施鉴定仍是一个实践难题,高额的鉴定费用与复杂、长周期的鉴定程序使得办案成本与公益保护成效之间很难平衡,从而影响到案件办理的最终效果。

3. 监督对象的精准性不足

对于复杂的执法任务,可能需要多个执法部门协同配合才能完成,但并不是每个行政机关都存在怠于履职的行为,如何精准确定监督对象,还存在把握不准的现象。如若仅向一个行政主体制发检察建议,则可能难以实现监督效果;若将具有监管职责的所有行政机关均列为被监督对象,如因个别行政机关怠于履职造成公益保护效果未实现,在判定哪一机关已经依法履职以及与诉讼程序的衔接上会产生新的问题。

(四)检察建议的针对性有待提升

诉前程序是提起诉讼的前置程序,其内容必然要与诉讼请求相衔接,这也就决定了诉前检察建议有别于改进工作与社会治理类检察建议，其内容本身应当是具体的、具有可操作性的。实践中，检察建议的详略程度一般取决于检察机关对案件事实部分调查分析情况，对事实与公益损害程度调查评估得越详细，建议内容也就越有针对性，但这种监督成本也就越高、周期也就越长，存在行政机关与检察机关作重复性调查的问题。有的诉前建议对事实的把握不到位，论证分析不够深入严谨，提出的建议欠妥，导致建议执行的认同感弱、实践效果差。有的建议内容过于具体，直接对行政相对人的行为定性并提出具体处罚要求，甚至明确处罚数额，有司法代替执法之嫌，对行政相对人的诉讼利益也造成隐形损害。有的检察机关对已被追究刑事责任并处罚金的，依然督促行政机关作出罚款的处罚决定；或者是违反"一事不二罚"原则对违法行为人的同一行为给予两次以上的罚款处罚。有的检察建议内容空泛、针对性不强、缺乏可操作性、存在内容形式化的问题，导致行政机关无所适从、检察建议无法有效落实。如有的检察机关建议行政机关高度重视、加强监管、依法改进、强化宣传等，这些建议内容十分笼统，造成行政机关整改的指向性不强，对于检察建议内容落实的效果也很难评价。

（五）对行政机关履职标准的判定过于严苛

行政执法有其自身的程序和特点，案件的复杂程度不同，处罚决定作出与执法效果产生的时间都会有所差异，公益损害修复的周期也有所不同。行政机关的依法履职与公益损害结果的修复不必然呈正向因果关系，有些自然资源的恢复受自然规律和环境的影响需要的周期较长，虽然已全面履职但并不一定会实现受损公益的及时全面修复。实践中单纯以"结果导向"为评价履职与否的标准，有欠科学。例如，有的检察机关在行政机关已经作出行政处罚并责令违法行为人补种树木的情况下，因违法行为人未及时补种树苗，而对行政机关提起诉讼。行政机关则提出，如不在适宜的气候条件下补种树苗，成活率低，未补种树苗的直接原因非行政机关未全面履职而是受制于气候等客观原因。因此，基于行政执法的复杂性和专业性，检察机关很难判断行政机关是否已穷尽全部法定手段，简单以法定期限内公益损害结果尚未恢复为由认定行政机关未依法履职而提起诉讼，让行政机关承担过于严苛的职责，不切合实际，也造成执法与司法资源的浪费。

二、原因分析

基于上述对检察机关诉前程序实践现状与问题分析，究其原因可概括为以下几个方面。

（一）法律规定过于原则，缺乏可操作性强的规范指引

目前，《行政诉讼法》第 25 条是检察机关办理行政公益诉讼案件的主要法律依据，但主要是原则性规定，同时《最高人民法院、最高人民检察院关于检察公益诉讼案件适用法律若干问题的解释》的内容十分概括，导致配套机制和具体操作规范欠缺。正因制度供给不足，现有规范效力层级低、约束力弱，相关的内容处于空白状态，造成很多实践问题缺乏办案指引，产生了实践标准的不统一。《行政诉讼法》中并没有为检察机关办理公益诉讼案件时的调查核实权提供有效保障，《人民检察院组织法》规定人民检察院行使法律监督职权，可以进行调查核实，有关单位应当予以配合，但有关程序和方式规定得较为简单，对具体调查核实的方式与拒不配合调查的保障措施未作出规定。

（二）考核评价体系欠科学

现有关于公益诉讼办案的考评体系僵化，有些地方设置最低办案指标，造成办案人员盲目追求办案数量，忽视了办案效果与办案规范。由于相关案件线索发现渠道还没有理顺，同时又面临着办案数量压力，有些培育线索甚至"搭便车"的现象不可避免发生。目前，对诉前检察建议的办

案效果是以系统内统计为主，没有有效引入外部评价机制，办案效果靠办案部门自身评价。缺少案件效果外部评价机制，造成案件质量评价监督体系的缺失，也是导致个别检察机关单纯追求办案数量的一个重要因素。

（三）队伍素质存在短板

长期以来，民事行政检察业务一直是检察机关的短板和弱项，人员基础和力量薄弱，现有从事公益诉讼检察业务的人员大多是从原民事行政检察业务人员中来的，队伍素质与现有办案要求存在差距。这些差距和短板在案件线索发现能力、调查取证能力、文书制作能力、法律适用能力、沟通协调能力、综合分析能力、专业知识储备能力等各个方面均有所体现。

三、对策建议

通过对行政公益诉讼诉前程序问题和原因的分析并结合有关实践，笔者从四个方面来提出解决上述问题的对策建议。

（一）构建"宽进严出"的复核审查机制

1. 对案件线索来源渠道应作扩大解释

这里的"在履职中发现"不能作狭义的理解，其不仅包括履行审查起诉、审查逮捕、控告申诉等办理其他类型监督案件中检察机关各业务部门移送的线索，还包括检察机关对媒体报道中依职权主动介入的线索，以及通过与行政机关的信息共享主动排查发现的线索。❶ 检察公益保护虽然是行政保护的后置程序和手段，但并不意味着检察机关对于外部移送、新闻媒体等反映的公益损害问题就不能启动保护程序。

---

❶ 邢昕：《行政公益诉讼启动标准：基于 74 份裁判文书的省思》，《行政法学研究》2018 年第 6 期。

2. 明确诉前审查三要件

诉前审查三要件即存在国家利益或者社会公共利益受到侵害的事实，存在行政机关违法行使职权或不作为的情形，行政机关违法行使职权或不作为与公共利益受到侵害之间存在因果关系。只有在同时满足上述三个要素的条件下，检察机关才可以制发诉前检察建议。严格的三要件标准从短期来看可能会影响公益诉讼案件的诉前数量，但案件数量绝非行政公益诉讼制度的设计初衷，检察公益诉讼的目的和出发点要归结到解决当下由于行政不作为、乱作为、慢作为等造成的生态环境、食药安全等领域发生的公益侵害问题。长期来看，严格的三要件标准有助于推动检察机关集中精力排查真正行政执法的漏洞与盲点，办理一些典型、有影响力的案件，起到"办理一案推动治理一片"的效果，将行政公益诉讼"维护国家和社会公共利益"的初衷落到实处。

（1）在对公益损害程度的认定上，对有些公益被侵害后果具有直接可查性的，无须以鉴定方式明确公益受损程度，通过诉前程序督促行政机关通过行政手段对公益受损情况进行评估、修复即可，以提高监督效率、节约司法成本。当损害风险可能引发侵害利益的重大性和具有发生损害后果的高度可能性两个条件都存在时，也可启动行政公益诉讼程序，以及时消除公益损害风险。

（2）对行政机关违法行使职权或不作为要全面系统看。职权要素是行政机关依法履职的前提条件和先决要素，应首先通过梳理法律法规、规章及规范性文件，参考公示的职权清单及有关"三定"方案，明确有关行政机关具有的法定职责、权限范围、责任分工、执法手段、程序期限等执法事项，从而对行政机关的履职情况作出综合判定。

（3）制发诉前检察建议应以行政机关违法行使职权或不作为与公益受损之间存在因果关系为前提，以保持检察监督的谦抑性，尊重行政执法的能动性。此外，检察建议内容不必过细，能够证明存在行政违法行为并造成公共利益受到侵害即可制发诉前检察建议，将具体调查事项交由行政机关进行，减少检察调查核实成本，发挥行政执法效能。

（二）细化完善办案规定，为解决实际问题提供规范指引

1. 细化完善相关法律规定

在法律层面完善检察机关的调查核实权及相应保障措施，为调查核实提供一定强制力保障。这一制度构建可以采取以下两种方案：一种是直接立法赋予检察机关办理公益诉讼案件诉前阶段调查核实的强制性措施；另一种是规定在诉前阶段拒不配合检察机关调查核实的行为，属于妨碍诉讼活动的行为，对无故拖延、拒绝、妨碍调查的协助调查义务人，检察机关可以提请法院采取强制措施。❶

2. 强化一体化办案机制

发挥上下一体集中整合检察资源的优势，对于基层院调查核实中的困难，由上级院协调推进。针对公益损害鉴定难的问题，可以探索在省级院统筹成立环境损害鉴定中心，配备环境损害初步调查的科技装备，满足区域内公益诉讼办案需求。

3. 建立完善专家支持制度

由省级院或市级院统筹聘请生态环境保护、食品药品安全、财务审计等方面的专业人员，充分借助"外脑"在仅需初步确定存在公益受损的行政公益诉讼案件中，以出具专家意见的方式代替成本高昂、周期更长的鉴定作为制发诉前检察建议的重要证据，避免检察机关与行政机关开展重复性鉴定工作。

（三）科学全面审查行政机关的履职行为

在认定行政机关是否依法履职上应从结果标准回归到行为标准。❷ 实

---

❶ 王万华：《完善检察机关提起行政公益诉讼制度的若干问题》，《法学杂志》2018 年第 1 期。
❷ 刘超：《环境行政公益诉前程序省思》，《法学》2018 年第 1 期。

践中在审查行政机关是否依法履职的标准上,检察机关一般从"职权要素""行为要素""结果要素""因果关系要素"等几个维度予以判定,但习惯于以"结果要素"为导向。这几个要素实质上都是以"行为要素"为基础,"职权要素"是"行为要素"的前提,没有相应的职权,也就无从分析其行为;"行为要素"与"结果要素"互为表里,行政机关纠正违法行为或依法履职是外在表现形式,通过履职实现公益保护的效果是内在内容;"因果关系"探讨的是行政行为与公益损害结果之间的关系。行政权行使的价值取向具有明显的效率优先性,为更好地实现社会事务管理的目标,其具有"追求效能、效率以及经济效益最大化"的运行特点,判定行政机关的履职行为最终还是要回归到行为标准。

1. 从法律基础与职能定位考察

行政机关是保护国家利益和社会公共利益的法定第一责任人,其履职行为本身就是在履行保护公益的法定职责,一旦其依法履行了法律规定的职责,则其行为后果必然是有利于公共利益的维护。

2. 从制度效能考察

该制度的目的在于全面及时恢复受损害的公共利益,但并非所有的公益损害都具有可恢复性,有的公益损害具有不可逆性,对于有些生态环境功能和自然资源的损害,需要一个长期的过程,要求其在短时间内完全恢复是不科学的。例如,行政机关已经穷尽所有履职手段,但公益尚未完全修复并非基于行政机关的未依法履职的行为,而是出于季节气候、自然恢复周期等自然环境原因造成公共利益仍未恢复,就不能提起公益诉讼。❶

3. 从制度边际成本考察

如果以结果标准为衡量行政机关履职的依据,则行政机关要承担的履职要求过于严苛,会引导行政机关倾向于不计成本地投入到检察公益诉讼

---

❶ 林越坚、娄艳龄、李欢欢:《检察机关行政公益诉讼起诉裁量的类型》,《人民检察》2019年第7期。

中以及公益损害后果的恢复上，耗费大量的执法与社会资源，产生巨大的边际成本。此种行为标准中的行为应当是一种实质审查，而非形式审查，即行政机关应穷尽所有的法律手段用于实现公益的维护，如果采取假作为、软作为致使受损公益未受到保护，仍可提起诉讼。例如，对于环境污染类案件，行政机关仅作出限期整改通知书，责令停产停业，但未对整改情况跟进检查，对未按要求整改的企业未依法处罚，也应提起诉讼。秉持行为标准的另一要求是检察机关在保护公共利益的同时，也要监督行政主体依法正确适用法律。行政公益诉讼虽以公益保护为核心，但从立法目的及党的十八届四中全会通过的《中共中央关于全面推进依法治国若干重大问题的决定》的精神可以看出，促进依法行政、规范执法行为也是其重要价值追求，如若不督促其对违法行为作出处罚，一方面损害了法律实施的统一性和严肃性，另一方面可能引发行为人反复从事违法行为，使公共利益再次处于受损害的危险之中。

（四）构建科学合理的考评机制

当前，行政公益诉讼制度尚处于萌芽阶段，需要一定的办案数量作为支撑，如果没有一定的指标压力，工作动力和压力传导不足，办案效果和制度设计的目标同样难以实现。一方面，要制定完善严谨科学的质效评价机制，推动诉前检察建议的工作由粗放管理、片面追求数量向司法精细化、规范化、科学化转变，树立以效果为导向的考核标准，推动诉前程序解决深层问题，实现"办理一案、影响一片"的效果。另一方面，要在诉前结案中引入第三方评估机制。探索一案一评估，邀请社会公益组织、群众代表、行政机关执法人员、人大代表政协委员等组成公益损害修复评估小组，根据案情复杂和难易程度组成专门小组对行政机关的履职情况及效果进行评估，作为是否符合诉前程序结案标准的重要参考。

行政公益诉讼诉前程序规范化研究

» 刘 鹏[*]

一、问题的提出

自 2017 年修改《行政诉讼法》以来，行政公益诉讼制度不断完善和发展，为保护国家和社会公共利益作出巨大贡献。其中，诉前程序发挥的作用日渐增大，以陕西省为例，2021 年，全省检察机关共办理行政公益诉讼案件 9056 件，发出检察建议 8833 件，提起诉讼 81 件，诉前程序终结案件占全部案件数的 97.5%。[❶]

最高人民检察院于 2021 年 6 月发布了《人民检察院公益诉讼办案规则》（高检发释字〔2021〕2 号），对立案后磋商、建议回复后跟进调查做了原则性规定，但操作性不强。本文通过实证研究，诠释诉前程序的立法逻辑，在检视现实问题成因的基础上，针对性地提出行政公益诉讼诉前程序规则体系的优化建议。

二、立案后磋商程序规范化

笔者试图从极其有限的资料中构建行政公益诉讼"立案后磋商"的基本架构，分析这一新的"手段"对行政公益诉讼到底有什么作用。

---

[*] 刘鹏，西安交通大学法学博士，陕西省人民检察院第八检察部三级高级检察官。
[❶] 王旭光：《陕西省人民检察院工作报告——2022 年 1 月 20 日在陕西省第十三届人民代表大会第六次会议上》，《陕西日报》2022 年 1 月 27 日第 10 版。

（一）立案后磋商的概念

磋商是一个汉语词汇。字面意思是仔细商量、研究，互相商议。磋商应从认清分歧存在和不同意的原因开始。一般而言，"磋商"多用于正式场合，表示双方针对某一事项仔细商量、探讨、研究，并最终达成一致意见的过程，其多被用于国际贸易、外交等领域。

2015年，中共中央办公厅、国务院办公厅出台《生态环境损害赔偿制度改革试点方案》（中办发〔2015〕57号）首次将"磋商"用于环境保护领域，试图通过这种表面相对严肃、正式的方式处理生态环境损害赔偿的问题。在"磋商"这一概念提出之前，无论是国家的政策性文件、法律法规、司法解释，抑或学者论述，都采用"和解"或者"调解"作为诉讼外纠纷救济途径。由于"立案后磋商"贯彻着"双赢多赢共赢"的原则，强调公益诉讼检察的本质是助力依法行政，明确提出检察机关与政府部门虽分工不同，但工作目标、追求效果完全一致，并非"零和博弈"。坚持把诉前实现维护公益目的作为最佳司法状态，尽量在诉前程序阶段把公益损害问题治理好。结合上文分析，笔者认为"立案后磋商"是指：检察机关在履行职责中发现生态环境和资源保护、食品药品安全、国有财产保护、国有土地使用权出让、英烈权益保护等领域负有监督管理职责的行政机关违法行使职权或者不作为，致使国家利益或者社会公共利益受到侵害的，在发出书面检察建议前，主动与行政机关共同研究解决方法和措施，督促行政机关依法履职的诉前措施。

（二）立案后磋商的特点

根据最高人民检察院的相关要求和实践中各地检察机关办理的立案后磋商案件，可以看出立案后磋商具有以下几个特点：

第一，立案后磋商是检察机关向行政机关发出检察建议前的一道程序，只有磋商不成的才可以向行政机关发出检察建议；

第二，立案后磋商的主体为检察机关和行政机关，双方是监督与被监督的关系，而且检察机关是程序启动方，行政机关是被动参与方；

第三，立案后磋商的内容主要针对国家利益或社会公共利益受损的现状，具有监管职责的行政机关应该如何依法履职，切实保护受损的公益；

第四，立案后磋商的后果具有约束力，对检察机关而言，行政机关接受检察机关建议，依法履职整改的，检察机关就不能再发出检察建议；对行政机关而言，不接受检察机关磋商意见，不依法履职的，可能会收到检察建议书甚至会被起诉，面临司法审判。

（三）立案后磋商的意义

在行政公益诉讼诉前程序中增设"磋商"环节，笔者认为有以下几点意义。

一是充分体现"双赢多赢共赢"理念，建立监督者与被监督者的良性、积极关系。以立案后磋商的"软"来代替检察建议的"硬"，行政机关更容易接受检察机关的监督意见，更好地推动问题在诉前解决。过去检察机关在立案后就可以直接向行政机关发检察建议，行政机关要在两个月内依法履职并回复检察机关。有些损害公共利益的事实比较轻微，行政机关也有积极整改的意愿，并希望检察机关可以通过不发检察建议的方式来进行监督。立案后磋商既能有效解决公共利益受到损害的问题，又能让行政机关坦然接受，达到了"双赢多赢共赢"的目的。

二是有利于保护公共利益。实践中通常是检察机关直接向行政机关发出检察建议，一般情况下，行政机关要在两个月内按照检察建议的内容履行职责，并回复检察机关。以书面检察建议的方式督促行政机关履职是检察机关的惯常做法，但这种方式时间跨度较长，行政机关抵触情绪较大。而磋商的方式，避免了诉前检察建议烦琐且严格的程序要求，在有公共利益损害发生需要行政机关依法履职的时候，通过检察机关与行政机关的沟通协商，能够快速且有效地保护公共利益，避免增加不必要的成本。

三是有利于案件繁简分流。根据最高人民检察院工作报告显示，2021年全国检察机关共立案办理行政公益诉讼 14.9 万件，对检察建议不能落实的，提起诉讼 1.1 万件，99.8% 获裁判支持，绝大多数案件在诉前程序得以终结，❶ 公益保护问题得到解决，这是公益诉讼与普通民事诉讼、行政诉讼的重要不同之处。增设"磋商"程序后，将有大量的案件不必向行政机关发出检察建议就能终结，检察机关今后将集中精力办理与行政机关分歧意见较大、公益保护难度较高的案件。通过立案后磋商推动问题解决，实现案件繁简分流，以最少的司法资源投入取得最佳的公益治理效果。

三、立案后磋商程序的规范设计

作为一种新兴的制度设计，需要与已有的制度进行比较分析，从中挖掘出值得借鉴的地方，更好地实现制度构建，从而满足实践需求。立案后磋商制度建立的初衷就是避免实际办案中过度追求数量，坚持"双赢多赢共赢"的监督理念，更高效率地救济受到损害的国家利益或社会公共利益。

（一）明确立案后磋商的条件

按照最高人民检察院对立案后磋商程序的设计，磋商是在行政公益诉讼案件立案后，发出检察建议前，与行政机关主动进行的沟通协商。行政机关接受检察机关磋商意见并依法履行职责，公共利益得到保护的，检察机关就应该作出终结案件的决定。立案后磋商是检察机关与行政机关就公益保护问题的第一次交锋，具有"先礼后兵"的意味。从逻辑上来看，磋商阶段对案件事实、证据的要求应当与发出检察建议时对案件事实、证据

---

❶ 张军：《最高人民检察院工作报告——2022 年 3 月 8 日在第十三届全国人民代表大会第五次会议上》，https://www.spp.gov.cn/spp/gzbg/202203/t20220315_549267.shtml，访问日期：2023 年 7 月 14 日。

的要求基本一致，否则立案后磋商就失去了本来的意义。因此，笔者建议开展立案后磋商时，检察机关应基本查清行政机关不依法履行职责，致使国家利益或社会公共利益受到侵害的事实。出现国家利益和社会公共利益损害继续扩大等紧急情形的，不适用磋商程序，检察机关应直接发出检察建议书，要求行政机关十五日内书面回复。

（二）明确立案后磋商程序，与检察建议程序做好衔接

立案后磋商程序设置是否科学合理，关系到行政公益诉讼案件办理是否顺畅。基于行政公益诉讼案件实质是司法权监督行政权，检察机关和行政机关是监督与被监督的关系，而且实践中，行政机关不支持、不配合检察机关开展行政公益诉讼工作的问题比较突出，因此立案后磋商程序设置应当从有利于检察机关办案角度考虑。笔者建议，立案时案件事实基本清楚、证据基本收集到位的，检察机关应当在立案后三日内与行政机关开展磋商。立案时，案件事实尚未查清，或者属于重大、疑难、复杂案件的，检察机关一般应当在立案后十五日内与行政机关开展磋商。磋商程序既可以采用向被监督行政机关发出磋商意见书的形式，也可以采取召开磋商会议的形式。行政机关收到检察机关磋商邀请，三日内不回复的，视为拒绝磋商，检察机关可以直接发出检察建议书。磋商程序开始后七日内，被监督行政机关采纳检察机关磋商意见，依法履行职责，制定了整改方案的，检察机关应当暂缓发出检察建议书，待行政机关整改完毕后，经检察机关调查核实符合终结案件规定的，检察机关应当作出终结案件决定。行政机关未按照磋商意见依法履职的，国家利益或社会公共利益持续受侵害的，检察机关应当立即发出检察建议书。

（三）合理划定立案后磋商范围

行政公益诉讼案件事关国家利益或社会公共利益的保护，所以检察机关与被监督行政机关在进行磋商时不能没有限制地商讨，必须以尽快明确

如何履职和恢复受损公共利益为目的，对磋商内容进行限缩。笔者认为在进行磋商过程中，应主要围绕如下几方面进行磋商：一是公共利益受到损害事实的认定，如果被监督行政机关对检察机关认定的公共利益受到损害事实及损害程度认定有异议的，可以提供相应证据。二是行政机关是否应当履行监管职责。被监督行政机关如果对自己负有监管职责没有异议，应该制定切实可行的整改方案；如果有异议，应当提供相应证据。三是整改后效果评估。双方可以磋商确定对整改结束后的效果进行评估，确定评估考核的时间、方式及要求。

四、检察建议跟进调查规范化

所谓检察建议跟进调查是指，检察机关向被监督行政机关发出检察建议后，被监督行政机关在回复期满前书面回复或者回复期满未回复的，检察机关针对行政机关是否依法履职以及公共利益是否得到有效保护进行调查核实的过程。跟进调查所要解决的是检察建议时效性问题，目的是督促行政机关依法履职，保护受损的公益。

跟进调查实际上分为两种情况：一种是行政机关期满回复的跟进调查；另一种是行政机关期满未回复的跟进调查。两种情况下的跟进调查根本上都是为了核实公益是否得到了有效保护，不同之处在于：第一种跟进调查主要针对行政机关回复的内容。内容不同又分为积极回复和消极回复，积极回复指行政机关认可检察建议的内容，并已按照检察建议的要求履职整改；消极回复指行政机关认为自己不具有监管职责，或者认为自己已经履行法定职责，例如，行政机关认为涉嫌犯罪的案件已经移送给公安机关，自己的职责已经履行完毕。针对上述两种不同的回复，检察机关跟进调查侧重点自然有所不同。针对积极回复，检察机关要调查核实行政机关整改落实情况是否属实，受损的公共利益是否得到保护。针对消极回复，检察机关要认真研判行政机关的意见，调取行政执法卷宗，结合法律、法规、规章等规范性文件和行政机关"三定"方案、职权清单等综合判断行政机关是否不具有监管职责或者已经履职尽责。第二种跟进调查主要针对公共利益受损的状况是否仍在持续、行政机关是否已经履职尽责这两个方面进行调查核实。

检察建议跟进调查的结果，是提起行政公益诉讼时必须提供的证据材料。《最高人民法院、最高人民检察院关于检察公益诉讼案件适用法律若干问题的解释》第22条第3项规定，人民检察院提起行政公益诉讼应当提交检察机关已经履行诉前程序，行政机关仍不依法履行职责或者纠正违法行为的证明材料。《最高人民法院、最高人民检察院关于检察公益诉讼案件适用法律若干问题的解释》明确规定，检察建议发出后，行政机关是否按照建议内容依法履职是人民法院审理裁判的重要考量依据。因此，检察建议跟进调查是连接诉前程序和起诉程序的重要关口，应当引起理论界和实务界的高度重视。

（一）实践中诉前检察建议的现状

在诉前程序中，绝大多数行政机关接到检察建议书后，能够主动积极作为，自我纠错，依法履职，由此实现诉前程序目的，公益诉讼程序终结。根据《最高人民检察院关于开展公益诉讼检察工作情况的报告》显示，2017年7月至2019年9月，全国检察机关共立案公益诉讼案件214 740件，办理诉前程序案件187 565件、提起诉讼6353件。发出诉前检察建议182 802件，提起行政公益诉讼995件，行政机关回复整改率达97.37%。❶ 以上统计说明两个情况：一是由于公益诉讼案件是以损害公共利益的实际后果为立案前提，所以检察机关发出的诉前检察建议的准确率非常高；二是检察建议发出后，绝大多数行政机关采纳了检察建议，依法履行了职责，最后提起行政公益诉讼的案件不到检察建议的1%。

---

❶ 张军:《最高人民检察院关于开展公益诉讼检察工作情况的报告——2019年10月23日在第十三届全国人民代表大会常务委员会第十四次会议上》，https://www.spp.gov.cn/spp/tt/201910/t20191024_435925.shtml，访问日期：2020年4月1日。

（二）检察建议跟进调查存在哪些问题

1. 跟进调查工作缺乏主动性

司法实践中，有的检察机关发出检察建议后，便被动等待行政机关回复，直至检察建议整改期届满，甚至收到回复后，也不能及时跟进调查，往往在不经意间就超过了审查起诉期限，导致案件再无法起诉。

2. 检察建议跟进调查缺乏法律依据

要充分发挥监督作用，检察机关要做的不仅是向行政机关提出检察建议，还需要落实对行政机关自我改正的跟进监督，确保行政机关在收到检察建议后切实进行履职和纠错。检察机关缺乏对行政机关履职或纠错情况的跟进调查与监督，主要原因在于没有相应的法律依据。相关法律、司法解释明确规定检察机关在调查核实时行政机关及有关单位和个人需予以配合，然而并没有规定检察机关在发出检察建议及行政机关履职后的跟进调查与监督。跟进调查与监督是一个复杂的活动，检察机关需要采取各种方法进行调查取证，没有相应的法律依据支持，检察机关的调查活动就名不正言不顺，难以得到有关单位、团体、公民的配合与支持。

3. 跟进调查后缺乏对整改情况的法定判断标准

检察建议跟进调查时，如何判断行政机关已经履职尽责？以生态环境领域公益诉讼案件为例，由于生态环境治理问题的综合性和复杂性的特点，需要通过长期的治理和维护才能看到修复成果。同时，生态环境的治理还是一个专业性很强的领域，缺乏足够的专业知识是无法治理好生态环境的。因此，如何判断行政机关依法履职、公共利益得到有效保护就成了一个问题，法律对此无明文规定。对于检察机关来讲，需要一个标准来辅助判断，这个标准既要能看到行政机关整改的成果，又要体现出公共利益得到实际保护。但是目前法律、司法解释中并未对此做进一步的说明与规定。除此之外，对行政机关整改措施是否符合社会公共利益要求，也缺乏判断标准。

(三）诉前检察建议跟进调查规范化

1. 构建检察建议发出后的跟进调查机制

对收到行政机关回复的，检察机关应结合实地考察与社区访问等调查方式，规范监督办案流程，加强与群众的联系，并将调查结果与行政机关的回复相比较，考察行政机关是否实质性地解决了所涉问题。对没有收到行政机关回复的，不能简单认定为"不履行法定职责"或者"怠于履行法定职责"，要深入了解其为何怠于回复或不回复、有无正在制定或落实整改方案等方面的内容。总之，检察机关有必要对行政机关的回复情况按照一定的标准进行全面、客观的跟进调查。首先，应对诉前检察建议进行自查。回复期限届满后，检察机关经自查发现诉前检察建议存在错误的，应该主动撤回或者修改并向有关行政机关说明理由，这时不能因为其不回复或延迟回复就认定为不履行法定职责。其次，若认为诉前检察建议不存在错误的，则开始对回复情况跟进调查，重点调查行政机关是否采取了有效措施或者法定监管手段、公共利益有无得到有效保护，若没有达到这些要求，且不存在现有技术条件限制、不可抗拒的自然灾害等不能履行的客观原因的，检察机关可认定行政机关不履行或怠于履行法定职责，依法提起行政公益诉讼。最后，发出检察建议后的跟进调查过程中，检察机关可以向行政机关提供参考建议，共同解决环境问题，提高行政机关的整改效率。整改完成之后的后续监督也有助于问题得到实质性的解决，防止二次"案发"。

2. 明确跟进调查的重点和方向

检察机关跟进调查的重点是行政机关是否切实进行了整改或者说公共利益受到侵害的状况是否仍在持续。具体来说，可以从以下三个方面加以识别：首先，行政相对人有无停止损害公共利益的违法行为，若行政机关已经采取行政处罚手段，责令行政相对人停止违法行为，但该违法行为在跟进调查时依旧持续存在的，则行政机关存在不履行法定职责之嫌。如贵州省江口县人民检察院诉铜仁市国土资源局、贵州梵净山国家级自然保护区管理局行政公益诉讼案中，梵净山国家级自然保护区管理局接到诉前检察建议时表示已向紫玉公司下达停工通知、责令其恢复被占林地，但检察机关实地查看却发现该公司并未恢复原状。❶其次，行政机关有无穷尽法律手段保护公共利益。行政机关不能以已经采取行政处罚手段或者行政强制措施为由，而放任行政相对人继续实施损害公共利益的违法行为，相反，还应在其权限范围内进一步督促，如催告、按日处罚、代履行、强制执行或者依法申请法院强制执行等。若出现未能用尽法律手段的情况，则行政机关的行为有怠于履行法定职责之嫌。最后，行政机关拒绝履行法定职责有无正当理由。若行政机关作出的行政行为事实证据确凿、适用法律正确、符合法定程序，不存在超越、滥用职权，无明显不当或者诉前检察建议中的整改理由不能成立的，如法律依据、事实证据存在明显错误或者因不可抗拒事由尚未消除暂时无法开展工作的，如地震、山体滑坡、泥石流等自然灾害等，这时检察机关就不能认定行政机关拒绝履行法定职责。反之，则可以认定为理由不正当。

3. 规范检察建议跟进调查工作流程

一是完善检察建议的制发、反馈、异议处理等工作机制，逐步把检察机关日常工作中的督促落实转化为强制性规定。以诉前圆桌会议的方式，解决行政职能交叉情形下督促相关行政主体合力整改问题。二是优化检察机关外部环境。逐步建立行政公益诉讼诉前检察建议和建议落实情况报送同级人大常委会相关工作机构备案制度；与行政机关召开联席会议，进一步做实与行政机关在信息共享、情况通报、线索移送、证据收集、结果反馈等方面的常态化联系机制；建立与法院的协调配合机制，共同就法律适用、案件管辖、移送和庭审程序等问题加强研究，统一司法尺度和标准，

---

❶ 最高人民检察院：《检察公益诉讼典型案例》，https://www.spp.gov.cn/zdgz/201803/t20180302_368568.shtml，访问日期：2023年5月15日。

推动行政公益诉讼相关制度不断完善。三是合理评估行政机关纠正违法行为或依法全面履职的情况。检察机关可以自行评估或委托具有相应资质的独立第三方机构评估检察建议反馈落实结果。

五、结语

行政公益诉讼制度从建立到现在虽已五年，但仍是一项新生制度，需要不断完善。从实践中看，绝大多数案件都在诉前程序终结，诉前程序已经成为行政公益诉讼的关键环节，也是行政公益诉讼健康发展的决定性因素。因此，解决行政公益诉讼诉前程序规范化问题，对行政公益诉讼实践发展和制度完善至关重要。本文通过总结分析立案后磋商、检察建议跟进调查在实际运行中的现状和问题，提出了诸多规范性的建议，笔者期望能够在将来单独制定公益诉讼法时，为诉前程序的相关问题提供有益的参考借鉴。

行政公益诉讼诉前程序适度司法化问题研究

» 李丽利 *

一、行政公益诉讼诉前程序概述

(一)诉前程序制度设计与功能定位

1. 制度设计

自行政公益诉讼制度在我国实施以来,诉前程序就成为行政公益诉讼制度的一个前置的、必经的程序,并随着行政公益诉讼制度的发展而不断完善。在两年的行政公益诉讼试点期间,相关试点改革文件就明确规定诉前程序是检察机关提起行政公益诉讼所必须实施的步骤。2015年最高人民检察院发布了《检察机关提起公益诉讼改革试点方案》,规定了检察机关在提起行政公益诉讼前,应先向行政机关发出检察建议,督促其纠正违法行为或依法履行职责。该试点方案是我国首次提出行政公益诉讼诉前程序,可见诉前程序从一开始就是行政公益诉讼中的重要环节。紧随其后,最高人民检察院出台《人民检察院提起公益诉讼试点工作实施办法》(高检发释字〔2015〕6号),该办法第41条规定,检察机关向行政机关发出检察建议之后,在法定期限内行政机关未纠正违法行为或拒绝履行自身职责,公共利益未得到有效保护,检察机关可提起行政公益诉讼。《行政诉讼法》将行政公益诉讼制度写入其中,并且在《行政诉讼法》中继续保留了诉前程序,行政公益诉讼制度及诉前程序在《行政诉讼法》中具有了明

---

* 李丽利,西北政法大学法学硕士,现工作于国家税务总局宁县税务局。

确的法律依据,为行政公益诉讼在全国范围内的实施奠定了基础,也为诉前程序的实施提供了法律依据。❶《最高人民法院、最高人民检察院关于检察公益诉讼案件适用法律若干问题的解释》对诉前程序作出了更加细致的规定,同时也修改了部分规定。例如,该司法解释规定,诉前程序中行政机关收到检察建议应在两个月内回复检察机关,并且如果有较为紧急的情况,行政机关应当在15天内回复检察机关。这样的规定可以确保在紧急情况下能够及时采取措施对公共利益进行救济,使社会公共利益的损害最小化。

由上述法律规定可以看出,行政公益诉讼自试点改革再到在全国范围内的全面实施,诉前程序始终受到制度设计者的青睐,在行政公益诉讼的实践中,诉前程序所发挥的作用甚至超过诉讼程序,其在维护国家利益和社会公共利益方面发挥了重要作用。例如,2018年,检察机关共立行政公益诉讼案件108 767件,其中98.33%的案件办理了诉前程序。❷通过研究诉前程序,笔者发现,其他程序并没有像行政公益诉讼这样,在向法院提起诉讼之前,可以设置一种法定的、必经的前置程序,该程序就是诉前程序。诉前程序的实施是与我国的国情政情相契合的,并充分发挥了自身价值。

2. 功能定位

行政公益诉讼制度自实施以来,就树立了"诉前实现保护公益目的是最佳司法状态"的理念,诉前程序从这一理念出发,通过检察机关督促行政机关依法履行职责。这种统筹协调的作用对于保护社会公共利益的效果十分明显,实现了以最小的司法投入获得最佳的社会效果,进而显现出我

---

❶《行政诉讼法》第25条第4款。

❷ 郑州市二七区人民检察院课题组:《行政公益诉讼制度研究》,https://www.spp.gov.cn/spp/llyj/202001/t20200115_452881.shtml,访问日期:2022年8月3日。

国司法制度的优越性。❶ 诉前程序在行政公益诉讼中体现出以下功能。

第一，检察机关在诉前程序中发出检察建议为行政机关纠正自身违法行为创造了条件。我国的法律将检察机关确立为我国的法律监督机关。在行政公益诉讼中，检察机关采用向行政机关发出检察建议的方式行使监督权。行政机关在诉前程序中积极整改，依法履行职责，检察监督就可以实现维护社会公共利益的目的。但应该认识到，检察机关提起行政公益诉讼是"督促行政机关积极履职而不是与行政机关竞争哪一方在维护公共利益中的地位更加重要"。❷ 诉前程序的实施正是发挥了检察机关督促行政机关履职的作用，诉前程序的实施并不是检察权对行政权的超越，而是检察机关从案件的实际情况出发，客观、准确、全面地运用法律监督的手段保护社会公共利益和保持诉讼结构的相对平衡，通过维持行政权和检察权的平衡，使行政机关在行政公益诉讼诉前程序中可以更加积极主动地行使自身更为专业的社会管理职能，在法定时间内对之前的行政违法或不作为行为积极整改。如果行政机关在法定期间内不采取措施补救公共利益所受的损害，则检察机关可采用提起诉讼的方式，由法院依据案件事实和证据作出裁判，督促行政机关履职，以达到维护公共利益的目的。但是在诉前程序中，检察机关发现公共利益处于受损害的状态，并且这种损害由行政机关消极履职导致，检察机关提出检察建议督促行政机关整改，行政机关在法定期限内审查原行政行为并积极履行相应职责，行政公益诉讼则在诉前程序就实现了维护社会公共利益的目的。检察机关在履行职责的过程中如发现行政机关存在违法行为或不作为致使公共利益受损，可向其发出检察建议，要求其在法定期限内依据检察建议的内容积极主动履职，进而体现出行政机关建设法治政府的决心。正是行政机关在诉前程序中抓住检察机关给予的这种自我纠正的机会，避免了行政机关在行政公益诉讼中成为被告

---

❶ 张军：《最高人民检察院关于开展公益诉讼检察工作情况的报告（摘要）》，《检察日报》2019年10月25日第2版。

❷ 叶俊荣：《环境政策与法律》，中国政法大学出版社，2003，第249页。

的尴尬局面，使得大多数案件得以在诉前程序中顺利解决。

第二，诉前程序借助检察机关的威慑力不仅可以及时纠正行政违法行为，也能更好地节约司法资源。行政公益诉讼不单单是检察权对行政权的监督，其实质是通过检察权的督促，即通过检察机关发出检察建议督促行政机关依法履职，进而达到维护国家利益和社会公共利益的目的。曹建明曾经指出，诉前程序的适用说明了检察机关在提起行政公益诉讼时，在做到敢用诉讼手段的同时也逐渐实现了慎用诉讼手段。近年来，全国各级法院、检察院所处理的案件数量迅速增加，这一现象在基层法院、基层检察院中表现得尤为明显，也表明我国对关乎人民群众切身利益事项的重视。但案件的激增也导致司法机关工作人员工作压力不断增大。例如，基层法院的法官每年要审结 300 件左右的案件，这种数额庞大的案件数给基层法院的结案率增加了很多的困难。自我国全面实施行政公益诉讼制度以来，行政公益诉讼案件在诉前程序得到了有效解决，这对节约司法资源、减轻基层司法机关工作人员的工作压力具有积极的作用。❶ 例如，贵州省检察院在 2018 年 8 月召开的检察机关新闻发布会上提出，自 2017 年 7 月以来，贵州省在过去一年的行政公益诉讼案件数量达到了 2472 件，这一年来检察机关通过发出诉前检察建议的方式关停和整改污染违法企业 203 家，其所恢复的林地、耕地和水域面积超过了 41 000 亩，并且在检察机关的监督下，336 吨以上的生活垃圾和固体废物得到了清理和回收，敦促收回的国有土地出让金和人防工程易地建设费用超过 1.3 亿元。❷ 再如，新疆生产建设兵团检察院 2019 年 1 月至 10 月共办理行政公益诉讼案件 214 件，同比增长 132.6%；其中共发出行政公益诉讼诉前检察建议 160 件，在已办结

---

❶ 林平：《曹建明：加大公益诉讼力度，推进缓慢的案件须挂牌重点督促》，http://www.humanrights.cn/html/2016/8_0927/22327.html，访问日期：2020 年 3 月 18 日。
❷ 黄梅：《我国行政公益诉讼诉前程序研究》，广西师范大学硕士学位论文，2019，第 6 页。

的行政公益诉讼案件中，行政机关对诉前检察建议采纳率高达100%。❶ 这说明我国目前大部分行政公益诉讼案件在没有进入诉讼程序的情况下，较少的司法人力、物力、财力投入就处理完结了案件，行政公益诉讼诉前程序的全面实施实现了在节约司法资源、减轻司法机关工作人员工作压力的同时，最大限度地保护国家利益和社会公共利益。由此可见，行政公益诉讼诉前程序的设置全面契合我国的社会环境。可以说，诉前程序自实施以来，一方面司法机关以较小的司法成本实现了更大的效益，另一方面行政机关更好地发挥了其在社会公共管理中的职能，总之诉前程序的实施促进了社会的和谐发展。❷

第三，诉前程序中检察机关主动督促行政机关履职，这体现出了检察机关本身所具有的谦抑性品格。通过实践可以发现，在维护公益的过程中，检察权发挥出了一定的主动性，如检察机关在行政公益诉讼中主动发现违法案件线索和主动向行政机关提出检察建议督促行政机关纠正自身违法行为或行政不作为问题。然而，检察机关主动行使监督权毕竟不能代替行政机关在行政管理中行使更为专业的行政权，检察监督权和行政管理权本身对我国的发展起到了不同的作用。行政公益诉讼本质是通过发出检察建议督促行政机关履职，这就要求检察机关在行使检察权的过程中遵循检察权与行政权的分工，"谨慎、克制地行使检察权，体现了检察权的谦抑性，这对于维护公共利益，为人民群众创造和谐的社会环境具有重要意义"❸，尤其是在"生态环境和资源保护、食品药品安全、国有财产保护、国有土地使用权出让"❹ 等行政机关进行自我纠错的专业性领域，在诉前程

---

❶ 王玮：《新疆生产建设兵团：前十月办理公益诉讼案214件》，https://www.spp.gov.cn/spp/dfjcdt/201912/t20191203_440243.shtml，访问日期：2019年12月4日。
❷ 应松年：《行政公益诉讼试点亟待解决的几个问题》，《人民论坛》2015年第24期。
❸ 郭林将、李益明：《和谐社会语境下检察权的谦抑性——引进环境公民诉讼（E.C.S）的立法思考》，《理论与现代化》2010年第2期。
❹ 史兆琨：《保护公共利益：在探索中肩负起神圣职责》，《检察日报》2017年11月1日第4版。

序中实现行政优先处理原则,这也体现了检察机关在行政公益诉讼中对行政机关行使行政管理权的尊重,来维持检察权和行政权的平衡,发挥检察权和行政权的共同作用维护国家利益和社会公共利益。

(二)域外国家和地区诉前程序制度借鉴

国外对公益诉讼制度的完善作出了积极的探索,诉前程序也是其中较为重要的研究课题。域外国家和地区通常由法律对诉前程序的内容作出规定,英美法系和大陆法系国家和地区关于诉前程序的规定大多是在内容上有所区别,但也有少数国家和地区并未对诉前程序作出特别的规定。❶通过研究国外诉前程序的相关做法,笔者发现,我国诉前程序的发展可以从以下几个制度中得到一定的启发。

1.诉前通知和举报程序

英美法系国家大多在相关法律中明确规定了诉前通知程序。例如,英国的法律规定公众在提起公益诉讼之前,应当提前将提起公益诉讼的诉求告知相关行政机关,以便相关行政机关及时采取措施制止损害国家利益和社会公共利益的不法行为。倘若行政机关不依法履行职责致使公共利益遭受重大损害,公众认为该行为与自身的合法权益密切相关,则可据此向法院提起公益诉讼,由法院作出生效裁判强制行政机关履行法定职责。诉前通知程序在美国的《联邦环境公民诉讼条约》中表现得较为突出,行政公益诉讼的原告在提起环境公益诉讼以前,必须启动诉前程序。行政公益诉讼中的原告只有在诉前程序通知的公告期满后方可提起诉讼。❷这种情形被称为诉前政府行为对公民诉讼的解除效果。公民认为行政机关的行为侵犯了自身的合法权益,但该诉求并不属于行政机关的管辖范围。行政机关在收到行政救济请求时已重新作出行为,并且公共利益受损害的状态已

---

❶ 郝海青:《环境公益诉讼中的前置程序研究》,《中国海洋大学学报(社会科学版)》2010年第2期。

❷ 毛斌:《论行政公益诉讼前置程序》,《中国检察官》2016年第12期。

得到缓解。这种情况在英美法系国家的司法实践中屡见不鲜。在这种情况下，法院就不会再受理原告基于此所提起的公益诉讼。❶ 设置诉前通知期限的目的在于为行政机关即联邦环境保护部门提供纠正自身违法行为的机会，从而使其采取必要的措施积极主动履行职责，实现维护公众利益的目的。❷ 美国的相关法律也对诉前通知程序的适用情况作出了规定，例如，美国联邦法规定对于存在该法的情形，如违反污染排放标准、超出制约范畴与立法机关制定的规范和指令，以及其他对公共利益造成损害的情形。公益诉讼原告以公共利益受损害为由向法院提起公益诉讼，应当在向法院递交诉讼请求之前，及时通知其所控告的对象以及传达自己所提出的控告请求（所要告知的对象通常包含行政机关负责人、不法行为出现地的州政府与涉及的人员），原告向行政机关发出诉前通知后，其他人不得在法定期限内（通常时间为两个月）以相同的诉求向法院提起环境公益诉讼。同时，《联邦环境公民诉讼条约》对行政机关的违法行为作出明确规定，原告应当将行政机关存在违法情形的事实与其提起公益诉讼的意愿及时通知行政机关，并且原告在两个月之内不得以相同的诉求向法院提起公益诉讼。另外，《联邦环境公民诉讼条约》明确规定，公益诉讼诉前通知可以采用不同的形式，可通过编制规章加以明确。从英美法系国家对于行政公益诉讼诉前程序的规定中可以看到，诉前通知程序对于节约司法资源、行政机关纠正自身违法行为具有重要的意义，诉前程序是这些国家结合具体情况作出的科学的制度设计。

2. 行政救济程序前置

在行政复议程序中设置前置程序早已是英美法系国家和大陆法系国家的研究热点，并且取得了一定的研究成果。因此，国外很多国家将行政复议程序的前置程序作为诉前程序的理论基础，即给予行政机关纠正自身

---

❶ 刘艺：《美国私人检察诉讼演变及其对我国的启示》，《行政法学研究》2017年第5期。

❷ 许林彬：《行政公益诉讼诉前程序实证研究——以检察机关办理行政公益诉讼案件为视角》，厦门大学硕士学位论文，2018，第6页。

违法行为的机会，致使行政违法行为在行政程序内部得到更为专业化的处理，从而达到行政公益诉讼维护社会公共利益的目的。国外很多国家通过行政决定前置来达到这一目的，行政公益诉讼中行政机关必须实施了违法行为或存在不作为的问题，否则通过行政公益诉讼保护公共利益则毫无意义。❶

法国的法律采用两种方式区分行政决定前置原则：一种是行政诉讼；另一种是行政复议，即要对一个行政违法行为提起诉讼，必须先向行政机关申请复议，只有在行政复议机关维持原行政行为或对行政复议申请置之不理时，原告才可就行政机关的违法行为向法院提起行政诉讼。❷ 英美法系国家尽管也认可行政救济前置原则，但更提倡遵循另一原则，即穷尽行政救济原则。美国的相关法律规定，"穷尽行政救济原则"是指当事人在向法院提起诉讼请求法院对行政机关损害自身合法权益的行为作出裁判之前，应当寻求并且穷尽行政救济的原则。原告在向法院提起诉讼控告行政机关侵犯自身合法权益之前，应先向作出原决定的行政机关寻求更为便捷和专业化的救济手段，所有的行政救济手段已全部实施，但当事人的合法权益仍未得到保障时，当事人方可向法院提起诉讼，寻求司法救济。从上述法国和美国的做法可以看出，行政救济前置法则具有其存在的合理性，该原则通过在司法救济之前寻求行政救济的方式，督促行政机关审查原行政行为的合法性和合理性，从而有效节约司法资源，在一定程度上减少了法院的案件数量，减轻了法院工作人员的压力。在行政诉讼中普遍采用类似的方式，可使法院在处理其他司法案件中有更为充足的人力和物力。如果当事人提起行政诉讼之前并未穷尽行政救济，法院在之后的审理活动也可能产生各种障碍，原因在于未经行政诉前救济程序，行政机关无法在有

---

❶ 郝海青：《环境公益诉讼中的前置程序研究》，《中国海洋大学学报（社会科学版）》2010年第2期。

❷ 林莉红：《行政诉讼诉前程序研究——基于行政纠纷解决机制系统化理论》，《湖北社会科学》2013年第9期。

效时间内对自身的违法行为进行补救。对当事人而言，由法院作出裁判要求行政机关采取有效的补救措施也更加耗时、耗力。显然，行政救济前置原则的设置更加便捷、更加专业地保障了行政相对人的合法权益。❶

3. 诉前鉴定程序

诉前鉴定程序是指行政公益诉讼中法院所采用的鉴定结果是在诉前程序中作出的，这一程序是大多数英美法系国家和地区的相关诉讼法律规定的一项基本诉讼制度。从这些国家和地区的实践来看，行政诉讼中的当事人可以在诉前程序中聘请专家为自己鉴定，当事人不但能够在向法院提起诉讼之前聘任鉴定专家；而且可以在当事人的诉求被法院受理进入诉讼程序之后，法院作出最终裁判之前聘请鉴定专家对自己的证据作出更为专业的鉴定。❷

大陆法系国家则是在其法律条文中为诉前鉴定程序提供了明确的法律依据。例如，法国的诉讼法律中规定了"紧急审查程序"，德国在法律中普遍适用"单独证明程序"。❸ 具体来说，德国《民事诉讼法》规定了"单独证明程序"，该程序在诉讼中可以减轻法官收集证据的压力，由于诉前已拿到较为专业的鉴定结果，因而可以使当事人双方在诉前达成和解，有效且专业地化解矛盾。诉前鉴定程序是"单独证明程序"中最主要的内容，换句话说，通过诉前鉴定程序加强对案件事实的判断，并最终由法官来结合诉前鉴定结果对相关的案件事实作出阐释。❹

综上所述，各国在自身经济、政治、历史以及文化等因素综合作用的结果下产生了诉前程序，尽管我国的国情政情与域外国家和地区差异较大，但域外国家关于诉前程序的规定无论对我国的理论研究还是对实践发

---

❶ 王名扬：《美国行政法》，中国法制出版社，1995，第289页。
❷ 李浩：《民事证据立法前沿问题研究》，法律出版社，2007，第188页。
❸ 许林彬：《行政公益诉讼诉前程序实证研究——以检察机关办理行政公益诉讼案件为视角》，厦门大学硕士学位论文，2018，第7页。
❹ 王继荣、李益松：《诉前鉴定的司法试验及其制度化思考》，《人民司法》2009年第23期。

展都具有参考价值。我国行政公益诉讼制度的产生正是通过督促行政机关依法履职，从而达到维护国家利益和社会公共利益的目的，而域外国家设置行政公益诉讼制度也是为了更好地促进行政机关履行自身职责，从而达到合理积极有效地维护社会公益的目的。在我国行政公益诉讼诉前程序的实施过程中，也应该借鉴国外的经验，如目前我国检察机关在诉前鉴定程序中存在专业鉴定机构少、鉴定费用较高的现象，这时就需要其他部门给予检察机关一定的工作支持，可以在全国范围内增加专业鉴定机构的数量，通过国家给予资金支持的方式逐步部署推出一批在检察公益诉讼中免费鉴定的鉴定机构。例如，目前最高人民检察院已经与中国科学院联合成立生态环境鉴定的实验室，也应该提倡地方检察机关探索与当地环境检测中心合作建立检测或鉴定机构推广诉前鉴定程序，❶ 使得检察机关在诉前程序中收集到的证据更加真实、可信，确保行政公益诉讼诉前鉴定程序在实践适用中更加客观、公正。

二、行政公益诉讼诉前程序实施现状及存在的问题

（一）诉前程序实施现状

1. 诉前程序实施现状

（1）试点期间实施情况。检察机关在两年试点期内所受理的行政公益诉讼案件中，进入诉讼程序的案件数量与在诉前程序中处理完毕的案件数量之比约为11%。这个数据充分说明，检察机关向行政机关发出检察建议要求其积极履行职责，行政机关积极履职与检察机关在诉前程序中共同保护国家利益和社会公共利益。其中，2016年9月，最高人民检察院报告中指出公益诉讼试点中期进入诉讼程序的案件数量与在诉前程序得以解决的

---

❶ 张军:《最高人民检察院关于开展公益诉讼检察工作情况的报告（摘要）》,《检察日报》2019年10月25日第2版。

案件数量之比仅为 2.5%。❶ 这表明试点期间我国绝大多数的行政公益诉讼案件在诉前程序中得到了解决，诉前程序实现了自身的价值。在行政公益诉讼试点后期，检察机关所办理的诉前程序案件数量呈上升趋势，这个阶段进入诉讼阶段的案件数量不断增多，但这并不能说明诉前程序在行政公益诉讼中的作用降低了。试点进入后期阶段，案件数量的增加表示检察机关所受理的公益诉讼案件类型更加多元化，案件内容也逐渐复杂，但由于检察机关对行政公益诉讼案件掌握得更为全面，因而在这个过程中仍有绝大多数案件在诉前程序中得以解决，诉前程序中行政机关根据检察建议作出整改有效维护了国家利益和社会公共利益。由此可见，诉前程序在行政公益诉讼试点阶段发挥了应有的价值。截至 2017 年 6 月，全国所有试点地区中共有 7676 件案件在诉前程序得到有效解决，其中有 1029 件由于未整改到位，检察机关依法提起行政公益诉讼。除回复期限未满外，诉前程序中实现维护国家利益和社会公共利益的案件数量占诉前程序案件数量的 67.25%。❷ 可以说，行政公益诉讼试点期间，诉前程序有效维护了公共利益，监督行政机关行使行政管理职能，其所取得的成绩为行政公益诉讼制度在全国范围的实施奠定了坚定的基础。

（2）全面实行以来实施状况。自行政公益诉讼诉前程序在全国范围内全面实行以来，诉前程序取得了显著的成绩。两年多来，检察机关向行政机关共发出 182 802 份检察建议督促行政机关依法履行职责，行政机关在收到检察建议后积极采取有效措施，达到维护国家利益和社会公共利益目的的案件数量占 97.37%。❸ 在行政公益诉讼全面实施以来，一些省市的检察机关在诉前程序中也取得了显著的成绩。例如，2019 年山东省检察机

---

❶ 曹建明：《最高人民检察院关于检察机关提起公益诉讼试点工作情况的中期报告》，http://www.npc.gov.cn/zgrdw/npc/xinwen/2016-11/05/content_2001150.htm，访问日期：2019 年 12 月 12 日。

❷ 徐日丹、闫晶晶、史兆琨：《试点两年检察机关办理公益诉讼案件 9053 件》，《检察日报》2017 年 7 月 1 日第 2 版。

❸ 陈菲、黄玥：《公益司法保护的"中国方案"》，http://www.spp.gov.cn/spp/zdgz/201910/t20191023_435584.shtml，访问日期：2019 年 10 月 25 日。

关共办理行政公益诉讼诉前程序案件 2565 件，有 97.9% 的诉前程序案件，行政机关积极整改，实现了检察机关保护公共利益的初衷。❶ 再如 2019 年以来，株洲市醴陵市检察院共办理行政公益诉讼案件 16 件，所涉及的行政机关在收到检察建议后依法履行职责。2019 年以来，该检察机关督促行政机关查处 4 家企业非法排污行为，查处危害饮用水源安全行为 6 起，排查清理河流非法排污口 1 个。通过诉前程序的实施，保障了群众的饮水安全，维护了社会公共利益。❷ 由此可见，行政公益诉讼全面实施以来，大多数案件仍然在诉前程序得以解决，使得行政公益诉讼不仅达到了维护社会公共利益，还有效节约了司法资源和司法成本，提高了检察机关的办案效率，实现了与行政机关合作共赢的目的。

行政公益诉讼在全国范围内全面实施以来，提起公益诉讼的案件所占比例小了很多，这说明绝大多数的案件在诉前程序阶段就得到有效整改，维护了社会公共利益，显示出检察机关在处理行政公益诉讼诉前程序案件时愈发娴熟。对于行政公益诉讼所取得的效果的考量不能只看办理了多少案件，是否进入诉讼程序。从维护社会公共利益的角度出发，对于行政公益诉讼案件的评价更多地应反映在诉前程序的案件数量、检察建议的质量以及诉前程序所整改的实际效果之中。通过对行政公益诉讼试点期间和全面实施以来实施情况的研究，可以发现诉前程序成为行政公益诉讼中主要的结案方式，行政公益诉讼诉前程序的实施达到了预期的目的。

2. 诉前程序适用的特点

（1）行政公益诉讼诉前程序案件数量远高于民事公益诉讼诉前程序案件数量。自公益诉讼试点开始到在全国范围内实施以来，检察机关提起的行政公益诉讼诉前程序案件数量远高于民事公益诉讼诉前程序案件数量。❸

---

❶ 杨璐：《2019 年山东行政公益诉讼诉前整改率达到 97.9%》，https://sd.dzwww.com/sdnews/202001/d20200114_4742745.htm，访问日期：2020 年 1 月 16 日。

❷ 李翔、郭秀峰：《醴陵检察公益诉讼交出满意答卷》，《法制周报》2019 年 10 月 30 日。

❸ 姬艾佟：《行政公益诉讼诉前检察建议的完善》，《中国检察官》2019 年第 20 期。

检察机关在民事公益诉讼诉前程序发挥的作用是督促适格主体及时提起公益诉讼防止公共利益持续处于受侵害的状态，只有在民事公益诉讼的适格主体怠于提起公益诉讼时，检察机关才可提起民事公益诉讼以维护社会公共利益。在行政公益诉讼诉前程序中，检察机关在履行监督职责的过程中发现社会公共利益受损，并且该结果是由行政机关的违法或不作为引起的，应向行政机关发出检察建议说明，由于该行政机关履职不当致使公共利益处于受损状态，督促行政机关按照检察建议的内容积极整改，若行政机关在法定期限内未纠正自身违法行为或拒绝履行职责，诉前程序未实现维护公共利益的目的，则检察机关可向法院提起行政公益诉讼。与民事公益诉讼诉前程序相比，行政公益诉讼诉前程序的监督对象是负有社会管理职能的行政机关。同时，在行政公益诉讼诉前程序中，检察机关发出检察建议的对象是负有管理职能的行政机关，这不仅体现了检察机关对行政权的监督，而且有利于节约司法资源，在国家公权力的监督下也能更好地实现保护公共利益的目的。因此，在公益诉讼的实践中，行政公益案件则更容易在诉前程序得到解决。

（2）诉前程序成为行政公益诉讼的重要且有效的结案方式。《最高人民检察院关于开展公益诉讼检察工作情况的报告》显示，2017年7月至2019年9月，行政机关在诉前程序中主动纠正其自身违法行为或积极履行自身法定职责的案件数量占诉前程序案件总数的97.37%，两年以来检察机关发出诉前检察建议案件达到了182 802件，行政公益诉讼案件在诉前程序得到了有效解决。

究其原因，相关法律和司法解释都对诉前程序作出了较为明确的规定，要求检察机关在提起行政公益诉讼之前，向行政机关发出诉前检察建议督促其依法履行法定职责。若行政机关在法定期限内未纠正自身违法行为或拒绝履行自身的法定职责，检察机关则可向法院提出行政公益诉讼。这些法律规定奠定了诉前程序重要地位的基础。诉前程序实现了行政公益诉讼维护社会公共利益的目的，诉前程序在行政公益诉讼中的地位显而易见。

《人民检察院提起公益诉讼试点工作实施办法》第37条规定，检察机关在对行政公益诉讼案件审查终结时应作出以下三种决定：一是终结审查；二是向行政机关提出检察建议即执行诉前程序；三是提起行政公益诉讼。但在行政公益诉讼实践的过程中，对行政公益诉讼审查终结时作出的决定并未作出细致的区分。在实践中，检察机关在对案件审查结束进入决定阶段时，一般作出的决定只有终结审查和提出检察建议两种。如果通过诉前检察建议的方式仍然没有达到维护社会公共利益的目的，则可通过诉讼程序实现这一目标。总的来说，评价行政公益诉讼制度在实践中的适用，应该与通过诉前程序得到整改的案件数量相联系，通过督促行政机关依法履行职责达到维护社会公共利益的目的，进而确定行政公益诉讼的实际实施效果。

诉前程序案件的数量与行政公益诉讼案件的数量之间的差别应当从客观的角度看待，如果在诉前程序得到处理的案件数量远远高于进入诉讼程序的案件数量，说明诉前程序实现了自身的价值。[1]诉前程序的设计初衷就是实现行政公益诉讼零诉讼且达到维护国家利益和社会利益的目的。这就对行政机关法定期限内采取有效措施纠正自身的违法行为或积极履行职责提出了较高的要求，使检察机关未采取诉讼的方式也真正达到了维护国家利益和社会公共利益的目的。

（3）大多数案件源于生态环境和资源保护领域。在行政公益诉讼诉前程序受案范围上，生态环境和资源保护领域是目前诉前程序最为重要的涉案领域，2017年7月以来，检察机关共处理生态环境和资源保护领域的诉前案件118 012件，占行政公益诉讼案件总数的54.96%。[2]由此可见，自行政公益诉讼全面实施以来，诉前程序在生态环境和资源保护领域取得了积极的效果。

---

[1] 胡卫列、田凯：《检察机关提起行政公益诉讼试点情况研究》，《行政法学研究》2017年第2期。

[2] 陈菲、黄玥：《公益司法保护的"中国方案"》，http://www.spp.gov.cn/spp/zdgz/201910/t20191023_435584.shtml，访问日期：2019年10月25日。

生态环境和资源保护领域成为诉前程序案件的主要来源，《检察机关提起公益诉讼改革试点方案》规定应着重加强对生态环境和资源领域社会公共利益的保护。主要的原因有以下几点：一是对生态环境和资源的保护关乎人类社会的生存大计。历史告诉我们，生态环境与人民群众的根本利益密切关联，检察机关是我国法律明确规定的监督机关，也应始终牢记从人民的利益出发。这就要求检察机关对生态环境和资源保护领域的违法案件线索及时调查取证，对该领域损害社会公共利益的行为及时止损，体现出检察机关在"蓝天、碧水、净土保卫战"中的主动作为。二是生态环境和资源保护领域的案件容易发现违法线索。人类在生产活动中对生态环境造成的损害是直观表现出来的，对生态环境的修复在短期内也是无法恢复的，也更加直观地反映出行政机关在该领域保护中的违法或不作为的问题。并且生态环境和资源保护领域大多属于多个行政机关的管辖范围，与其他领域的行政公益诉讼案件相比，检察机关在履行职责的过程中更容易发现案件线索，进而展开调查，收集相关证据证明行政机关不当履职。三是目前该领域的诉前鉴定程序较为成熟。在诉前程序中，对损害结果进行鉴定是判断公共利益受损害状态的重要标准。鉴定结果也直接关系到检察机关对行政机关违法作为或不作为问题的判断。一方面，学术界很早就开始探讨损失鉴定制度和相关的鉴定方法，关于该领域的诉前鉴定程序理论已较为完善，对生态环境和资源保护领域受损害状态的鉴定工作起到了指导性的作用。❶ 另一方面，检察机关在实践中已经与相关的鉴定机构合作，对生态环境和资源保护的损失结果和损害程度的鉴定较为准确、客观。

---

❶ 如中国社会科学院研究员徐嵩龄所撰写的《中国环境破坏的经济损失计量》，已于1998年在中国环境科学出版社出版，对该领域的鉴定作了较为全面的阐述。

（二）诉前程序存在的问题

行政公益诉讼在全国范围内实施两年多的时间以来，诉前程序在行政公益诉讼案件处理过程中发挥了主导性作用，达到了维护社会公共利益的目的。如前文所述，大多数公益诉讼案件在诉前程序阶段得到解决。但这并非表明诉前程序就是一个十全十美的制度，实际上，诉前程序仍然存在一些亟待解决的问题，比较突出的主要有以下两个问题。

1. 诉前程序呈现单向性结构

一个完整的诉前程序案件处理过程应是：检察机关发现案件线索决定立案调查之后向行政机关发出检察建议督促其在法定期限履行法定职责，根据行政机关的履职情况最终作出是否提起行政公益诉讼的决定等。不难发现，在诉前程序的案件过程中呈现出了单向性结构的特点，即诉前程序从产生到结束基本都是检察机关一方作出决定，行政机关甚至完全未参与其中。可以说，诉前程序的整个阶段基本都是检察机关在唱"独角戏"。诉前程序在具体环节上可以分为两个阶段，这两个阶段也都呈现出了单向性结构。

第一个阶段是调查取证阶段。诉前程序中，检察机关在发现公共利益受损害时，对行政机关是否存在不当履职致使公共利益受损进行调查核实，并依据其所收集到的证据判断不当行政行为与公共利益受损之间的因果关系，对诉前程序案件作出分析判断，进而作出终结审查或向行政机关发出检察建议督促行政机关在法定期限内纠正违法行为或积极履职的决定。在检察机关的调查取证阶段，检察机关通常都是依据自身在履行职责过程中所调阅和复制的行政执法材料，单方面作出案件不进入诉讼程序或者发出检察建议督促行政机关整改。可以发现，这个阶段并没有行政机关或者行政相对人的参与，检察机关检察建议中所反映的证据也只是检察机关自身收集的，行政机关对其是否认可也无从得知。行政机关也没有机会表达其违法履职与公共利益受损之间是否存在因果关系，行政机关在诉前程序中甚至无法为自身的行为提出申辩。

第二个阶段是检察机关向行政机关发出检察建议后到检察机关最终作出是否提起行政公益诉讼决定的阶段。检察机关依据其所收集的证据向行政机关发出检察建议之后，行政机关在法定期限内应积极整改，并在回复期限届满时将对公共利益的弥补结果告知检察机关。❶ 行政机关在法定期限内未依法履行职责的，社会公共利益仍处于受损害状态的，检察机关将在检察建议规定的履行期限届满后依法向法院提起行政公益诉讼。在收到行政机关的回复之后，检察机关要对行政机关是否已经按照检察建议的内容进行履职以及公共利益受损害的止损程度作出评价，并最终作出是否向法院提起行政公益诉讼的决定。换句话说，诉前程序中，对于行政机关是否充分理解检察建议所提出的要求，并依据检察建议积极整改使国家利益和社会公共利益受损害的状态得到补救，也都是检察机关自己作出的判断。行政机关只是在收到检察建议后作出整改，及时回复，对于其他步骤则并不发表意见，只是将履职情况书面回复检察机关，这个过程也体现出了诉前程序所具有的单向性的特点。

从以上两个阶段可以看出，一个完整的诉前程序案件处理过程，大多数为检察机关单方面作出决定。诉前程序本身所具有的这种单向性特点，也会产生一些不良影响：诉前程序整个过程在没有行政机关参与的情况下，一是仅凭借检察机关调阅和复制的行政执法材料难以充分查清案件事实；二是依据检察机关自身搜集到的证据所发出的检察建议不一定能说服行政机关，其在这样的检察建议要求中认为无从整改难免会颇有微词。检察机关在这种单向性结构下所展开的诉前程序也是投入了大量的人力、物力、财力来保护公共利益，对于检察机关来说这并不是一种经济、高效的做法。相反，检察机关在诉前程序中保障行政机关的参与权和申辩权，则

---

❶ 《关于检察公益诉讼案件适用法律若干问题的解释》第21条第2款规定："行政机关应当在收到检察建议书之日起两个月内依法履行职责，并书面回复人民检察院。出现国家利益或者社会公共利益损害继续扩大等紧急情形的，行政机关应当在十五日内书面回复。"

可以在更短的时间内查清案件事实，其发出的检察建议也能更好地督促行政机关履职，进而实现诉前程序保护社会公共利益的目的。

2.诉前程序办案模式偏向于行政审批式

检察机关的办案模式一直以来都过于偏向于行政机关内部的审批模式，一些学者指出"检察权生于司法，却无往不在行政之中"。❶主要表现在以下几个方面：一是检察系统内部缺乏独立办案权，这不仅包括其内设机构也包括检察机关办案人员，检察系统大都在统一领导下开展工作；二是上下级检察机关之间的关系与上下级法院之间的关系不同，上级检察机关领导下级检察机关的工作，最高人民检察院领导全国各级检察机关的工作；三是在办理案件的过程中，检察机关在办理案件时应遵循逐级审批制度，检察机关办案人员并不能直接对案件作出决定，检察机关所受理的行政公益诉讼案件必须经过负责人到检察长的层层审批，案件最终也由检察长作出决定。❷

笔者发现，诉前程序的实施过程中也采用了这种行政审批式的办案模式。《检察机关提起公益诉讼改革试点方案》和《人民检察院提起公益诉讼试点工作实施办法》都对诉前程序作出了规定：地方各级检察机关认为行政机关未纠正自身违法行为或拒绝履行职责致使国家利益和社会公共利益仍然处于受损害的状态的，决定向法院提起行政公益诉讼的，应当层报最高人民检察院审批。❸从行政公益诉讼的试点到在全国范围内的实施，基本沿用了行政审批式的办案模式。❹

在行政公益诉讼诉前程序中采用这种行政审批式的办案方式，其产生的消极后果有以下几点：一是诉前程序案件办理效率低下。在诉前程序

---

❶ 龙宗智：《检察机关办案方式的适度司法化改革》，《法学研究》2013年第1期。

❷ 于立强：《我国侦查裁量权的界定与评价》，《法学论坛》2018年第1期。

❸ 刘辉、姜昕：《检察机关提起民事公益诉讼试点情况实证研究》，《国家检察官学院学报》2017年第2期。

❹ 《关于检察公益诉讼案件适用法律若干问题的解释》虽然没有关于案件审批的规定，但在实践中仍然延续着试点期间的做法，即案件要通过报批程序。

中，一个案件往往需要经过检察机关内部多层级的审批，而在逐级审批的过程中由于分管检察长或检察长对案件事实和检察机关已经收集到的证据比较陌生，因而很难及时作出对诉前程序案件的审批决定，这种做法的后果是诉前程序案件需要经过较长的时间才能走完检察机关的审批程序。并且法律对诉前程序案件的处理期限作出了明确的规定，逐级审批花费了较长的时间，因此在诉前程序中留给检察机关办案人员查清案件事实、收集证据、理性作出审查决定的时间则相应缩减了，这种方式使得诉前程序案件的质量难以得到保障。二是行政化审批的方式不利于查清案件事实。在处理诉前程序案件的过程当中，检察机关应通过深入实际调查的方式收集证据，最终作出理性正确的决定。而诉前程序中的行政审批式的办案结果大多在检察系统内部产生，审批案件的领导对所审批的诉前程序案件缺乏深度的理解，因此领导的审批结果更多地从维护社会秩序的稳定以及带来良好的社会影响的角度出发，这种审批方式往往忽略了对诉前程序案件事实和证据的查清；而对诉前程序案件中社会公共利益受损害状态较为清楚的检察机关办案人员则缺乏对案件的直接决定权。三是行政审批式的办案方式会使检察机关办案人员产生惰性。一些检察机关的办案人员认为，诉前程序案件的最终审查决定由领导主导，久而久之便产生了依赖心理，认为自己只要基本掌握案件事实，对诉前程序有大致的了解即可。因此，在办理诉前程序案件的过程中，检察机关的办案人员缺乏对案件的深层次探讨，很难从个案中得出办案经验。无法在诉前程序案件中更好地释法说理。总而言之，诉前程序行政化色彩较为浓厚的办案方式是与检察机关自身的司法机关性质相反的实践经验。在诉前程序案件中长期采用行政审批式的办案模式将会损害检察建议的质量和维护公共利益的目标，阻碍行政公益诉讼发展，使得诉前程序与保护社会公共利益的初衷背道而驰。

自实施以来，诉前程序在督促行政机关积极履行自身职责以维护国家利益和社会公共利益中发挥了积极的效果，使得有些人认为其本身存在的问题不值一提。因此，他们认为诉前程序只需继续保持即可，不应作出其他可能重新解读的改变。值得注意的是，这种观点并没有充分认清诉前程序之所以发挥良好效果的深层次原因。行政公益诉讼从试点到全面实施以来，大多数案件在诉前程序得到解决，并不仅仅因为该制度设计更为科学合理，还有其他外部因素推动其发展。例如，有学者曾客观地分析了诉前程序取得良好成绩的诸多原因，包括国家重视生态环境建设，党内问责机制的逐步建立，检察机关本身是国家权力机关，其对行政机关也会产生震慑力。❶这些原因实际上是诉前程序案件取得良好效果的外部保障因素，从某种程度上来看，推动诉前程序顺利实施的外部环境因素或许具有比诉前程序本身更强大的力量，诉前程序实施过程中具有较少的障碍和阻力也得益于这些外部环境因素的保障。然而，随着行政公益诉讼试点阶段的过去以及行政公益诉讼制度的不断完善，公益诉讼对维护公共利益的作用更多地要依靠自身制度的完善来推动，而不能过多地依靠外部因素。在这种情况下，如果诉前程序的工作中存在的问题得不到及时解决，诉前程序的发展可能会止步不前，诉前程序也无法更好地实现保护国家利益和社会公共利益的目的。因此，必须正视诉前程序所存在的问题，进一步推动诉前程序的系统化运行，使诉前程序在督促行政机关履行职责中更具有威慑力，更好地实现维护公益的目的。

三、行政公益诉讼诉前程序适度司法化的引入

（一）诉前程序适度司法化的含义

"司法"是法律中运用场合比较多的概念，因此其本身在不同的场合也必然有不同的理解。本文所说的"司法"主要指的是法院的审判活动。❷

---

❶ 胡卫列、迟晓燕：《从试点情况看行政公益诉讼诉前程序》，《国家检察官学院学报》2017年第2期。

❷ 王春业：《论行政公益诉讼诉前程序的改革——以适度司法化为导向》，《当代法学》2020年第1期。

采用这个理解与本文的研究主题相契合。这里所说的"司法"主要具有中立性的特征，在法院的审判活动中，双方当事人是平等的，其通过庭审中的举证质证环节发表自身的意见并进行辩论，作为第三方的法院，在听取庭审中抗辩后居中作出理性的裁判。司法中立性的特点对查清案件事实，证据的真实性、客观性的表现具有重要的作用。

目前，"司法化"这个概念的使用领域有三个：一是宪法司法化，宪法是我国的根本法，虽然其不能直接应用于个案裁判，但我国法律规定人民法院在对个案作出裁判时，应将宪法原则和精神运用到案件处理中。❶ 宪法司法化要求将宪法原则直接适用于案件裁判中，作为司法裁判的依据。二是在行政法领域，主要指的是行政处罚的司法化、行政复议的司法化等。例如，行政复议司法化，致力于完善行政复议，解决复议程序中的弊病，使复议程序可以更加客观公正地维护行政相对人的合法权益。❷ 行政复议司法化主要强调行政复议由行政化的倾向向司法化倾向转变的过程。三是在刑事诉讼和民事诉讼领域，这一领域的司法化指的是检察机关在办理案件的过程中，对自己所决定的程序采用审判中的因素，使其所作出的决定更加公正、客观。❸

笔者在诉前程序中引入司法化概念，旨在从司法化的角度出发完善诉前程序，使诉前程序具有司法活动的特点，"祛除我国检察体制长期以来所形成的'过度行政化'的痼疾"。❹ 诉前程序向审判程序方向靠近，在诉前程序中促使双方当事人在平等的基础上举证质证，充分表达自己的意见，以及确立检察办案人员享有独立办案权，更加有利于实现诉前程序的公正、客观，也体现了亲历性的原则，维护社会公共利益。这种司法化的

---

❶ 黄卉：《合宪性解释及其理论检讨》，《中国法学》2014年第1期。
❷ 沙金：《行政复议法修改及其司法化改革》，《内蒙古社会科学（汉文版）》2015年第6期。
❸ 王春业：《论行政公益诉讼诉前程序的改革——以适度司法化为导向》，《当代法学》2020年第1期。
❹ 万毅：《检察改革"三忌"》，《政法论坛》2015年第1期。

改造，能有效且及时地督促行政机关履职，检察机关对不及时、不积极履行职责的行政机关依法向法院提起行政公益诉讼。

（二）诉前程序适度司法化的必要性

未来诉前程序的发展方向必然是对诉前程序的研究更为系统化，这时诉前程序适度司法化的实施就显得尤为必要。诉前程序适度司法化的实施有以下两方面的必要性。

第一，诉前程序适度司法化的实施对于提高办案质量、保障诉前程序的公正性具有重要作用。首先是提高诉前程序的办案质量。如前文所述，诉前程序在实践中多采用行政审批式的办案方式，这种方式分离了诉前程序的审核程序与最终的决定程序，即诉前程序采用了"审而不定，定而不审"的行政化办案方式，❶虽然诉前程序采用此种办案方式，是为了通过层级审批避免检察机关最终发出的诉前检察建议缺乏针对性和可操作性，但这种方式并不符合司法活动亲历性的要求。在诉前程序中以看卷宗、看法律依据的方式对所掌握的案件事实和证据作出间接审查，难以形成有效的决定，最终的审批决定也大多受案件承办者的影响。因此，采用适度司法化的方式，在一定程度上确定案件承办审查与决定相一致的方式，对防止决策的失误有重要意义。此外，使承办案件的检察官有职有权，才能够充分调动其自身的积极性，增强检察机关办案人员的责任意识。从诉前程序的长远发展来看，这也有利于保障诉前程序的案件质量。而且，鼓励检察机关办案人员作出独立的决定，也有利于保障诉前程序的公正性。其次，诉前程序适度司法化的实施还有利于程序的公正。采用适度司法化的办案方式，有利于在诉前程序中更加注重程序的正当性，既保证案件处理在诉前程序中的公开性，也有利于为公民、法人和其他组织提供监督检察机关在诉前程序中行为的渠道，这样检察机关所办理的诉前程序案件才更有说

---

❶ 龙宗智：《检察机关办案方式的适度司法化改革》，《法学研究》2013年第1期。

服力。

第二，诉前程序适度司法化促使检察机关更加有效地处理案件。在诉前程序中，与叠床架屋、层层审批的行政审批式的办案方式相比较，承办案件的检察官对诉前程序中的一般事项享有独立审查决定权，本身更能提高办案效率。在诉前程序中采用适度司法化的处理方式会减少检察机关的内部层级审批程序，从整体上提高检察机关办理诉前程序案件的效率。另外，就诉前程序的办案方式而言，适度司法化可以有效提高检察机关的办案效率。采用查阅、复制卷宗的方式审查行政公益诉讼诉前程序案件，虽然不失为一种灵活和简便的方式，但是在诉前程序中不给予行政机关申辩权，则会损害诉前程序的公正性。

（三）诉前程序适度司法化的可行性

"对于一个制度的评价，首先应该考虑制度本身的设计是否科学合理、是否合逻辑，更重要的是要将这个制度放在整体制度框架中进行考量，也要契合国家发展的社会环境"❶。诉前程序的适度司法化的实施除了其自身的必要性之外，也应探讨诉前程序适度司法化的实施是否可行。

第一，诉前程序适度司法化的基础是检察权本身的司法属性。尽管检察机关在办理案件的过程中行政化色彩较为浓厚，但相关法律对检察权的司法化属性也提供了法律依据。例如，《宪法》规定，人民检察院依照法律规定独立行使检察权，不受行政机关、社会团体和个人的干涉。❷ 该法条从宪法层面上规定了检察机关所具有的独立、公正客观的司法属性。在我国，司法权包括审判权和司法权。并且有学者指出"我国检察权的司法属性较强，检察机关在某些案件处理中所采用的审查权和决定权，在域外国家和地区实际上是隶属于法官的权力"❸。实践中，检察机关办理案件过

---

❶ 樊崇义：《刑事诉讼法哲理思维》，中国人民公安大学出版社，2010，第311页。
❷ 《宪法》第136条。
❸ 骆绪刚：《检察权运行司法化研究》，华东政法大学博士学位论文，2015，第39页。

程中所体现出的司法属性与法院在审判活动中所体现出的司法属性在形式上可能存在不同，但两者的司法属性从本质上体现了司法权所具有的普遍性规律，如司法活动应保持民主性、公正性以及公信力等。检察权所享有的司法属性是法律赋予的，这为诉前程序的适度司法化奠定了基础。检察机关在诉前程序中对其在履行职责中所发现的案件线索作出是否立案的决定，对行政行为作出认定，在经过诉前程序之后也要对是否提起行政公益诉讼作出决定，可以说检察机关的办案人员在诉前程序中扮演了"法官审判之前的法官"的角色。在诉前程序这几个主要工作中，检察机关承担着审查违法行政行为与维护国家利益和社会公共利益的职能，在诉前程序中通过审查作出决定的过程体现了诉前程序的司法属性。综上所述，诉前程序适度司法化有其实施的法理基础，并且现实中也需要在诉前程序中适度司法化。因此，在实践中以适度司法化为导向完善诉前程序也符合其自身的发展规律。

第二，检察机关已经在其他领域作出司法化的探索并取得了一定的效果，诉前程序适度司法化也可以以此作为参考。尽管行政公益诉讼诉前程序司法化是一个比较新颖的研究方向，但检察权司法化问题已经是一个老生常谈的问题，关于这个问题不论是理论还是实践都处于不断探索的阶段，刑事诉讼监督领域司法化的探索是学者和法律工作者都比较关心的命题。例如，目前该领域的司法化主要应用于司法审查中，主要包括批捕、起诉、立案监督、羁押必要性等。尽管相关法律和司法解释已经对这些程序作出了明确的规定，但这些领域的审前程序实践中逐渐呈现出以司法化为导向的特点。例如，就审查批捕程序而言，《刑事诉讼法》第88条规定：检察院审查批准逮捕，可以讯问犯罪嫌疑人、询问证人等诉讼参与人、听取辩护律师的意见。从该条法律可以看出，刑事诉讼的审查批准逮捕程序与司法审判相似，均有三方主体，主要体现为侦查机关和犯罪嫌疑人及其辩护律师发表各自的意见，由检察机关居中裁判作出决定。与此同时，该程序包含了司法审判程序所具有的某些特点，例如，侦查机关和犯罪嫌疑人的举证质证环节以及审查的程序应公开透明等,这些特点都体现了审查批捕程序的司法化倾向。[1] 近年来我国在刑事诉讼领域的改革主要围绕"以审判为中心"展开,对检察机关办案方式提出了更高的要求,要求检察机关在提起刑事诉讼之前,确保其所侦查、审查起诉的事实真实客观,检察机关在诉前审查中应采用与庭审程序相连接司法化的方式。地方各级检察机关在实践中制定了有关办法保障诉前审查阶段的听证程序。诉前审查程序中的听证程序一般由检察机关主持,像司法审查程序一样,经过当事人双方的举证质证和辩论环节,检察机关居中作出理性的决定,以更好地维护当事人的合法权益。关于听证程序,各地检察院作出了积极的探索。例如,上海市嘉定区人民检察院制定了《未成年人案件审查逮捕听证办法》,规定了对未成年人审查批捕时应采用听证程序;江西省新余市渝水区人民检察院制定了《羁押必要性监所审查听证规则(试行)》规定了羁押必要性审查所采取的听证程序的相关内容;上海市徐汇区人民检察院制定了《上海市徐汇区人民检察院关于不起诉适用检察庭听证及宣告的实施意见(试行)》,规定作出不起诉决定时应遵循听证程序等。有些基层检察院还积极探讨设立专门用于听证和宣告决定的会议室,目前实践中有"检察庭""听证室""宣告室"等,这些硬件和软件设施对于促进听证程序的司法化具有重要的作用。[2] 综上所述,检察机关在刑事诉讼领域司法化的探索可以为诉前程序的适度司法化提供借鉴,使诉前程序适度司法化的探索有了一定的遵循。

第三,行政公益诉讼诉前程序在实践中取得的成绩为其适度司法化创造了积极条件。可以发现,诉前程序自行政公益诉讼在我国实施以来不仅在维护国家利益和社会公共利益方面取得了喜人的成绩,也开始探索诉

---

[1] 张超、龙海燕:《正当法律程序视角下逮捕诉讼化改革的实践考察与制度完善》,《辽宁公安司法管理干部学院学报》2018年第6期。

[2] 王春业:《论行政公益诉讼诉前程序的改革——以适度司法化为导向》,《当代法学》2020年第1期。

前程序适度司法化，为诉前程序适度司法化全面推行创造了前提条件。在试点期间，《检察机关提起公益诉讼改革试点方案》和《人民检察院提起公益诉讼试点工作实施办法》的相关规定也体现出了司法化的倾向，例如规定检察机关可以询问违法行为人、证人等，遇到专业性的问题也可以向专家、相关机构等进行咨询。《最高人民法院、最高人民检察院关于检察公益诉讼案件适用法律若干问题的解释》中，这种倾向则表现得更为具体和细致，并在实践中得到了应用。例如，检察机关如果要采取证据保全措施的，要依照《行政诉讼法》的相关规定办理。[1] 上述这些法律所规定的内容都体现出了诉前程序在相关立法上已有的司法化倾向，法律上的规定也将指导诉前程序在实践中逐步实现司法化。但是由于诉前程序司法化仍处于探索阶段，且诉前程序也缺乏真正意义上的三方结构，诉前程序中也存在一些不规范的现象。因此，必须充分认识到，我国在推进行政公益诉讼诉前程序适度司法化中仍有很大的努力空间，无论是理论上还是实务研究，都应朝着诉前程序适度司法化的方向迈进，促进诉前程序系统、规范的发展，更好地维护公共利益。

（四）诉前程序适度司法化中"适度"的把握

本文一再强调诉前程序适度司法化。诉前程序司法化之所以采用适度的方式推进，是因为检察权的运行机制与法院司法裁判机制的运行具有较大不同，而且在诉前程序中检察机关也不能对所办理的案件作出具有终局性的决定，检察机关在诉前程序案件中最终也只能作出是否提起行政公益诉讼的决定。由此可见，诉前程序适度司法化的推进也只能是逐步的，其主要做法是吸取和借鉴法院在司法审判程序中对诉前程序未来发展有益的部分，而不能完全司法化。

---

[1] 王春业：《论行政公益诉讼诉前程序的改革——以适度司法化为导向》，《当代法学》2020年第1期。

首先，在诉前程序适度司法化的过程中要注重鉴别，即审慎区分诉前程序中可以司法化和不可以司法化的部分，采用在相关法律法规中明确规定的方式，促使诉前程序发挥作用，更好地维护公共利益。其次，诉前程序司法化的推行中，可以考虑由最高人民检察院作出司法化的改革框架，进而出台相应的法律法规或司法解释对诉前程序司法化作出规定，由检察机关在实践中逐渐形成诉前程序司法化的经验，更好地促进诉前程序的良性发展。最后，由于诉前程序司法化的探索是一个比较新颖的话题，部分检察机关在实践中可能对诉前程序司法化的研究具有畏惧心理，可以由最高人民检察院发布指导性案例推广诉前程序司法化的先进经验，使诉前程序司法化按照由点及面的方式适度、逐步推行实施。

四、行政公益诉讼诉前程序适度司法化的完善建议

以适度司法化为导向完善诉前程序应注重完善诉前程序的检察权能及其运行方式的司法化两个方面。应通过增强检察权本身的司法属性来实现检察权能的司法化，❶明确检察机关办案人员相对独立办案权，可以从制度上加强检察权的司法属性，改变诉前程序中行政审批办案方式的现状；在诉前程序中借鉴司法审判中的有益做法，则可提升检察权能运行方式的司法化，如在诉前程序中采用听证程序以祛除诉前程序单向性结构所产生的弊端。❷

---

❶ 例如，2012 年《刑事诉讼法》增加了检察机关对侦查机关非法证据的排除，对于诉讼参与人救济、对羁押必要性的审查等诸多权能，使部分检察职能呈现出司法化的特征。陈卫东、程永峰：《新一轮检察改革中的重点问题》，《国家检察官学院学报》2014 年第 1 期。

❷ 王春业：《论行政公益诉讼诉前程序的改革——以适度司法化为导向》，《当代法学》2020 年第 1 期。

（一）明确检察人员在诉前程序中相对独立的办案权

检察权虽然隶属于司法权，但检察机关在诉前程序案件办理中则缺乏司法的色彩。因此，要增强诉前程序案件办理中的司法属性，就要赋予检察机关办案人员在办理诉前程序案件中相对独立的办案权。我国的司法实践的经验和教训表明，要实现检察权的司法化运行就必须赋予检察机关在案件办理中的独立办案权。❶ 德国有学者曾经指出，"检察权应将真实与正义作为其所追求的方向"❷。要实现检察机关办案人员在诉前程序中的独立办案权，一方面，要保障检察机关在诉前程序中的行为不受行政机关、其他组织和个人的干涉；另一方面，要避免检察机关内部的层级审批方式拖延诉前程序的办案进程。"上级检察院通过统筹部署工作、发布政策性指导、对重大事项作出决定、对检察机关工作人员进行业务培训和考核等方式领导下级检察院的工作"，❸ 上级检察机关对于下级检察机关具体案件处理意见不得随意干预，也不得提出具有决定倾向的意见。检察机关工作人员在诉前程序中所享有的相对独立的办案权，要求检察机关办案人员在处理诉前程序案件中应始终坚持以事实为根据、以法律为准绳，并最终发出操作性较强的检察建议督促行政机关积极履职以保护国家利益和社会公共利益。

检察机关在推进检察改革的工作意见中明确规定了应全面推行检察官办案责任制，落实"谁办案谁负责，谁决定谁负责"。❹ 要实现这一目标就必须明确检察机关办案人员所享有的独立办案权。为此，在诉前程序中要认真落实该工作意见，让检察机关的办案人员依据相关法律法规和司法解

---

❶ 骆绪刚：《检察权运行司法化研究》，华东政法大学博士学位论文，2015，第137页。
❷ 林钰雄：《检察官在诉讼法上之任务与义务》，《法令月刊》1998年第10期。
❸ 向泽选：《新时期检察改革的进路》，《中国法学》2013年第5期。
❹ 新华社：《最高检：探索建立与监察委员会相适应的检察工作体制和机制》，https://baijiahao.baidu.com/s?id=1588462588182749247&wfr=spider&for=pc，访问日期：2019年12月12日。

释,依据案件线索调查证据审查案件事实,依据所收集到的证据对行政机关是否存在违法行为或不作为作出说明。检察建议既要具有说理性也应具有可操作性,收到行政机关的书面回复时,根据行政机关的履职情况以及公共利益的止损状态作出是否提起行政公益诉讼的决定。将诉前程序的办案期限更多地运用到对案件事实的审查中,减少诉前程序中检察机关内部层级烦琐的审批程序,提高检察机关办案人员的工作效率。

在明确检察人员独立办案权的同时,要注重提高办案人员的专业素养。检察机关工作人员独立办案权的确立对检察工作人员的业务能力提出了更高的要求。因此,一方面,要巩固检察机关办案人员的理论知识,使其全面掌握诉前程序的相关法律法规和司法解释,在办理诉前程序案件时,可以更好地释法说理;另一方面,要加强对检察机关办案人员业务培训,通过业务培训使得检察机关工作人员在办理诉前程序案件时更为专业。业务培训的内容应具有针对性,如向检察机关办案人员讲解制发检察建议时用语应更加规范,所发出的检察建议能为行政机关所理解并付诸实际行动;❶组织检察机关工作人员熟悉诉前鉴定程序的相关知识,使得检察机关办案人员在拿到鉴定结果时可作出更为准确的判断。只有加强检察机关办案人员的业务能力和水平,才能更好地发挥检察机关在维护公共利益中的职能。

(二)建立诉前程序中对审听证程序

在诉前程序中借鉴司法审判中的有益因素,可以增强检察权能运行方式的司法化,缓解诉前程序中检察机关办案时所呈现出的单向性结构,使诉前程序的运行机制更多地倾向于司法化。诉前程序中要呈现出"双向性机构",就要给予行政机关充分参与到诉前程序中的机会。笔者认为,可将对审听证程序引入诉前程序。听证,顾名思义就是一方居中听取双方

---

❶ 马方飞:《优化制度设计完善行政公益诉讼诉前程序》,《检察日报》2019年7月7日第3版。

表达意见。❶ 对审听证是两个或两个以上的机构在第三方的主持下，在平等的基础上，提出自己的主张和证据，并对对方提出的证据进行质证、辩论，最终由第三方居中裁判作出听证结果。❷ 在诉前程序中设置对审听证程序，应将负责查清案件事实的检察机关作为一方，将存在违法或不作为问题的行政机关作为听证程序的另外一方，由不参与案件处理的其他检察工作人员担任对审听证程序的主持人。在诉前程序的对审听证程序中，首先应由负责办理案件的检察人员列举其所收集到的公共利益受损的证据，并对公共利益受损与行政机关未依法履职之间的因果关系作出阐述；其次由行政机关的负责人就作出行政行为的依据以及其他情况予以说明，双方通过辩论，由主持人居中作出听证结果。在对审听证程序之后，对于内容较为复杂的案件，可以采取合议的方式对听证中的举证、质证、辩论环节进行推敲作出决定。应当注意的是，听证结果应作为检察机关向行政机关发出检察建议的依据，是否提起行政公益诉讼也应以此为基础。

诉前程序中的对审听证程序建立在两造对抗和直接言词辩论的基础上，检察机关根据对审听证程序中双方的辩论作出最终的判断，确保检察机关在诉前程序作出客观、公正的决定；检察机关提起行政公益诉讼时，也应将听证程序所作出的结果作为重要参考。诉前程序中通过行政机关的参与和辩论，确保检察机关作出的决定更加理性，发出的检察建议更加具有针对性和可操作性。诉前程序中采用对审听证程序，保障行政机关在诉前程序的参与性和申辩权，在举证质证中行政机关充分行使申辩权，参与到诉前程序中来，这样检察机关发出的检察建议也能为行政机关所信服，为社会公众所认同。❸ 对审听证程序在诉前程序中具有重要的作用，要积极探索建立对审听证程序，提高诉前程序中检察权运行方式的司法化。

---

❶ 丁煌:《论行政听证制度的民主底蕴》，《武汉大学学报（社会科学版）》2001 年第 1 期。
❷ 陈瑞华:《刑事诉讼中的问题与主义》，中国人民大学出版社，2011，第 61 页。
❸ 胡卫列、迟晓燕:《从试点情况看行政公益诉讼诉前程序》，《国家检察官学院学报》2017 年第 2 期。

（三）完善与行政公益诉讼诉前程序适度司法化相关的制度规则

检察权的司法属性和检察权运行方式的司法化的增强，有助于促进诉前程序适度司法化。值得注意的是，诉前程序适度司法化也应完善诉前程序配套的制度规则，使得诉前程序全面发展。在这过程中，应注重以下几个制度规则的完善。

1. 赋予检察机关更大的调查取证权

诉前程序对审听证程序，要求检察机关对行政机关是否存在违法行为或不作为问题进行举证，如果检察机关没有收集到充足的证据，就无法准确地对行政机关的行为作出定性，进而无法及时有效地督促行政机关整改，公共利益无法及时有效地得到补救。检察机关在提起行政公益诉讼时，其所收集到的证据应足够充分，对行政机关的行为也应作出定性，这样检察机关维护公共利益的目的才能实现，从而实现诉前程序的价值。由此可见，诉前程序中证据是否充分，直接影响到诉前程序的案件质量以及诉讼程序能否实现保护公益的目的，因此要注重诉前程序与诉讼程序的衔接。从法律规定来看，《最高人民法院、最高人民检察院关于检察公益诉讼案件适用法律若干问题的解释》赋予检察机关调查取证权，但其调查取证权是否具有强制性则在学界一直有所争论。有学者甚至将其称为"柔性协作机制"，[1]与检察机关在行政公益诉讼中维护国家利益和社会公共利益的重要地位不相符。法律只规定了检察机关在诉前程序享有调查取证权，但并未对调查取证权作出具体明确的规定，导致检察机关在处理诉前程序案件中存在取证难的问题。因此，为有效推进诉前程序适度司法化，应在诉前程序中赋予检察机关更大的调查取证权，以保证检察机关在诉前程序中积极实施调查取证，及时了解公共利益受损害状态，维护国家利益和社

---

[1] 王晓航、张源：《行政公益诉讼诉前程序需要"优化"》，《检察日报》2019年3月21日第3版。

会公共利益。

值得注意的是,在行政公益诉讼诉前程序中,赋予检察机关的调查取证权应当具有强制性。调查取证权缺乏强制性,则检察机关无法更好地发挥职权。《最高人民法院、最高人民检察院关于检察公益诉讼案件适用法律若干问题的解释》虽然规定了公益诉讼中检察机关行使调查取证权时,行政机关以及其他组织、公民应当配合的义务,但实践中对于妨碍检察机关调查取证的行为,司法解释并未规定违法成本。缺乏强制力的调查取证权导致检察机关在诉前程序中的办案效率低下。赋予调查取证权强制性就是要确保检察机关调查取证权的刚性。在行政公益诉讼诉前程序阶段,行政机关掌握了诉前程序所需要的作出行政行为的依据以及其他的证据,检察机关在收集证据时处于弱势地位,因此要赋予检察机关具有强制性的调查取证权,首先应配合检察机关调查作为诉前程序中行政机关的义务,明确行政机关不配合所应承担的法律后果。以法律的形式规定行政机关配合调查取证,义务性的规定在实践中更好作出判定,而责任性的规定则较难实现。究其原因,主要是与目前行政机关对外承担责任的方式有关,行政赔偿是行政机关最常用到的承担责任的方式,并且行政机关的责任性规定具有不确定的特点。行政诉讼中不乏行政机关将自身所承担的外部法律责任转化为内部行政责任,在法律规定由行政机关承担责任时,将责任转嫁为由行政机关的工作人员承担。这种转化为内部责任追究的方式,减轻了行政机关的责任,检察机关的监督也不具有强大的震慑力。检察机关为维护公共利益提起行政公益诉讼,其在诉前程序中所享有的调查取证权应具有强制性,且诉前程序实施中暴露出的问题也证明了赋予检察机关调查取证权的必要性和紧迫性。建议在相关法律或司法解释中明确规定在诉前程序中,检察机关在行使调查取证权时,如认为有必要可以进入行政机关工作场所进行调查;对于行政机关作出行政行为的依据和其他材料也可以查阅、复制,要求行政机关的工作人员就与案件有关的情况作出说明。存在证据可能灭失的情形时,检察机关也可采用证据保全措施,防止证据灭失。行政机关或有关组织、个人不配合检察机关行使调查取证权的,检察机关应有权采取强制措施保障诉前程序案件调查的顺利,检察机关也可向该行政机关的上级机关发出检察建议,说明该工作人员妨碍正常的案件调查应对其予以处分。通过赋予检察机关在诉前程序中更大的调查取证权,使得检察机关及时查清案件事实,从而提出具有针对性的检察建议督促行政机关履行职责。

2. 明确行政不作为的审查标准

法院对行政行为合法性的判断往往会有一个标准,以此为基础作出的裁判结果也更加有说服力,能督促行政机关合法行政,维护行政相对人的合法权益。若缺乏明确的判断标准,所作出的裁判将不能为行政机关所信服。诉前程序适度司法化的过程中必然涉及确定一个标准来判断行政机关不作为。诉前程序中检察机关对于行政机关行为的判断包括违法行为和"未履行法定职责"的行政不作为。目前,对于行政违法行为的判断标准相对统一,检察机关在诉前程序中通过对照相关法律法规即可对行政机关的行为作出判断,进而发出具有针对性的检察建议。实践中,对于行政不作为的判断标准则缺乏统一的标准。目前,各地在实践中采用了不同的标准。例如,在部分诉前程序案件中,行政机关依据检察建议的内容作出了一定的行为,无论该行为对社会公共利益受损害状态补救程度如何,检察机关都认为行政机关已经积极履行行为,最终将作出不提起行政公益诉讼的决定,显然这是一种较为宽松的审查标准。实践中,也有检察机关采用较为严苛的标准,即检察机关在作出是否提起公益诉讼决定时,既要审查行政机关是否依法履职,还要审查行政机关的行为是否足以达到弥补社会公共利益受损害的状态,这对行政机关履行职责提出了更为严苛的要求。❶但应该明确的是,无论采用哪种标准,都是出于维护公共利益的目的。

如前所述,在诉前程序中确定明确的、统一的审查标准显然是有必要

---

❶ 刘超:《环境行政公益诉讼诉前程序省思》,《法学》2018 年第 1 期。

的。在实践中，可以探讨将不同的审查标准适用到不同类型的案件中。例如，在环境和资源保护领域，应将行政机关是否及时处理污染源并且损害得到有效遏制作为判断标准，同时要考察行政机关对整改的后期督促和落实，不能简单要求行政机关在两个月的恢复期内彻底整改恢复原状。❶ 在国有土地使用权出让领域，检察机关则应判断行政机关是否已经追缴国有土地受让方欠缴的出让金，并且对已经违规办理的土地使用权证是否按照规定进行了注销并收回了国有土地等。❷ 在非法改变土地用途领域，要看行政机关对涉案人员是否严肃处理并开始着力恢复土地原状等。❸ 结合上述论证，诉前程序中对行政机关的不作为问题要根据不同案件的特征有针对性地作出判断，最高人民检察院也可对审查标准作出细化规定，使各地各级检察机关在处理案件中更加得心应手，促进诉前程序适度司法化的全面实施。

3. 完善检察建议的具体内容与效力

诉前程序的相关法律法规仅规定检察机关应提出检察建议，但对于检察建议中应该反映哪些内容、格式标准如何以及检察建议具有何种效力等，都没有作出规定。要在实践中保证检察机关发出的检察建议具有针对性和可操作性，则必须考虑这些问题。检察机关所发出的检察建议应该清晰明了，要求也能及时被行政机关掌握。因此，应当注重提升检察建议的质量，以适应诉前程序适度司法化的趋势。

一是要规范检察建议的格式，检察建议应该有哪些事项，书写要求等都应作出规定，从而使检察建议更加规范、更加严格。首先，应当在检察建议中载明公共利益受损害的情况。行政机关不当履职和公共利益受损是

---

❶ 刘辉:《检察机关提起公益诉讼诉前程序研究》,《中国检察官》2017 年第 3 期。
❷ 刘辉:《检察机关提起公益诉讼诉前程序研究》,《中国检察官》2017 年第 3 期。
❸ 何湘萍:《论行政公益诉讼诉前程序的完善》,《东南法学》2018 年第 1 期。

提起行政公益诉讼必须同时具备的两个条件。[1] 在诉前检察建议中详细载明社会公共利益受损害的状况，以及社会公共利益受损害与行政机关违法或不作为之间的因果关系。检察建议中载明社会公共利益受损害状况，可使检察建议在实践中具有可操作性，行政机关在之后的履职过程中会有更加明晰的参考。其次，检察建议中应该有检察机关在诉前程序中所收集到的证据。一方面，检察机关在诉前程序中必然会收集证据证明社会公共利益处于受损害的状态。并且运用法律法规、行业规范、工作流程等对所收集到的证据进行调查核实，并作出细致深入的分析。另一方面，检察机关通过调查取证证明因行政机关履职不当导致公共利益受损，在发出检察建议督促行政机关纠正自身违法行为之后，也要对行政机关的履职情况作出理性的判断。同时，应注意到，诉前程序中收集证据时应注意其自身的发展变化。传统案件的事实与证据一般在案件发生后不会再变化。而公共利益受损害状态确实处于变化状态，尤其是在环境和资源保护领域，检察机关应增强其在诉前程序中收集证据的灵活性。在诉前程序立案之初，应积极调查核实证据，深入行政机关查阅行政机关作出行政行为所依据的文件，询问行政机关的相关工作人员以及其他与案件有关的人员，收集证据时应及时拍摄保存，对于专业性的证据要及时到专业机构进行鉴定，尽可能全面地收集证据，确保检察机关在诉前程序中占据主动地位，更好地督促行政机关执法以维护公共利益。最后，应注重诉前程序与诉讼程序之间的衔接。若行政机关在法定履行期间内无动于衷，则检察机关可提起行政公益诉讼维护公共利益。在提起诉讼时检察机关大多向法院提出撤销或者部分撤销违法行政行为、要求行政机关在一定期限内履行法定职责、确认行政行为违法或者无效等诉讼请求。要提出以上诉讼请求就要求检察机关在诉前程序中更好地定性行政行为，加强其与诉讼程序的衔接。检察机关

---

[1] 杨解君、李俊宏：《公益诉讼试点的若干重大实践问题探讨》，《行政法学研究》2016年第4期。

在诉前程序中提出检察建议，应具有长远的目光，检察建议的内容应与提起行政公益诉讼的请求相一致，❶ 应当载明发现的案件线索、行政机关不当履职和公共利益受损的证据以及检察建议所依据的法律条文，同时要说明行政机关不当履职与公共利益受损之间的因果关系，让行政机关清晰地认识到由于其违法作为或不作为导致公共利益受损，若其在法定期限内未依法整改，则检察机关将会依据检察建议中所载明的事实和证据提起诉讼，行政机关也将成为行政公益诉讼的被告，并可能承担败诉的风险。

二是对检察建议的内容进行科学的分类。由于行政公益诉讼的保护领域之间差异性较大，因而在不同的案件中应发出更符合案件性质的检察建议，确保诉前程序更好地发挥作用。检察建议应当依据检察机关在诉前程序所收集的证据以及听证结果等，作出更具有针对性的整改要求，以保证行政机关收到的检察建议清晰明确，进而采取有效的措施对社会公共利益受损害的状态进行补救。

三是要保证所发出的检察建议的针对性和可操作性。检察机关发出的检察建议应是针对具体案件作出的，能更好地释法说理，为行政机关提出整改的方向，督促行政机关积极整改。❷ 检察机关发出诉前检察建议并不单单是一种建议，它具有法律约束力。法律规定了诉前程序在很多不同的情形下可以发出检察建议，但不同的检察建议之间的效力也是不同的。对于诉前程序中的检察建议，其本身应具有强制性。诉前程序中行政机关对于检察机关发出的检察建议不予理睬或故意拖延不予处理，致使国家利益和社会公共利益受损害状态持续扩大而难以弥补的，一方面检察机关可以提起行政公益诉讼，另一方面应对行政机关不予理睬或延迟处理的行为进行问责。对于故意不作为致使国家利益和社会公共利益遭受重大损害的行

---

❶ 最高人民检察院民事行政检察厅：《检察机关提起公益诉讼实践与探索》，中国检察出版社，2017，第115页。

❷ 王春业：《论行政公益诉讼诉前程序的改革——以适度司法化为导向》，《当代法学》2020年第1期。

政机关的负责人科以处分和处罚，以这种增加惩罚力度的方式倒逼行政机关重视检察建议，在法定期限内依法履职，弥补国家利益和社会公共利益所遭受的损害。

综上所述，诉前程序适度司法化就是通过完善诉前程序自身及其配套的制度规则，使诉前程序在维护国家利益和社会公共利益中更好地发挥其自身的优势。但是理论最终只能为实践提供前进方向，要推进诉前程序适度司法化，还是要靠制度规则的保驾护航。当前，结合我国的国情政情，要实现诉前程序适度司法化应从以下几方面着手：一是赋予检察机关司法化检察权能。在诉前程序司法化的过程中，有些问题应当通过立法的方式加以解决，这样检察权的行使也可做到有法可依。要使检察机关在诉前程序中所享有的权力更具有约束力，就应以立法的方式对检察机关的权能作出明确具体的规定。为此，可由全国人大常委会作出决定或者作出立法解释，赋予检察机关相应的司法化属性的检察权能，为检察机关在诉前程序中的权能提供明确具体的法律依据。二是完善诉前程序配套制度规则。可以通过最高人民检察院发布司法解释的方式，对诉前程序的相关制度规则作进一步细化的说明。如在司法解释中明确检察官独立办案制度，弱化行政公益诉讼诉前程序的行政化色彩，明确建立诉前程序中对审听证制度等，赋予行政机关在诉前程序中的申辩权，以促使检察建议的内容更加公正客观。三是通过发布指导性案例的方式有针对性地指导各级检察机关诉前程序适度司法化工作的进程，相对于颁布立法和司法解释的方式，最高人民检察院以指导性案例的方式推动诉前程序适度司法化的进程则更加方便快捷，各级各地检察机关实施过程中也可以更快地掌握相关内容。

五、结语

行政公益诉讼从两年的试点到在全国范围内的全面实施，其在维护国家利益和社会公共利益方面发挥了重要的作用。而作为行政公益诉讼必经的前置程序的诉前程序，使得绝大部分行政公益诉讼案件得以在诉前程序得到解决，更是在维护公共利益方面处于举足轻重的地位。诉前程序是检察机关对行政机关另一种形式的监督，其给予了行政机关主动纠正违法或不作为行为的机会；大多数案件在诉前程序得以解决，借助司法审查的威慑力纠正了行政机关违法或不作为的问题，也有效节约了司法资源。诉前程序的实施也体现了检察权谦抑性的品格，通过给予行政机关纠错的机会使其更好地实施公共管理职能，也体现出了检察机关的一种谨慎和谦逊的政治立场，在维护公益的同时不会对行政权的行使造成不必要的干扰。可以说，诉前程序制度设计是经过更为精确和科学的考量的。但在诉前程序的运行中仍然存在一些亟待解决的问题：一是诉前程序呈现单向性结构，从诉前程序的立案环节到检察建议的发出以及最终决定是否提起行政公益诉讼等，都呈现出单向性结构，基本上都是检察机关在唱"独角戏"；二是诉前程序办案模式偏向行政审批式，具体体现为检察机关办案人员缺乏独立办案权，检察机关采取上下一体化，在办案过程中采用行政性审批的办案模式，这种办案方式导致办案效率低下等问题。

为完善诉前程序的运行模式，本文以适度司法化为导向，探讨采用诉前程序适度司法化的方式进一步完善诉前程序。诉前程序的适度司法化是将诉前程序纳入司法程序给予其应有的司法地位。诉前程序适度司法化实施具有现实可行性：一是检察权的司法属性为诉前程序适度司法化提供了坚实基础；二是检察机关在其他领域司法化经验为诉前程序适度司法化提供了有益的借鉴；三是行政公益诉讼诉前程序实践经验的丰富为其适度司法化创造了积极条件。但在诉前程序适度司法化的过程中应采用循序渐进的方式，由点及面，让诉前程序真正实现"零诉讼"的目标。诉前程序适度司法化，要求在诉前程序中应注重增强诉前程序的司法属性以及积极探索借鉴司法审判程序中的有益因素。可通过明确检察人员独立办案权来增强诉前程序的司法属性；使诉前程序在实施过程中向司法审判程序的方向靠拢，在诉前程序中适用司法审判中的某些程序，如在诉前程序中适用对审听证程序等。在实践中，可以采用颁布立法决定或解释、司法解释以及指导性案例三种途径对诉前程序适度司法化的内容加以规定，使诉前程序更好地发挥自身优势，达到维护国家利益和社会公共利益的目的。

公益诉讼

类型选择与衔接

论生态环境损害赔偿诉讼与环境民事公益诉讼的整合

» 郝 运[*]

一、生态环境损害救济的制度格局

（一）生态环境损害赔偿制度与环境公益诉讼制度的形成与发展

1. 生态环境损害赔偿制度和环境公益诉讼制度形成的背景

在生态环境损害赔偿制度和环境公益诉讼制度形成之前，针对损害生态环境的行为，我国一直因循传统部门法寻求救济。民事法律关系方面，依循"损害行为—环境（介质）—个人权益"的环境侵权损害路径寻求救济。刑事法律关系方面，依循"犯罪行为—环境（介质）—国家对环境的管理"的"破坏环境资源保护罪"[❶]路径寻求救济。行政法律关系方面，依据"违法行为—环境（介质）—国家对环境的管理"的行政违法路径寻求救济。其中，因刑事法律关系和行政法律关系的公法性质，两者对生态环境损害的救济更能发挥一定的作用。

但是生态环境损害行为不仅会造成传统部门法范式下权利的侵害，还会造成对环境或生态系统本身的侵害，即生态环境损害，由此影响公众乃至全人类的利益。根据有关学者的定义，生态环境损害是指因环境污染或

---

[*] 郝运，西北政法大学法学硕士，上海建纬律师事务所律师。
[❶] "破坏环境资源保护罪"并非一个法定的罪名，而是《刑法》第六章"妨害社会管理秩序罪"第六节规定的与环境资源保护相关的各种犯罪形态的总和。

生态破坏行为所造成的生态本身之损害,❶ 通常表现为"损害行为—生态环境(本身)—公共利益"的独特路径,在传统部门法范式下难以得到有效救济。其中,以传统行政法处理模式的失灵最为典型。维护和保障公共利益是行政机关的职责所在,在面对公共利益受损的情况下,行政机关往往拥有法律所赋予的行政优先权和行政优益权,应首先通过行政方式处理,使损害得到救济。但面对生态环境损害时,传统行政法处理模式的失灵就在所难免了,其根源还是在于救济模式与损害的互不兼容。首先,传统行政法处理模式是基于线性因果关系下的简单判断,而生态环境损害的行为与结果之间往往存在多因一果、一因多果的复杂因果关系,加之反应链条复杂、反应时间不定,行政机关难以对生态环境损害的因果关系有理性的把握。其次,因当下科技水平和损害潜伏期的限制,行政机关也难以对生态环境的损害进行明确量化,执法决定公信力与执行力也得不到有效保障。在结果的可量化性和决定的透明性都被极大削弱的背景下,传统行政法处理模式的理念难以得到有效贯彻。

2. 生态环境损害赔偿制度与环境公益诉讼的形成

面对频发的环境污染事件和不断下降的环境质量,公众积极呼吁环境健康,生态环境损害的救济成为生态文明建设的重中之重。早在十八届三中全会出台的《中共中央关于全面深化改革若干重大问题的决定》(以下简称《决定》)中就提出"对造成生态环境损害的责任者严格实行赔偿制度"。2015年下半年,中共中央办公厅、国务院办公厅印发了《生态环境损害赔偿制度改革试点方案》(以下简称《试点方案》),首次从制度设计层面探索建立生态环境损害的修复和赔偿制度,进行先行先试的宏观部署,以加快推进生态文明建设。2015年12月23日,中共中央、国务院印

---

❶ 2017年中共中央办公厅、国务院办公厅印发的《生态环境损害赔偿制度改革方案》中将生态环境损害定义为:"因污染环境、破坏生态造成大气、地表水、地下水、土壤、森林等环境要素和植物、动物、微生物等生物要素的不利改变,以及上述要素构成的生态系统功能退化。"为便于论述,故简化之。

发了《法治政府建设实施纲要（2015—2020年）》（中发〔2015〕36号）强调"健全生态环境保护责任追究制度和生态环境损害赔偿制度"。2017年12月，中共中央办公厅、国务院办公厅印发了《生态环境损害赔偿制度改革方案》（以下简称《改革方案》），进一步细化了生态环境损害赔偿制度的具体规则并对《试点方案》中的有关问题予以明确回应。至此，生态环境损害赔偿制度已有相对具体的政策依据，也形成了由国务院授权省级、市地级政府，基于自然资源国家所有权向生态环境损害行为人索赔，以修复生态环境、弥补生态环境功能性损失的制度。

除了生态环境损害赔偿制度外，为了摆脱生态环境损害救济的司法困境，环境公益诉讼也应运而生。《中华人民共和国环境保护法》（以下简称《环境保护法》）第58条、《最高人民法院关于审理环境民事公益诉讼案件适用法律若干问题的解释》（以下简称《环境民事公益诉讼司法解释》）、《中华人民共和国民事诉讼法》（以下简称《民事诉讼法》）第58条、《最高人民法院关于适用〈中华人民共和国民事诉讼法〉的解释》（以下简称《民事诉讼法司法解释》）第282—289条、《人民检察院提起公益诉讼试点工作实施办法》（已废止）等规范性文件共同构成了环境民事公益诉讼与环境行政公益诉讼的依据。前者是对环境公益的直接救济，是由符合法律规定的社会组织或人民检察院针对损害行为主体提起的；后者更像是一种监督机制，是人民检察院对环境行政机关的司法督促。

3. 现有的生态环境损害救济格局及其问题

随着生态环境损害赔偿制度的不断试点改革和环境公益诉讼制度的构建，我国现阶段针对生态环境损害的救济基本形成了"一目的、两层面、三主体、四诉讼"的格局，如图1所示。

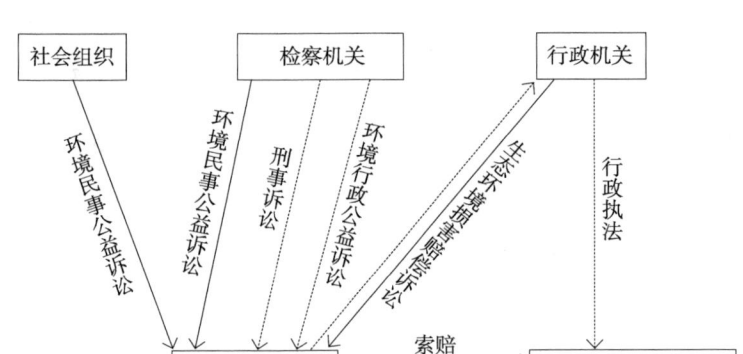

图 1　现有生态环境损害救济格局

所谓"一目的",即各救济手段都秉持着同一目的:修复生态环境,保护涉及环境的社会公共利益。所谓"两层面",指目前救济格局下存在间接救济(图1中虚线)与直接救济(图1中实线)两个层面的共同作用。具体言之,间接救济指传统部门法范式下涉及环境的刑事诉讼、行政执法,以及环境行政公益诉讼,它们都是基于国家对生态环境的保护义务,为了保障国家对环境的管理而设置,对生态环境损害的救济仅是间接性的作用。直接救济指生态环境损害赔偿制度与环境民事公益诉讼通过直接向生态环境损害行为人索赔,以修复生态环境,保护公共利益。所谓"三主体",即现有生态环境损害救济格局下,存在社会组织、检察机关、行政机关三个主体来展开救济程序。所谓"四诉讼",即现有生态环境损害救济格局下存在涉及环境保护的刑事诉讼、环境民事公益诉讼、生态环境损害赔偿诉讼、环境行政公益诉讼这四种诉讼形式,四种诉讼相互配合,但也存在冲突与矛盾。

现有生态环境损害救济格局下各制度配合间所存在的问题多是因生态环境损害行为的多重违法性产生——生态环境损害行为除了侵害到自然资源国家所有权和社会公共利益外,还可能触犯环境保护相关的刑事法律规定,构成"破坏环境资源保护罪";又违反国家对环境管理相关的行政法规,承担行政责任;此外可能侵害到他人的人身权或财产权,构成环境民事侵权。这一特性往往会导致管辖权的混乱，同一生态环境损害案件在不同管辖法院看来可能性质不同，从而影响到对证据的认定不一致，最终导致审判认定的事实也不一致的情况。某些生态环境损害事实发生后，依现行法律的规定，行政案件和刑事案件由基层人民法院一审管辖，而环境民事公益诉讼和生态环境损害赔偿诉讼由中级人民法院一审管辖，并且污染环境、破坏生态行为发生地、损害结果地、被告所在地等法院均有管辖权。因此，便会造成同一生态环境损害行为所引发的不同性质诉讼的审判管辖权分散在不同级别、不同区域的人民法院。以泰州姜堰"5·15"重大环境污染系列案为例，该案件的审判管辖便涉及了扬州市江都区人民法院、高邮市人民法院、扬州市中级人民法院和南京市中级人民法院。

生态环境损害的多重违法性还会造成重复处罚的现象，违背"一事不再罚"的现代法治原则。在相关案件中，生态环境损害行为人可能先被处以行政罚款和刑事罚金，又被判处承担生态环境修复费用，加之生态环境损害难以准确评估、赔偿留有磋商余地、环境民事公益诉讼的磋商可能会侵害到公共利益等多种因素，如何把握处罚和索赔的程度，成了现行制度调整的重大挑战。除此之外，生态环境损害的多重违法性还在证据规则、案件通报、磋商制度等方面产生问题，此处不再赘述。

（二）生态环境损害赔偿诉讼与环境民事公益诉讼的现实问题

1. 行政机关定位不明、职能错位

行政机关的多元角色是造成其职能错位、定位不明的主要原因。首先，基于国家对生态环境的保护义务和对自然资源的监管职责，行政机关扮演了环境监管义务人的角色。具体言之，省级政府依照《环境保护法》第6条第2款对其行政区域内的环境质量负责，地方各级人民政府对环境质量实行行政领导负责制，环境保护工作由环境保护部门进行统一监督管理，其他相关部门分工负责管理。其次，基于生态环境损害赔偿诉讼的制度设计，赔偿权利人的角色由行政机关来担任。具体言之，依照《改革方案》，省级、市地级政府及其指定的部门或机构均有权起诉。再次，基于环境民事公益诉讼的司法实践情况，行政机关扮演了环境民事公益诉讼重要参与人的角色。不论是符合《环境保护法》第58条规定的社会组织，还是地方人民检察院提起的环境民事公益诉讼，都需要对生态环境损害的基本事实和损害结果进行调查取证、申请鉴定评估等。在这个过程中，负有环境保护监督管理职责的行政机关需要配合诉讼主体的申请，公开相关企业的信息，如排污企业的排污许可证、排污口的数量及位置、相关的排污检验检测数据、违法排污的处罚决定及依据等。这些信息作为证据对生态环境损害的认定至关重要，甚至是环境民事公益诉讼审判必不可少的依据。最后，在环境行政公益诉讼的制度设计中，行政机关可能成为环境行政公益诉讼的潜在被告。具体言之，负有环境保护监督管理职责的行政机关若违法行使职权或行政不作为，致使国家利益或者社会公共利益受到侵害的，人民检察院可以依照《中华人民共和国行政诉讼法》（以下简称《行政诉讼法》）第25条之规定向人民法院提起环境行政公益诉讼。

此外，有的学者还主张若省级政府、被指定部门机构及其负责人因违法或不当行使行政职权而给环境公益造成损害，也可能成为生态环境损害赔偿诉讼的潜在被告。❶ 对此，笔者不予认可，对于一个法律制度的理解不能机械式地理解其语言表述的字面含义，若因上述可能发生的情况符合《改革方案》中的"违反法律法规，造成生态环境损害的单位或个人，应当承担生态环境损害赔偿责任，做到应赔尽赔"的字面含义就认为行政机关可能成为生态环境损害赔偿诉讼的潜在被告，未免陷入概念法学的弊端。上述情况若发生，完全可以诉诸环境行政公益诉讼的司法救济途径，行政机关既是生态环境损害赔偿诉讼制度中的原告（赔偿权利人）又是潜在的被告（赔偿义务人）的观点缺乏理论上的合理性和可证成性。

---

❶ 程多威、王灿发：《生态环境损害赔偿制度的体系定位与完善路径》，《国家行政学院学报》2016年第5期。

行政机关的职能错位最主要表现在环境保护监督管理权和生态环境损害索赔权的混淆上。针对可能和已经发生的生态环境损害，环境保护监督管理权作为行政权力有着优先性、主动性、高效性等先天优势，罚款、扣押、责令停产停业等行政处罚手段也能对生态环境损害行为人形成初步的威慑。虽然如上文所述，面对生态环境损害，传统行政手段所提供的救济处于"行政失灵"的困境之中，并不能充分地发挥效用，但通过两类诉讼制度中对行政机关的定位来看，这似乎并非解决手段，反而更像是一种"逃避"。一面是执法困境，一面是司法救济；一面是环境质量的"负责人"，一面是生态环境损害的"追责人"；一面是对行政处罚不服的复议申请，一面是法官高公信力的裁判文书；一面是环境保护监管不力的"烂摊子"，一面是生态环境损害赔偿诉讼的"新政绩"……行政机关会如何选择不言而喻。有学者说"试图借助民事诉讼机制补充环境行政监管的'无能'，只会进一步弱化环保机关本应独立承担的监管职责"，❶可谓一针见血。

2. 司法机关的风险加大、负担加重

传统行政手段面对生态环境损害所遭遇的困难是否在转向司法救济后就一定能迎刃而解？答案显然是否定的。其一，受科学技术发展的限制，生态环境损害行为与结果间的复杂因果关系是难以把握的。人民法院并不具有独特的手段去解决这一问题，反而是负有环境保护监督管理职责的行政机关具备技术、经验等方面的优势。其二，生态环境损害的难以量化也并不因司法救济而得到改善。环境标准的数量与细化有待提升，司法机关自由裁量缺少足够的基准导致裁量权过大，双方不服判决结果的风险加大，司法裁判的公信力有所降低。生态环境损害鉴定评估近乎"天价"的费用也是存在的现实问题。

对司法机关而言，工作量的加大也是一大现实问题。司法机关不论是从单位数量还是人员配置上来说，与行政机关相比都应该算是势单力薄，

---

❶ 沈寿文：《环境公益诉讼行政机关原告资格之反思——基于宪法原理的分析》，《当代法学》2013年第1期。

本就承担着大量且繁重的工作。现有的生态环境损害救济格局对司法机关而言，不仅是新增了生态环境损害赔偿诉讼、环境民事公益诉讼、环境行政公益诉讼这三个诉讼类别，更是新增了巨大的工作量。根据 2019 年 3 月 2 日最高人民法院发布的《中国环境资源审判 2017—2018》（白皮书）显示：2018 年检察机关和社会组织提起的环境公益诉讼案件中，全国各地区各级人民法院共受理 1802 件，审结 1268 件。案件数量不多，但增速明显，仅以受理检察机关提起的环境公益诉讼案件数量为例，2018 年比 2017 年，受理数增加 433 件，上升了 33.21%。❶ 此外，由于"审判职权行政化"的问题，人民法院承担着越来越重的生态环境修复和治理的执法职责，现阶段法院执行力量本就不足，这无异于给法院增加了更重的负担，环境执法中普遍存在的执行难问题也更难得到改善。因此，有学者诟病道：这种制度设计从行政机关角度来看，是"行政职权民事化"，从审判机关角度来看，则是"司法角色行政化"，难免有公法责任向私法逃逸之嫌。❷

（三）生态环境损害赔偿诉讼与环境民事公益诉讼的理论争议

毋庸置疑，这两类诉讼制度对我国环境问题的解决和质量的改善发挥着积极的作用，但两者是否能扎根我国现阶段的法治土壤，适应我国现阶段的法治环境，还需要理论上充分的论证和实践中经验的总结。生态环境赔偿制度与环境公益诉讼确立以来，引发了广泛争议和理论质疑，争议主要围绕生态环境损害赔偿诉讼的法理依据和两类诉讼制度的关系问题展开。

环境民事公益诉讼赋予了社会组织和检察机关向人民法院起诉生态环境损害行为人的权利，以弥补生态环境损害、保障公共利益。在已有检察机关代表公权力寻求司法救济的背景下，为何要允许另一公权力主体（行政

---

❶ 高艺宁：《最高法〈中国环境资源审判 2017—2018〉白皮书：2018 年共受理环境资源刑事一审案件 26481 件》，http://news.cnr.cn/dj/20190302/t20190302_524527648.shtml，访问日期：2021 年 10 月 18 日。

❷ 张宝：《生态环境损害政府索赔权与监管权的适用关系辨析》，《法学论坛》2017 年第 3 期。

机关）提起生态环境损害赔偿诉讼？从外部形式上来看，都是公权力主体针对生态环境损害向人民法院提起诉讼，为何不采用扩大现有环境民事公益诉讼原告主体范围的方式，而另辟蹊径设立生态环境损害赔偿制度？两类诉讼制度的外在表现高度相似，其内涵、外延、制度设计、法理依据究竟有何区别？在实践操作层面，两类诉讼在运行中应如何配合衔接？从长远发展来看，能否将两类诉讼制度予以整合，以重构生态环境司法救济体系？

生态环境损害诉讼是国务院基于自然资源国家所有权，授权省级、市地级政府及其指定的部门或机构提出的新型诉讼。有关理论争议主要围绕其法理依据展开：现行法制已确立广泛的行政手段来预防和救济生态环境损害，为何还允许行政机关提起生态环境损害赔偿诉讼，使"行政职权民事化"？自然资源国家所有权能否作为行政机关提起生态环境损害赔偿诉讼的法理依据？基于自然资源国家所有权提出的诉讼究竟是私益诉讼还是公益诉讼，应如何定性？生态环境损害赔偿诉讼究竟旨在对生态价值的救济和弥补还是经由生态环境的经济价值反映的反射性利益？

上述争议看起来繁杂，实际上共同指向了生态环境损害赔偿诉讼与环境民事公益诉讼的相关性问题。因此，需对生态环境损害赔偿诉讼进行明确定位，对两个诉讼制度的优劣异同进行比较剖析，借此厘清两者的关系。在此基础上，笔者提出将生态环境损害赔偿诉讼与环境民事公益诉讼"合二为一"的整合思路，通过理论上的梳理与论证，以求为生态环境损害赔偿诉讼与环境民事公益诉讼的现实问题和理论争议提供一个具有理论可能性、实践可操作性的解决思路。

二、生态环境损害赔偿诉讼与环境民事公益诉讼的剖析与比较

两类诉讼制度的整合思路涉及必要性、可行性、理论依据、路径选择、具体做法等众多问题，探讨这些问题须以对两个诉讼制度法律属性的理论剖析和制度比较为前提。

（一）生态环境损害赔偿诉讼的理论剖析

根据《改革方案》等文件的规定，经国务院授权后，省级、市地级政府及其指定的部门或机构可以作为本行政区域内的生态环境损害赔偿权利人，提起生态环境损害赔偿诉讼。相关主体行使的生态环境损害索赔权是一种损害赔偿请求权，其权利来源于"自然资源国家所有权"。但不同学者对该权利来源的理解与阐释不一，造成生态环境赔偿诉讼定位不清、性质不明的理论现状，如图2所示。

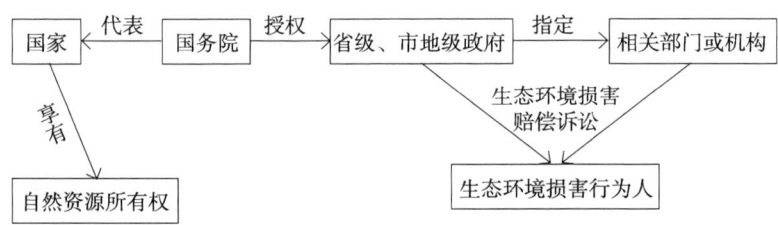

图2 生态环境损害赔偿诉讼的运行逻辑

1. 生态环境损害赔偿诉讼的私益诉讼说

我国同大多数现当代国家的普遍选择一样，通过在法律规范层面设立"自然资源国家所有权"的方式来对环境进行保护和管理。一方面，《中华人民共和国宪法》（以下简称《宪法》）第9条是自然资源国家所有权在《宪法》规范层面的重要依据；另一方面，《中华人民共和国民法典》（以下简称《民法典》）第247条至第250条从民事法律规范角度出发，以环境要素划分为标准，对自然资源国家所有权作了相对详尽的规定。但在理论研究层面，因自然资源国家所有权同时具有公法权能和私法权能，两者相互交织、适时转化。学界对其性质的认定一直存在诸多争议，"公权说"❶ "国

---

❶ 巩固:《自然资源国家所有权公权说》,《法学研究》2013年第4期,第19页。该文从自然资源国家所有权的主体、客体、内容、行使及救济等方面全面分析了自然资源国家所有权私权性的不合理性，认为自然资源国家所有权是公权性的权利。

家所有制说"❶"双阶构造说"❷"双重权能说"❸"三层结构说"❹可谓百花齐放、百家争鸣。大多数学说主张自然资源国家所有权具有公法性权能和私法性权能,而私法性权能更是在现代社会中不可否认的。现代国家在国家采购、国家发行债券、国家出资设立公司等活动中扮演的民事主体角色更是佐证了自然资源国家所有权的私法性权能,正如汉斯·凯尔森(Hans Kelsen)所言:在所有现代法律秩序中,国家和任何其他法人一样,可以具有对物权和对人权,具有私法所规定的任何权利和义务。❺部分学说虽对自然资源国家所有权的私法性权能不予认可,但也难以提供有力的论证予以驳斥。

生态环境损害赔偿诉讼的私法阐释是基于自然资源国家所有权的私法性权能,将其理解为一种实体请求权,以传统民法思维为导向,借鉴环境民事侵权的救济路径予以论证后形成的。当生态环境损害发生后,受侵害的主体可以依据所享有的权利,本着"有权利必有救济"的古老法则,针对生态环境损害行为提起赔偿诉讼。如同个人所享有人身权、财产权等合法权益受到侵害时可以寻求民事私益诉讼救济,自然资源国家国有权因其所具备私法性权能,在受到生态环境损害行为侵害时所寻求的司法救济也应当为民事私益诉讼。

2.生态环境损害赔偿诉讼的公益诉讼说

"生态环境损害本质上是对社会公众享有的生态公共利益的侵害,通

---

❶ 徐祥民:《自然资源国家所有权之国家所有制说》,《法学研究》2013年第4期。该文主张宪法上的自然资源国家所有权的实质是国家权力,是管理权,而非自由财产权。

❷ 税兵:《自然资源国家所有权双阶构造说》,《法学研究》2013年第4期。该文主张自然资源国家所有权蕴含着宪法所有权与民法所有权的双阶构造。

❸ 叶榅平:《自然资源国家所有权的双重权能结构》,《法学研究》2016年第3期。该文主张自然资源国家所有权既具有私法性的权能,又具有公法性的权能。

❹ 王涌:《自然资源国家所有权三层结构说》,《法学研究》2013年第4期。该文主张自然资源国家所有权包含了司法权能、公法权能、宪法义务三层结构。

❺ 凯尔森:《法与国家的一般理论》,沈宗灵译,中国大百科全书出版社,1996。

过公法手段预防、恢复和救济生态环境损害是其应有之义。"❶ 基于对"自然资源国家所有权"不同的理解,许多学者认为生态环境损害赔偿诉讼是公益诉讼。徐祥民教授曾指出:"自然资源属于国家所有既不是自然存在的现象,也不是宪法给国家设定的目的,而是用以实现国家目的的手段,它的价值主要是工具性的。"❷ 与其认为《宪法》规定的自然资源归国家所有是一种实体权利的设立,不如将其理解为一种价值性的宣誓;与其认为该宪法规定是在强调"自然资源国家所有权"具备民事物权法上的占有、使用、收益、处分等权能,不如认为是在彰显国家所承担的生态环境保护、为公民增进福祉的国家义务。在现实生活中,"自然资源国家所有权"更具国家垄断的经济意义,可以排除自然资源的私人垄断可能造成的分配不公及公众生存危机,从而保障了公民的生态环境权益。

  从生态环境损害索赔权的性质和其主张的利益出发也可以对此予以印证。权利从产生到发展都始终是为个体利益而服务的。行政机关提起生态环境损害赔偿诉讼并非出于自身利益。从利益归属来看,生态环境损害赔偿诉讼所保障的环境质量、经济发展、社会稳定等利益是归属于全体公民的,并非归属于行政机关本身;从利益成分来看,生态环境损害赔偿诉讼的积极影响中,无论是行政机关的政绩,还是领导的职务升迁都明显不包括生态环境利益。因此,行政机关自身并非生态环境权利的享有者,提起生态环境损害赔偿诉讼并不是维权,而是一种"高尚的诉讼"。❸ 正如法学家耶林(Jhering)所说:"如果以维护社会秩序为目的,个人主张权利就是权利人对社会所负的义务。"❹ 当行政机关并非为了自身的利益,而是为了公众的利益行使起诉的权利时,这种诉权本质上就是行政机关对公众承担的改善环境质量、维护

---

❶ 柯坚:《建立我国生态环境损害多元化法律救济机制——以康菲溢油污染事件为背景》,《甘肃政法学院学报》2012 年第 1 期。
❷ 徐祥民:《自然资源国家所有权之国家所有制说》,《法学研究》2013 年第 4 期,第 40 页。
❸ 徐祥民:《通过司法解释建立环境公益诉讼制度的可能性探讨》,《中国环境法治》2012 年第 1 期。
❹ 鲁道夫·冯·耶林:《为权利而斗争》,胡宝海译,中国法制出版社,2004。

公民环境权益的义务，是维护公民生活和生存发展环境的职责表现。

3. 生态环境损害赔偿诉讼的国益诉讼说

吕忠梅教授提出，政府基于自然资源国家所有权提起生态环境损害赔偿诉讼，是保护国家对自然资源享有的各种权益，因此并非一般的公益诉讼，而是一种国家利益诉讼。并且这种"国益诉讼"与"公益诉讼""私益诉讼"属并列关系。❶蔡彦敏教授也认为，国益诉讼即使可以包含在公益诉讼之中，也是远远小于公益诉讼的范畴的，两者不能等同。❷两位学者的观点尽管存在细微差别，但都主张对生态环境损害赔偿诉讼的定性应当出离传统诉讼性质的二分法，将其性质认定为国益诉讼。

国家利益可以通俗地理解为满足或能够满足国家以生存发展为基础的各方面需要并且对国家在整体上具有好处的事物，国家利益的内涵广泛，只要有利于国家的事物都可以被认定为国家利益。将生态环境损害赔偿诉讼定性为国益诉讼是高度强调国家概念的，这与我国的历史文化、政治体制、社会发展阶段、社会意识形态密切相关。虽然在我国现行法制体系中，法律、法规、规章和其他规范性文件对"国家利益"和"公共利益"并未具体区分，常并列使用，❸但这并不代表就可以将两者等同，视为一物。从利益归属主体来看，国家利益的归属主体直接指向国家，行政机关在某些特定情形下可以代表国家；而公共利益的归属主体则是公众，即不特定的大多数群体。与之相对应，当利益受损时，两者履行法律责任的方式也截然不同。国家在其利益受到侵害时自然是损害赔偿的受偿对象，行政机关也可以代为受偿；而公共利益受损时，因公众具有广泛性和不确定性，直接受偿几乎无法实现，谁又能代公众受偿呢？由政府代公众受偿虽然便于操作，但政府是否可以代

---

❶ 吕忠梅：《为生态环境损害赔偿制度提供法治化方案》，《光明日报》2017年12月22日第2版。

❷ 蔡彦敏：《对环境侵权受害人的法律救济之思考》，《法学评论》2014年第2期。

❸ 吴惟予：《生态环境损害赔偿中的利益代表机制研究——以社会公共利益与国家利益为分析工具》，《河北法学》2019年第3期。

全体公众仍存在争议。从两者关系上看，社会公共利益并不能与生态环境损害赔偿诉讼所涉及的国家利益相互包含、完全重合。国家利益方面更多地表现为自然资源国家所有权这一经济性权益，而公共利益更倾向于不特定的多数人所享有的具有良好生存和生活环境的生态性权益。此外，国家利益与环境公共利益在一些特殊情况下还会产生一些矛盾，甚至是冲突和对立，为实现国家利益，环境公共利益可能会得不到完整的保障。❶ 以环境标准的制定和调整为例，经济发展与环境保护往往有着先天的矛盾，政府为保证经济的发展，可能会在制定和调整环境标准的过程中适当牺牲环境公共利益以最大限度实现国家利益。

（二）环境民事公益诉讼的法理基础

随着工业化时代的到来，环境污染和生态破坏也接踵而至，20世纪30年代至60年代，西方工业化国家相继发生了震惊世界的"八大公害事件"，环境危机越发受到各国的重视。美国在这一背景下率先尝试制定环境公益诉讼制度以应对这一问题，通过在1970年《清洁空气法》和1972年《清洁水法》中设置"公民诉讼条款"，现代意义上的环境公益诉讼制度由此形成。尽管我国制定的环境民事公益诉讼与美国的"公民诉讼"略有不同，带有更强烈的职权色彩，但就其理论基础而言，美国著名的环境法学者约瑟夫·萨克斯（Joseph Sax）教授创立的"环境权"理论❷、"环境公共信托"理论，美国司法实践确立的"私人检察总长"（private general attorney）制度❸ 为我国环

---

❶ 肖建国：《利益交错中的环境公益诉讼原理》，《中国人民大学学报》2016年第2期。

❷ 约瑟夫·L. 萨克斯：《保卫环境——公民诉讼战略》，王小钢译，中国政法大学出版社，2011。

❸ 刘艺：《美国私人检察诉讼演变及其对我国的启示》，《行政法学研究》2017年第5期。1943年纽约州工业联合会诉伊克斯案（Associated Industries of New York State v. Ickes）的上诉判决中，弗兰克法官（Judge Jerome New Frank）引入"私人检察总长"的表述以解决原告资格争议。20世纪70年代到90年代，私人检察理论迎来了新的发展高峰，美国国会明确表示，在环境法中设定公民诉讼条款（citizen suit provisions）的目的，就是授予公民以"私人检察总长"的身份，当有人违反法律的强制要求而政府又没有执法时，积极行使保护环境的权利。

境民事公益诉讼制度的理论研究提供了肥沃的土壤。

我国学者对现行环境民事公益诉讼制度的理论研究主要从环境法和诉讼法两个部门法角度展开，前者主张环境民事公益诉讼的理论基础是实体请求权（具体而言是"环境权"），后者主张环境民事公益诉讼的理论基础是诉讼实施权（包含"诉讼担当""诉讼信托"等）。这种理论差异可以概括为环境公益"归属主体"和"代表主体"双重身份的疏离。❶

1. 环境民事公益诉讼的实体请求权说

实体请求权说认为，享受环境权的主体在其权利受到侵害时，可以本着"无救济则无权利"这一现代法治理念，向侵害行为人提起诉讼，以寻求司法救济。一般认为，环境权作为一项基本人权，是"公民享有良好环境的权利"，也有学者将其细化为"一定区域环境的公民、法人和其他组织对环境所享有的保障其正常生产、生活所需的安全性环境条件，以及满足其环境舒适或环境审美等需求的权利"❷。创设环境权是突破现有法律制度障碍，从权利角度解决环境问题的独特思路，能有效保障环境公共利益，改善现有司法救济困境。究其根本原因，传统救济是通过对人身权和财产权的保护来间接保护环境公益的，环境权以环境为对象，环境利益为客体，能更直接地实现对环境公益的保护。

然而，环境权因其概念界定、权利边界等理论难题，相关研究始终没有形成突破进展，在规范意义上造就法定的"环境权"。现行环境民事公益诉讼制度对于起诉主体资格的设计也与实体请求权的原理并不相符。例如，公民作为环境权的享有者，却并不具有环境民事公益诉讼的起诉资格。

2. 环境民事公益诉讼的诉讼实施权说

诉讼实施权说主张，具有环境民事公益诉讼起诉资格的主体不一定非

---

❶ 黄锡生、谢玲：《环境公益诉讼制度的类型界分与功能定位——以对环境公益诉讼"二分法"否定观点的反思为进路》，《现代法学》2015 年第 6 期。

❷ 杨朝霞：《论环保机关提起环境民事公益诉讼的正当性——以环境权理论为基础的证立》，《中国环境法治》2011 年第 1 期。

得是环境公益的直接享有者。因为环境公益是归属于公众的，而公众这一不特定大多数群体是难以明确的，在出现环境损害时，要求抽象的"公众"起诉并不现实，于是便需要"合适的主体"代表公众行使诉权。"合适的主体"所享有的并非实体权利，而是基于法律担当或实体权利人信托的诉讼实施权。对于诉讼实施权，德国著名法学家罗森贝克（Leo Rosenberg）等将其定义为："以自己的名义作为当事人为自己的权利或者他人的权利实施诉讼的权利。"❶ 诉讼实施权的构成要件中不应机械地要求诉讼实施权人具有自己的利益。因此，就算起诉主体不享有环境权益，也可以实施诉讼行为。

在法律规定上，《民事诉讼法》第 58 条就是法定诉讼担当基本逻辑的鲜明体现。《民事诉讼法》第 58 条规定的"法律规定的机关和有关组织"本不属于特定民事法律关系主体的第三人，在经由法律确认而取得诉讼实施权后，是符合"当事人适格"❷ 这一诉讼条件的。因其并不享有环境实体权利，可以认为是一种环境民事公益诉讼的"形式当事人"。❸

（三）生态环境损害赔偿诉讼与环境民事公益诉讼的制度比较

1. 两者的适用范围和法律目的略有差异

虽然这两类诉讼制度都是对生态环境损害的司法救济，但依据现有的法律法规、司法解释、制度文件等，两者的适用范围和法律目的还是略有差异。《改革方案》采用概括加列举的方式对适用范围予以表述。概括来说，其适用范围主要是针对生态环境损害，即因污染环境、破坏生态造成的环境要素（包括生物要素）的不利改变及生态系统功能的退化。并且在

---

❶ 罗森贝克、施瓦布、戈特瓦尔德：《德国民事诉讼法》，李大雪译，中国法制出版社，2007。

❷ 郭金虎：《试论我国环境公益民事诉讼原告确立的法理依据及影响因素》，《重庆第二师范学院学报》2015 年第 1 期，第 9 页。所谓"当事人适格"，是指在具体案件的诉讼中，能够作为当事人进行诉讼或被诉，且获得本案判决的诉讼法上的权能或地位。

❸ "形式当事人"是德国学者奥特科尔（Octker）将诉讼当事人的概念与实体权利关系的主体进行了分离后创立的概念，他认为在"形式当事人"的概念之下，为自己提起诉讼的为原告，其对方为被告，并不存在判断正当当事人的实体法基准。

之后肯定式地列举了三种情形："发生较大及以上突发环境事件的；在国家和省级主体功能区规划中划定的重点生态功能区、禁止开发区发生环境污染、生态破坏事件的；发生其他严重影响生态环境后果的。"否定式地列举了两种情形："涉及人身伤害、个人和集体财产损失要求赔偿的，适用侵权责任法等法律规定；涉及海洋生态环境损害赔偿的，适用海洋环境保护法等法律及相关规定。"从行为与结果的对应关系来看，其适用范围主要可以归纳为两类：污染环境行为导致的生态环境损害和破坏生态行为导致的生态环境损害。环境民事公益诉讼的适用范围略有不同，《民事诉讼法》第58条、《环境保护法》第58条均对此有法律规范层面的明确表述。此外，《环境民事公益诉讼司法解释》第1条在法律规范的基础上，详尽细致地将环境民事公益诉讼的适用范围表述为"已经损害社会公共利益或者具有损害社会公共利益重大风险的污染环境、破坏生态的行为"。从行为与结果的对应关系来看，其适用范围主要可以归纳为两类：一是污染环境导致社会公共利益的损害和重大风险；二是破坏生态导致社会公共利益的损害和重大风险。与生态环境损害赔偿诉讼的适用范围相比，环境民事公益诉讼的适用范围更为广泛，不仅对已发生的实际损害进行修复和补偿性救济，还对未发生的损害风险发挥预防性的救济作用。

法律目的方面，两者也略有不同，环境公益诉讼制度的法律依据将其制度设计的落脚点放在对社会公共利益损害的救济上，而《改革方案》将其制度设计的落脚点放在对环境要素和生物要素的不利改变、生态系统功能的退化上。环境民事公益诉讼同大多数人类文明历史上的法律一样，着眼于人的权益，而生态环境损害赔偿诉讼的法律目的从表面上来看似乎跟人的权益没有直接关系，更多地展现了一种生态中心主义的环境伦理观。

2. 两者的诉讼请求整体相同

根据《环境民事公益诉讼司法解释》第9条、第18条至第22条的规定，诉讼请求方面，环境民事公益诉讼的原告可以提出停止侵害、消除危险、排除妨碍、修复生态环境、赔偿损失、赔礼道歉等诉讼请求。赔偿范围方面，原告可以要求被告承担生态环境修复费用、原告采取合理预防和处置措施而发生的费用、生态环境受到损害至恢复原状期间服务功能损失、检验及鉴定费用、合理的律师费以及为诉讼支出的其他合理费用。上述规定可谓详尽，而现有生态环境损害赔偿的制度方案中对诉讼请求却无明确表述，《改革方案》中仅对生态环境损害的赔偿范围作了以下规定："生态环境损害赔偿范围包括清除污染费用、生态环境修复费用、生态环境修复期间服务功能的损失、生态环境功能永久性损害造成的损失以及生态环境损害赔偿调查、鉴定评估等合理费用。"如图 3 所示。

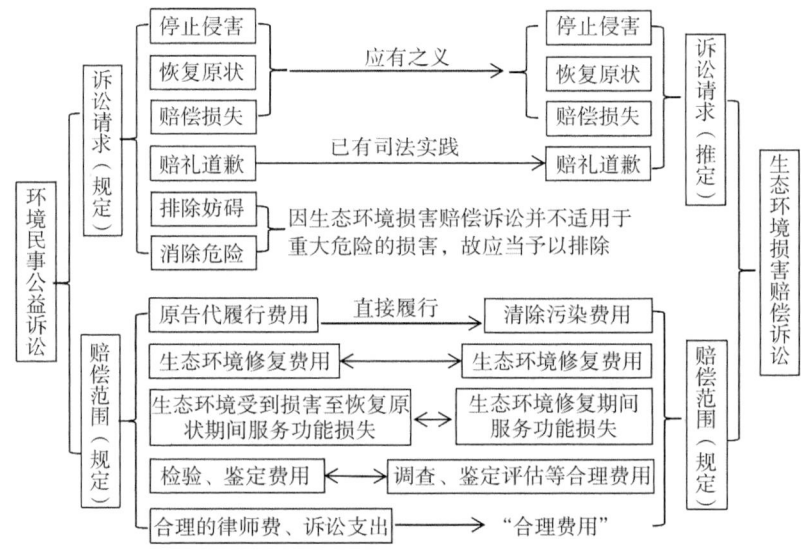

图 3　两类诉讼的诉讼请求与赔偿范围

通过简单的比较不难发现，在要求被告承担的损失费用方面，两者显现出高度的一致性。虽然《改革方案》并未对诉讼请求有明确规定，但基于生态环境损害赔偿制度的定位和适用范围而言，将停止侵害、恢复原状、赔偿损失、赔礼道歉作为其诉讼请求是该制度语境下的应有之义和未来立法的必然选择。在生态环境损害赔偿制度先行确立的海洋领域，相关规定早已明确的诉讼请求可以对这一个观点提供有力的论证依据。❶ 值得注意的是，基于两个诉讼的适用范围略有不同，并不能机械地将"排除妨碍""消除危险"这一诉讼请求生搬硬套至生态环境损害赔偿诉讼之中。

3. 两者的诉讼主体存在微妙联系

根据《民事诉讼法》《环境保护法》及其司法解释的规定，依法在设区的市级以上人民政府民政部门登记且专门从事环境保护公益活动连续五年以上并无违法记录的社会组织（社会团体、民办非企业单位以及基金会等）和人民检察院具有环境民事公益诉讼原告资格。根据《改革方案》的规定，省级、市地级政府（包括直辖市所辖的区县级政府）及其指定的相关部门或机构具有生态环境损害赔偿诉讼的原告资格。两者的诉讼主体虽然不同，但存在微妙的联系：社会组织代表公众的同时受政府的监督管理；检察机关可以对环保部门提起环境行政公益诉讼，但在财政来源方面受地方政府的限制；行政机关扮演着多元角色。

4. 两者的运行程序存在现实冲突

生态环境损害赔偿诉讼和环境民事公益诉讼具有众多相似性，但两类诉讼制度的运行程序存在冲突，导致生态环境损害赔偿诉讼存在"难以展开"的现实问题。根据《环境民事公益诉讼司法解释》的规定，法院应当在环境民事公益诉讼立案之日起 5 日内公告案件受理情况，在 10 日内告知对被告行为负有环境保护监督管理职责的部门；有权提起诉讼的其他机关和社会组织在公告之日起 30 日内申请参加诉讼，经审查符合法定条件的，人民法院应当将其列为共同原告。当事人达成调解协议或者自行达成和解协议后，人民法院应当将协议内容公告，公告期间不少于 30 日，公告期满出具调解书。生态环境损害诉讼并未对相关的公告制度做类似的规定，

---

❶ 《最高人民法院关于审理海洋自然资源与生态环境损害赔偿纠纷案件若干问题的规定》第 6 条规定：依法行使海洋环境监督管理权的机关请求造成海洋自然资源与生态环境损害的责任者承担停止侵害、排除妨碍、消除危险、恢复原状、赔礼道歉、赔偿损失等民事责任的，人民法院应当根据诉讼请求以及具体案情，合理判定责任者承担民事责任。

而是规定了独特的"磋商前置"制度。根据《改革方案》的规定，生态环境损害发生后，赔偿权利人应组织开展生态环境损害调查、鉴定评估、修复方案编制等工作，主动与赔偿义务人磋商。磋商一致的，达成赔偿协议的，可以依照《民事诉讼法》向人民法院申请司法确认；磋商未达成一致的，应当及时提起生态环境损害赔偿诉讼。如图4所示。两类制度的规定落实到司法实践中，就会出现当行政机关（赔偿权利人）还在与生态环境损害行为人（赔偿义务人）就索赔事项进行磋商时，环保组织就已向人民法院提起环境民事公益诉讼的情况。为此导致赔偿权利人往往只能以共同原告的身份参加到环境民事公益诉讼中，生态环境损害赔偿诉讼也常因并案审理而"难以展开"。磋商前置本是为了更好地实现对生态环境损害的修复，却在与环境民事公益诉讼的衔接中无法发挥其应有的作用。

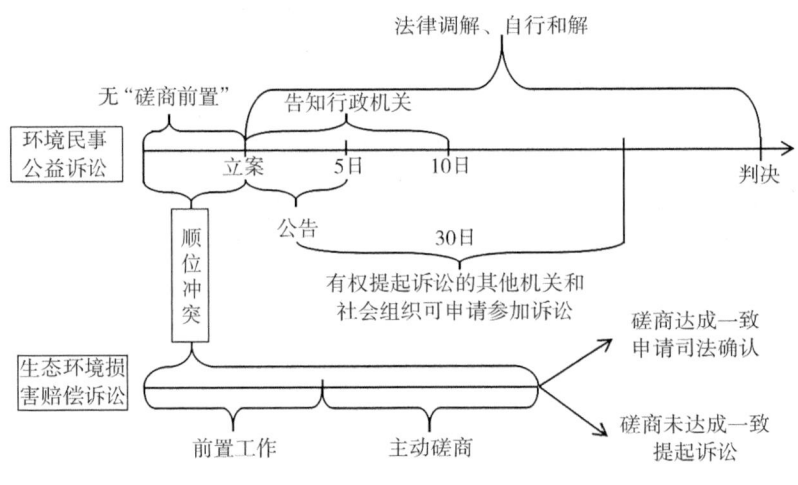

图4 两类诉讼制度的运行程序

除了以上几个方面，生态环境损害诉讼与环境民事诉讼还有着制度成熟度不同的巨大差异。以对管辖权的规定为例，《环境民事公益诉讼司法解释》对环境民事公益诉讼的管辖权作了详细的规定，而《改革方案》仅是以"由环境资源审判庭或指定专门法庭审理生态环境损害赔偿民事案件"一笔带过。诸如此类的制度差异不胜枚举，但大都是因为生态环境损害赔偿制度才由"试点"阶段发展为"改革"阶段，其制度蓝图并未完全形成。随着司法实践的深入探寻和学术理论的研究，生态环境损害赔偿诉讼的制度图景也会越发清晰，但不容否认的是，已然形成的环境民事公益诉讼制度为"改革"提供了极为优良的参照样本，两者的制度细节也会越发相似。

三、生态环境损害赔偿诉讼与环境民事公益诉讼的整合依据

（一）两类诉讼制度整合的现实必要性

1. 行政机关明确定位、职能归位的现实需要

如前文所述，生态环境损害赔偿制度与环境民事公益诉讼制度的相继形成使行政机关在生态环境损害的司法救济中扮演着多重角色——环境监管义务人、生态环境损害赔偿权利人、环境民事公益诉讼重要参与人、环境行政公益诉讼的潜在被告。纵览这四重身份，不难发现，环境民事公益诉讼重要参与人和环境行政公益诉讼的潜在被告的角色将行政机关置于一个尴尬的定位。这与现行法律体系所确立的行政机关在包括生态环境损害赔偿在内的环境保护领域的主导性规制地位背道而驰。《宪法》第 26 条规定："国家保护和改善生活环境和生态环境，防治污染和其他公害。"《环境保护法》第 4 条规定"保护环境是国家的基本国策"、第 6 条规定"地方各级人民政府应当对本行政区域的环境质量负责"。由以上法律规定可知，政府是对环境质量负责的责任主体，环境保护主管部门是享有环境监督管理权的环境规制主体。从公权力机关权责一致的原则出发，《宪法》和《环境保护法》既然已经规定环境行政机关需承担维护生态环境的公法职责，与之相应也必须赋予其履行职责的环境监管权力。因此，保护生态环境、保障公民环境健康权益是行政机关的基本职责。

但是，现行的环境民事公益诉讼制度中，行政机关并不具有原告主体

资格。尽管行政机关掌握的关键信息材料对案件的判决起着举足轻重的作用，也更为了解生态环境损害行为人的具体情况，但在环境民事公益诉讼中只能配合社会组织或检察院的举证主张，在他们主导的节奏下"配合"诉讼。此外，行政机关还有可能成为环境行政公益诉讼的潜在被告，如上文所述，环境民事公益诉讼无须磋商前置，行政机关往往是以共同原告的身份加入诉讼，总是"慢人一步"。这就导致在外界看来，行政机关并未及时履行好职责，长此以往，会造成政府公信力的下降。将环境民事公益诉讼和生态环境损害赔偿诉讼整合到一起，有助于打破行政机关在环境公益诉讼中的尴尬境遇，回归环境保护的主导性定位。

基于此，将两类诉讼制度进行整合有利于解决行政机关的职能错位，使其所享有的环境监督管理权与生态环境损害索赔权有序衔接，符合一以贯之的权力运行逻辑。自近代工业化以来，面对频发的环境污染事件和逐年恶化的生态环境质量，行政规制因其主动性、强制性、广泛性等特征成为环境法制的主要手段，由此产生了环境国家治理的理念。环境国家治理的理念实际上就是国家各个机关应分工协作、相互配合，共同致力于生态环境的保护。❶一直以来，环境公益第一顺位的保护义务都是由行政机关来承担的，但面对日益严重的环境问题，行政机关的职权已不应仅仅局限于行政监管权，传统的行政规制手段必须对生态环境损害的全新特征作出回应性变革。因生态环境损害难以量化、产生的因果关系复杂难辨，对其救济往往以损害填补为主，并夹杂着可协商性的特征。这使得行政规制手段被迫放弃自上而下的传统执法管制方式，转而寻求具有平等协商等民事私法精神的弱权性管制方式，❷通过调整行政规制方式以实现行政目标。因此，生态环境损害赔偿诉讼应当处于第一顺位，而环境民事公益诉讼应当置于第二顺位，从而保障行政机关的职能形成从监管权到索赔权一以贯之

---

❶ 张宝：《生态环境损害政府索赔权与监管权的适用关系辨析》，《法学论坛》2017年第3期。
❷ 张宝：《生态环境损害政府索赔权与监管权的适用关系辨析》，《法学论坛》2017年第3期。

的权力运行逻辑。

2. 司法机关减负提速的情势所迫

如前文所述，人民法院若要同时面对生态环境损害赔偿诉讼和环境民事公益诉讼两类案件，无疑增大了裁判准确程度降低和公信力下降的风险。究其原因，便是社会组织和人民检察院缺乏环境科学方面的技术条件，而拥有环境科学专业技术条件的行政机关却只能辅助参与到环境民事公益诉讼之中，或是"后置位"提起生态环境损害赔偿诉讼。

将两类诉讼制度进行整合，保障行政机关在包括生态环境损害赔偿诉讼在内的环境保护领域居于主导性规制地位，能够防止人民法院在生态环境损害赔偿案件和环境民事公益诉讼案件中耗费大量时间和工作量。在目前的情况下，生态环境损害赔偿案件和民事环境公益诉讼案件的办案法官往往需要考虑到社会稳定、地方经济发展等因素，周旋在地方政府和生态环境损害行为人之间，不仅压力巨大，工作量也十分繁重。生态环境损害赔偿本身并非司法审判考量的内容，法院被裹挟进"地方政府、生态环境损害行为人、审判机关"的三方博弈中，难免影响其居中裁判的地位和司法的权威。因此，将两类诉讼进行整合的设计，可以让法官仅对损害行为本身进行认定，对政府与生态环境损害行为人达成的赔偿方案进行审查即可，使其从地方经济发展、社会稳定、地方政绩等因素中解放出来，回归行政权力的限制者和诉讼弱势一方合法利益的维护者的角色。

3. 两类诉讼制制度不断衔接的最终走向

生态环境损害赔偿制度已由"试点"阶段步入"改革"阶段，环境民事公益诉讼制度也在形成后不断细化、优化，两者都以民事诉讼的运行规则为其制度设计的基本逻辑。两类诉讼制度在司法实践中产生的衔接问题大都是基于诉讼制度细节的，不论是已有的探索还是未知的尝试，都会从民事诉讼的运行规则中寻找解答。毋庸置疑，随着实践经验的不断积累、理论研究的不断深化，两者在制度细节方面会呈现趋同性。以两类诉讼关于管辖的规定为例,《环境民事公益诉讼司法解释》第 6 条、第 7 条❶虽详细规定了环境民事公益诉讼的管辖法院,但因环境民事公益诉讼案件存在较高的环境科学专业知识的要求,管辖设计方面不免存在司法审判专门化的趋势。这与《改革方案》中"各地人民法院要按照有关法律规定、依托现有资源,由环境资源审判庭或指定专门法庭审理生态环境损害赔偿民事案件"的规定不谋而合,而《改革方案》因对管辖法院欠缺具体详细的规定,在司法实践中也默认因循了《环境民事公益诉讼解释》第 6 条、第 7 条的规定。在对制度差异的衔接不免走向整合的趋势下,直接以"合二为一"的整合模式为顶层设计更有利于全面统筹生态环境损害司法救济体系,解决两类诉讼的制度差异问题。

(二)两类诉讼制度整合的理论可行性——理论基础同源

1. 生态环境损害赔偿诉讼"私益诉讼说"之厘正

生态环境损害赔偿诉讼是私益说的观点固然存在一定的合理性,但从生态环境、自然资源、自然资源国家所有权之间的关系考量,如图 5 所示,难免发现纰漏之处。基于以上涵盖关系,自然资源国家所有权的私法性权能寻求司法救济能否弥补生态环境损害成为对"私益诉讼说"厘定的关键。

---

❶ 《最高人民法院关于审理环境民事公益诉讼案件适用法律若干问题的解释》第 6 条规定:"第一审环境民事公益诉讼案件由污染环境、破坏生态行为发生地、损害结果地或者被告住所地的中级以上人民法院管辖。 中级人民法院认为确有必要的,可以在报请高级人民法院批准后,裁定将本院管辖的第一审环境民事公益诉讼案件交由基层人民法院审理。 同一原告或者不同原告对同一污染环境、破坏生态行为分别向两个以上有管辖权的人民法院提起环境民事公益诉讼的,由最先立案的人民法院管辖,必要时由共同上级人民法院指定管辖。"该司法解释第 7 条规定:"经最高人民法院批准,高级人民法院可以根据本辖区环境和生态保护的实际情况,在辖区内确定部分中级人民法院受理第一审环境民事公益诉讼案件。 中级人民法院管辖环境民事公益诉讼案件的区域由高级人民法院确定。"

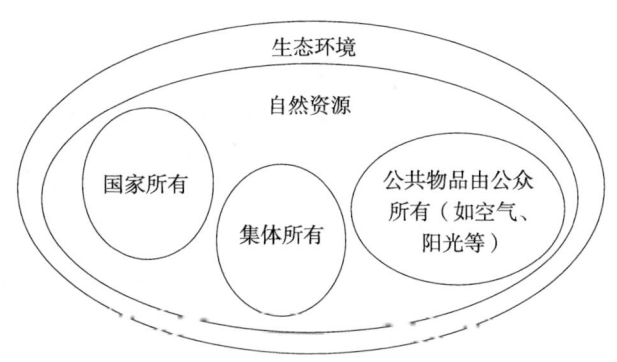

图 5　生态环境、自然资源、自然资源国家所有权之间的关系

首先，自然资源与生态环境的概念范畴并不相同，将两者等同存在逻辑不周延之嫌。自然资源是自然界中对人具有实体性的条件和要素，其损害可以通过经济价值标准予以衡量，而生态环境是由环境要素构成的、影响人类生存和发展的外在综合条件。尽管自然资源与生态环境是"一损皆损，一荣皆荣"的关系，但自然资源的概念范畴是无法涵盖生态环境的，反而是生态环境概念的范畴更大一些，可以包含自然资源。生态环境的价值具有双重性，即经济价值和生态价值。前者表现为人类为了更好地生存和发展对作为环境要素的自然资源进行开发和利用而获取的经济利益，后者表现为人类从其生存的环境中获得基本的生存基础和生活条件，包括空气、水、土壤和食物等。从权利的角度来说，前者是人对自然资源加以利用的权利，后者是人对清洁、健康环境所享有的权利。❶ 在生态环境的双重价值下，自然资源的语义更多地强调其经济价值，非生态价值或生态服务功能。生态环境损害本就是生态环境要素的不利改变或生态系统功能退化，以自然资源"替换"生态环境，显然与生态环境损害赔偿诉讼的制度设计不符。

---

❶　邓海峰：《海洋油污损害之国家索赔主体资格与索赔范围研究》，《法学评论》2013 年第 1 期。

其次,"自然资源国家所有权"的规定也不代表所有的环境要素都归国家所有。《宪法》第 9 条对自然资源所有权的规定是不完全性法条,不能独立产生法的效果,在司法实践中也无法直接作为裁判依据,必须借助下位法的具体规定来落实。❶ 于是《民法典》物权编对自然资源国家所有权作了制度性的细化。根据《民法典》物权编对自然资源国家所有权的规定可知,国家对自然资源的所有权并不是完全封闭排他的,只有矿藏和水流一定属于国家所有,森林、山岭、草原、荒地、滩涂等环境要素的所有权还有可能属于集体。严格按照"自然资源国家所有权"去寻求生态环境损害司法救济则意味着在面对生态环境损害时,首先需要对生态环境要素的归属进行分辨,只有其为国家所有时,才可提起生态环境损害赔偿诉讼。若受到损害的生态环境要素属于集体所有,则政府无权提起生态环境损害赔偿诉讼,这对生态环境损害的修复和救济是极其不利的。除了集体所有的环境要素外,有的环境要素因其不能特定化为客体物,并未纳入自然资源管理体系,却是对环境质量的重要衡量标准和影响因素。最为典型的就是空气,空气作为一种典型的公共物品,不具有传统的物权特性(排他性、独立性、支配性等),从而无法特定化为物权的客体,也难以判定其所有权的归属。因此,通过传统民事法律逻辑对物权损害的救济进路来修复受污染的大气环境是行不通的。有趣的是,《改革方案》中对生态环境损害的定义涵盖了大气作为环境要素的不利改变,而"自然资源国家所有权"作为该制度的基石却又不包括国家对大气作为自然资源或环境要素的所有权,未免有些自相矛盾。

最后,自然资源国家所有权的私法性权能只能做到对环境要素损害的弥补,难以达到对生态环境系统的修复。"自然资源国家所有权"的规定更多侧重于生态环境的经济价值,而生态环境损害往往是环境要素的不利改变和生态功能的损害,其救济原理是利用环境要素作为客体同时具备生

---

❶ 刘练军:《自然资源国家所有的制度性保障功能》,《中国法学》2016 年第 6 期。

态价值和经济价值两种属性,从而通过对能够"确权"的自然资源的保护来间接保护到"无主"的生态环境。❶ 这是一种典型的民法思维,就是将生态环境要素特定化为民法上的物,通过对物权财产损害的弥补来间接实现对生态环境生态价值的修复。这种间接模式存在一定缺陷:若要将生态环境以物权的形式归属于某一权利主体予以保护,就必须要对生态环境要素进行分割,这种分割必然导致生态环境的保护难免呈现碎片化的状态,虽然能对生态要素进行弥补,但难以系统地对生态环境损害予以修复。

2. 生态环境损害赔偿诉讼"国益诉讼说"之廓清

综合各方面学说和理论研究,笔者对"国益诉讼说"持否定态度。虽然从国家利益和公共利益的主体和关系剖析可以得知国家利益不等同于公共利益的论证思路,但是这并不能推论出在生态环境损害赔偿诉讼这一具体制度中,国家利益和公共利益就是截然不同的。在对国家利益的相关研究中,也有人认为国家利益和公共利益是高度一致的,国家本身并无特殊的利益,其产生和存在便是为了维护公共利益,公共利益即是其利益。从严格意义上来说,国家利益和公共利益是等同的。❷ 同样,这一观点也并不能机械式地套用在生态环境损害赔偿诉讼之中。笔者认为,要对生态环境损害赔偿制度进行准确的定性,首先应对生态环境损害行为侵害的利益进行剖析,之后充分考量该诉讼制度是对何种利益的救济,最后从"救济-利益"的对应关系中寻找答案。

尽管《改革方案》对生态环境损害的定义指向了生态本身(环境要素、生物要素、生态系统功能),并未提及侵犯到国家利益还是公众利益,但仍然可以从现有的法律体系和损害行为的机理中探寻。生态环境损害赔偿制度的适用范围排除了"涉及人身伤害、个人和集体财产损失要求赔偿的"以及"涉及海洋生态环境损害赔偿的",结合自然资源生态价值、经

---

❶ 张宝:《生态环境损害政府索赔权与监管权的适用关系辨析》,《法学论坛》2017 年第 3 期。
❷ 王太高:《公共利益范畴研究》,《南京社会科学》2005 年第 7 期。

济价值的二重性,可以推论出生态环境损害行为侵害了以下利益:首先是国家基于自然资源国家所有权对自然资源所享有的物权性权利,即自然资源的经济价值;其次是自然资源的生态价值,因生态价值的实际享有者是具有生理基础的人,因此应认定该利益是公共利益;最后是与非自然资源的公共物品相关的利益,国家对该部分环境要素并不享有自然资源所有权,因此该部分也应认定为公共利益。

那么,是否因为"自然资源国家所有权"中经济性价值的权能属于国家利益,就认定生态环境损害赔偿诉讼是"国益诉讼",或者是"国益诉讼"与"公益诉讼"结合的诉讼?笔者认为,这还需要考量生态环境损害赔偿诉讼的救济目的是否是针对自然资源国家所有权的经济性价值。诚然,在国家作为主体开发、使用、出口自然资源等情况下,自然资源国家所有权集中反映在物权性的自然资源的经济性价值上,但生态环境损害赔偿中,更多的是侧重于生态功能的修复,强调"体现环境资源生态功能价值,促使赔偿义务人对受损的生态环境进行修复",而非侧重于环境资源经济性损失的弥补。因此,虽然不能否认国家对自然资源的所有权是存在"国家利益"的,但是从"救济-利益"的对应关系出发,生态环境损害赔偿诉讼的制度设计更注重对公共利益的保护,认定其为"公益诉讼"更为合理。

3. 基于资源社会性的"同源性"论证

经过论证,笔者认为将生态环境损害诉讼的性质界定为公益诉讼更具合理性,但这不代表因其具有公益诉讼性质,就应当与环境民事公益诉讼进行整合。为此,笔者提出了基于资源社会性的"同源性"论证思路,为两者的整合提供更为有力的理论支持。

社会性是资源的固有属性,是指资源参与到社会关系中,无论所有权归属于个人还是公众,本质上都是社会全体成员共享的,对资源的利用为社会产生福利,推动社会向前发展。资源的社会性理念源自"人类共同利益"的理念,即人类共同拥有一个地球的事实,亚历山大·基斯(Alexandre Kiss)在其《国际环境法》中将该理念概括为共同的遗产、未来和责任。❶资源的社会性应当具备如下内涵：第一，资源是在社会关系中循环流动的，它为社会全体成员共同所有，为全社会产生福利，这与资源的所有权归属并不冲突；第二，资源不仅在当代人之间流动，还应当为人类的存续而传承给后代，后来人与当代人都是资源的所有者；第三，对资源的利用必须增加社会整体的福利，而非个人或少数人的利益；第四，对资源的浪费和损害会导致社会全体成员福利的减少，是一种对社会公共利益的侵害。当今社会，每个人都有权享有资源的开发、利用所带来的福利，随着社会的发展，资源社会性理念必然要转化为基本人权的价值取向，通过法律权利的形式予以保障和合理规制，以此指导法律权利内涵和外延的发展，这就是资源社会性理念的功能所在。❷环境作为公共物品，同"资源"高度相似，是社会全体成员所共有的，环境权益也具有社会性。当环境利益受到损害时，社会整体的福利也有所降低，因此行为人应当对全社会承担相应的责任。

结合资源的社会性再审视两类诉讼制度的理论基础，不难发现，其实两者的理论是"同根同源"的，只是表现形式略有不同，如图 6 所示。

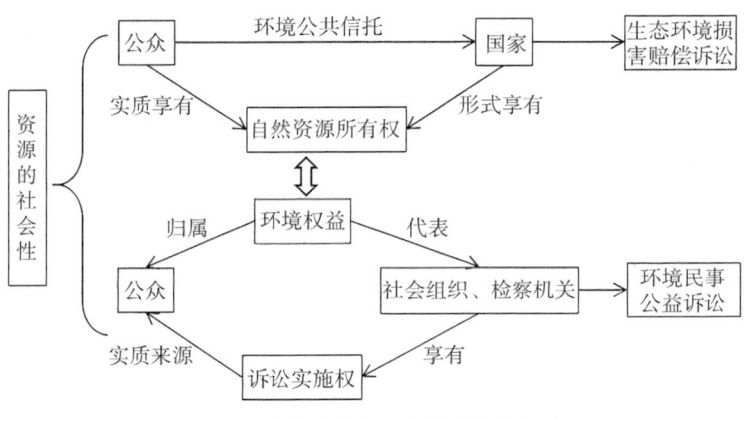

图 6 两类诉讼的理论基础的同源性

---

❶ 亚历山大·基斯：《国际环境法》，张若思编译，法律出版社，2000，第 109 页。
❷ 黄锡生、峥嵘：《论资源社会性理念及其立法实现》，《法学评论》2011 年第 3 期。

生态环境损害赔偿诉讼的理论基础以环境公共信托为核心，国家作为自然资源所有权形式上的享有者提起诉讼，公众作为自然资源所有权实质的享有者承受生态环境损害的不利后果及生态环境损害赔偿修复后的结果。就逻辑进路而言，基于资源的社会性可知环境权益的社会性，因为环境权益具有社会性，对其保障和管理一定是具有公共性的，所以由国家或政府对公共性事务进行集中化管理是最符合效益最大化原则。于是，公众便将环境权益"信托"给政府，由政府进行保障和管理，当生态环境损害发生时，国家有权通过诉讼的形式来维护公众的环境权益不受侵害。

环境民事公益诉讼的理论基础以环境公益"归属主体"和"代表主体"双重身份为核心，社会组织或检察机关享有诉讼实施权，诉讼实施权形式上源于法定的当事人适格，实质上来源于公众的"诉讼信托"或"诉讼担当"。在逻辑关系上，同生态环境损害赔偿诉讼类似，基于资源的社会性可知环境权益归属的不明确性，环境权益归属的不明确性产生现实的救济障碍。公众（不特定大多数人）为了寻求权利的有效救济，便授予特定主体诉讼实施权，代表环境权益的享有者提起环境民事公益诉讼。

（三）两类诉讼制度整合的理论可行性——法律目的统一

1. 对两类诉讼制度法律目的深入探析

从相关法律及规范性文件的规定来看，生态环境损害赔偿诉讼与环境民事公益诉讼的法律目的略有不同，前者侧重于保障"生态系统功能"（环境要素和生物要素的不利改变），后者侧重于保障"社会公共利益"。实际上，两种诉讼在法律目的上不同的侧重体现了现有环境治理体制下"人类中心主义"和"生态中心主义"两种不同的环境伦理观的分野。

然而，依据的环境伦理观不同，并不意味着两类诉讼的法律目的就必然相左。生态环境损害赔偿诉讼以保障"生态系统功能"为目的，并不意味着跳脱了人类社会，与社会公共利益无关。法律的运行逻辑是以人为核心的，因此在法律制度设计上，生态中心主义的环境伦理观并不适用。法律作为最低限度的道德,"这种主张自然体权利的环境道德观越是高尚,它反而越不具有道德基本性,就越不具备转化为法律规则的社会土壤"。❶法律关系的主体是人、内容是人享有的权利和承担的义务、法律规定所调整的是人的行为,法律目的的落脚点也应是人的权益。因此,不能机械地以"生态中心主义"的环境伦理观理解生态环境损害赔偿诉讼的法律目的,对生态系统功能的保障最终还是为了保障社会公共利益。诚如李晖等所言,生态环境损害赔偿诉讼的意义不在于恢复自然资源国家所有权的圆满状态,也不在于对非法律价值主体的生物进行"义务救赎",而是作为法律价值主体的人类,为实现与自然的和谐共处和可持续发展,维护环境法的正义价值和秩序价值而进行的法律救济。❷因此,在制度设计上,只有坚持以人为本,将环境公益回归人的权利范围,环境损害才有符合法理的司法救济途径,环境质量才能得以改善。

此外,不能机械地以传统人类中心主义的伦理观理解环境民事公益诉讼的法律目的。环境民事公益诉讼虽然侧重于保护社会公共利益,但也不是仅着眼于人类的利益,还需要尊重自然规律、重视生态价值、克制自身需求。这样既保证了人类社会发展的物质需求,又保证了自然资源不被肆意开发掠夺,生态环境不被肆意污染,两者和谐统一。这种人类中心主义是对传统人类中心主义的扬弃,可以称为"相对人类中心主义"或"限制人类中心主义"。

2. 以改善环境质量为核心的制度转型要求

生态环境损害赔偿诉讼和环境民事公益诉讼的法律目的虽然看似侧重点不同,但对生态系统功能的保护实际上还需落脚在对社会公共利益的保护上,这与我国环境法制转型的要求是一致的。《中华人民共和国国民经

---

❶ 孟庆垒:《主流环境权理论的错位与出路》,《环境法治与建设和谐社会——2007 年全国环境资源法学研讨会(年会)论文集(第一册)》,2007,第 256 页。

❷ 李晖、杨雷:《生态环境损害赔偿制度研究——兼论其与环境公益诉讼的衔接》,《西部法学评论》2018 年第 3 期。

济和社会发展第十三个五年规划纲要》明确提出，要"以提高环境质量为核心，以解决生态环境领域突出问题为重点，加大生态环境保护力度，提高资源利用效率，为人民提供更多优质生态产品，协同推进人民富裕、国家富强、中国美丽"[1]。这充分表明环境质量的改善已成为我国现阶段环境法制建设的核心目标。

以环境质量改善为核心的制度转型要求不仅体现在环境实体法层面，还体现在生态环境损害赔偿诉讼和环境民事公益诉讼的制度设计上。对生态系统功能的保障是环境质量改善的应有之义，环境质量的改善也是为了保障环境公益，满足人民群众对于环境质量的要求，两类诉讼制度的法律目的基于现阶段的制度转型要求是有机统一的。因此，不能因为制度规定上法律目的并不完全相同，就认为两类诉讼制度是截然不同的，在现有背景下对两类诉讼法律目的的深层分析反而能为两者的整合提供有力的理论依据。

四、生态环境损害赔偿诉讼与环境民事公益诉讼的整合路径

（一）两类诉讼制度的整合趋势

1. "合二为一"而非有序衔接

近年来，面对两类诉讼的制度差异与实践冲突，学者往往从"衔接"模式出发，将两类诉讼的起诉主体设置顺位、运行程序有序排列，以寻求实践问题的解决。然而，这对现实问题的解决大多无实质性助益，现有的司法实践问题是基于两类诉讼制度功能上的重叠与冲突产生的，对行政机关和司法机关的不利影响并不会因为衔接顺畅就会自行消失。因不同诉讼制度下对主体的职能定位不同，所产生的矛盾与瑕疵也需从根本出发，调

---

[1] 佚名：《绿色理念成未来5年发展主基调——"十三五"规划纲要全文发布》，《中华环境》2016年第4期。

整职能定位后方得解决。

虽然从语义解释而言,"整合"是指把零散的东西通过整顿、协调重新组合,形成有价值、有效率的一个整体,其语义应当包含"衔接"这一方式。然而在特定研究中,对"整合"这一活动的理解应当也不同,笔者认为,生态环境损害赔偿诉讼与环境民事公益诉讼的整合趋势应当是合二为一的,这是由两类诉讼制度设计对行政机关和司法机关职能的错误定位造成的,衔接方式难以彻底解决。促进两类诉讼制度有序衔接的确能够在一定程度上缓解现有问题,但终究只是治标不治本,难以深入病灶切中要害!

2. 政策法律化的应然转变

除"合二为一"外,政策法律化也是两个诉讼制度的整合趋势。作为对经济社会进行管理的两种重要的手段,政策与法律各有利弊,互为补充。因法律有着稳定性、规范性、权威性等显著优势,现代社会治理在强调两者的相互借鉴和转化的基础上更加注重政策的法律化。即需要通过借助法律的权威和稳定来提高政策的刚性,使政策具有更高的执行力;借助政策的灵活性来降低法律的滞后性,使法律更为与时俱进。正如齐佩利乌斯(Zippelius)所言:"法律化尤其为社会过程引入了行为导向的安定性和稳定性。在关于何为正义与公道的多元化的观念冲突中,法律规范提供了可靠的、可贯彻的行为指南。在时间维度上,它在一定程度上保证了持续性和稳定性。"❶ 因此,在推动国家治理现代化的要求之下,政策法律化是具有实效性的必然转向。

现阶段,我国虽未制定环境民事公益诉讼单行法,但《环境保护法》第58条、《民事诉讼法》第58条、《环境民事公益诉讼司法解释》等法律和司法解释都为环境民事公益诉讼提供了法律依据。而生态环境损害赔偿诉讼主要以《改革方案》这一政策性文件为依据,缺乏足够的法律支

---

❶ 莱因荷德·齐佩利乌斯:《法哲学》,金振豹译,北京大学出版社,2013,第79页。

撑,在尚未摆脱合法性圈圄之前,生态环境损害赔偿诉讼恐怕难以在社会实效性和法律正当性的维度里寻求到制度归属感。❶因此,生态环境损害赔偿诉讼制度需要通过政策法律化来提升其合法性、权威性、稳定性与统一性,这是实现生态文明体制改革的客观需要,也是法治现代化的必然要求。对两个诉讼制度的整合也需要建立在生态环境损害诉讼制度法律化的基础上,从构建生态环境损害救济法律体系的宏观视野予以研讨。

(二)两类诉讼制度整合方式的选择

1. 以"生态环境损害赔偿立法"为核心的整合方式

政策法律化是两类诉讼重要的整合趋势之一,其中又以生态环境损害赔偿诉讼的政策法律化最为关键。自生态环境损害赔偿制度改革试点工作开展以来,全国各省市积累了大量的实践经验,也探索形成了如"磋商前置""司法确认"等许多重要的机制,这些宝贵的实践成果亟待通过立法方式予以确认。目前,我国现行法律并未明确生态环境损害赔偿制度的赔偿权利人、义务人、适用情形、赔偿范围等,相关行政法规、司法解释等也不便在缺乏上位法的情况下独自予以规定,这种法律规范的缺失给制度的构建和完善带来了不少障碍。此外,在依法治国的背景下,《改革方案》中提出到2020年建立生态环境损害赔偿制度的目标也应当理解为建立一种法律制度。❷简而言之,生态环境损害赔偿立法既是确认和巩固改革阶段性成果的客观需求,也是制度构建和完善的必要支持和保障。

现阶段,除了《环境保护法》外,我国的环境立法大多呈现为以环境要素为标准而划分的分散式立法格局,这种分散式立法可以针对不同

---

❶ 郭海蓝、陈德敏:《省级政府提起生态环境损害赔偿诉讼的制度困境与规范路径》,《中国人口·资源与环境》2018年第3期,第86页。

❷ 《生态环境损害赔偿制度改革方案》在"总体要求和目标"部分明确表明"自2018年1月1日起,在全国试行生态环境损害赔偿制度。到2020年,力争在全国范围内初步构建责任明确、途径畅通、技术规范、保障有力、赔偿到位、修复有效的生态环境损害赔偿制度"。

要素的特点作相对详尽的规定，有利于环境保护法律框架的形成，但也存在碎片化、相互重叠的弊端。生态环境是各个环境要素相互作用有机联系的统一整体，生态环境损害也往往是多个环境要素的损害及生态系统功能的退化，因此，分散式立法模式并非生态环境损害立法的恰当选择。相比之下，集中式立法更为可取，即由全国人大或其常委会作为立法主体制定一部综合性的生态环境损害赔偿单行法。集中式立法，首先应明确体例设计，以《改革方案》为重要参照蓝本、吸收各地方司法实践，用法律形式构建制度的核心规则；其次可以确立省级、市地级政府提起生态环境损害赔偿诉讼的诉权来源，突破原告资格的合法性证成困境；最后通过建立框架的模式，为制度细节的调整奠定基础，更有助于全方位地完善生态环境损害赔偿制度。以"生态环境损害赔偿立法"为核心的整合方式便是要求在制定生态环境损害赔偿单行法的过程中需要充分吸收环境民事公益诉讼制度，以新法为核心，将散见在各个法律规范、司法解释中的环境民事公益诉讼进行整合。

然而，此种整合方式存在以下障碍需要考量：第一，制定新法对技术有较高的要求，需要消耗大量的人力财力，是一种并不算经济的整合方式；第二，制定新法需要通过提案、专家论证等，需要经过较长的周期，而环境问题和生态环境的改善是具有紧迫性的；第三，制定的新法若整合环境民事公益诉讼，需要充分消解与现行法律规定的矛盾，避免法律规定的不统一，工程量过大，任务艰巨；第四，制定的新法若吸收环境民事公益诉讼制度，在理论上需要经过充分的论证，已有的研究成果并不足以支撑这种整合方式。

2. 以"完善环境民事公益诉讼"为核心的整合方式

生态环境损害赔偿诉讼的政策法律化除分散式立法或集中式立法方式外，还可以采取将其归入现有环境民事公益诉讼法律制度的方式来实现，即通过完善环境民事公益诉讼，将生态环境损害赔偿诉讼的核心规则纳入其制度范畴进行整合。尽管现阶段普遍认为两类诉讼是截然不同、并行不悖的，但通过上文对两类诉讼理论和制度上的剖析比较可知，生态环境损害赔偿诉讼与环境民事公益诉讼的理论基础同源、法律目的同一、适用范围和诉讼请求整体相同，是具备整合可能性的。因此，整合的重点便在于诉讼主体的整合及运行程序的衔接上。以"完善环境民事公益诉讼"为核心的整合方式具体包括两个面向：一是将生态环境损害赔偿诉讼的起诉主体纳入环境民事公益诉讼原告的范畴；二是通过吸收生态环境损害赔偿诉讼运行程序中的积极因素，完善环境民事公益诉讼。作为这一整合方式的关键，诉讼主体的整合已具备丰富的司法实践经验和理论研究成果，也具备法律依据上论证的可能性。

从司法实践层面来看，行政机关作为环境民事公益诉讼原告的司法实践早已有之。2007 年，贵阳市"两湖一库"管理局诉贵州天峰化工公司环境侵权案中，清镇市人民法院经审理认为原告是负有依法管理红枫湖水资源的社会公共职责的政府职能部门，有权提起环境公益诉讼，❶因此造就了"环境司法专门化以来的环境公益诉讼第一案"。❷2009 年，广东省佛山市南海区丹灶镇人民政府诉广东天乙集团有限公司、苏某华等环境污染侵权案中，南海区人民法院也默认了地方政府是环境民事公益诉讼的适格原告。❸2010 年，昆明市环保局诉三农公司、羊甫公司环境污染责任纠纷一案中，法院经审理认为，昆明市环保局为保护昆明市生态、生活环境，追究危害生态的侵权责任，挽回环境侵权行为给社会造成的损失，代表国家提起民事诉讼符合法律规定。❹除以上案例之外，2010 年广东省信宜市人

---

❶ 贵州省清镇市人民法院（2007）清环保民初字第 1 号民事判决书。
❷ 佚名：《改革开放四十年——环境司法专门化以来的环境公益诉讼第一案》，https://www.chinacourt.org/article/detail/2019/01/id/3640468.shtml，访问日期：2021 年 10 月 18 日。
❸ 广东省佛山市南海区人民法院（2009）南民一初字第 2543 号民事判决书、广东省佛山市中级人民法院（2010）佛中法民一终字第 587 号民事判决书。
❹ 云南省昆明市中级人民法院（2010）昆环保民初字第 1 号民事判决书、云南省高级人民法院（2011）云高民一终字第 41 号民事判决书。

民政府诉信宜紫金和宝源矿业财产损害赔偿一案❶，2011 年昆明市安宁市国土资源局诉戴某相等六人破坏生态植被公益诉讼案❷，2013 年江阴市环境保护局诉王某峰、马某勇等水污染责任纠纷案❸ 等案件都是行政机关作为环境民事公益诉讼原告丰富的司法实践。

从理论研究层面来看，将生态环境损害赔偿诉讼归入环境民事公益诉讼制度的观点并非绝无仅有。北京林业大学杨朝霞老师 2011 年提出的环境民事公益诉讼的概念中就包括：公民基于环境权提起的坏境民事公益诉讼；自然资源管理机关基于自然资源国家和集体所有权提起的环境民事公益诉讼；环保组织、环境保护主管部门和检察机关基于环境权和诉讼信托而提起的环境民事公益诉讼。❹ 除此之外，在《试点方案》颁布以前，众多理论研究都主张将环境保护行政机关列为环境民事公益诉讼原告，为此种整合方式提供充足的理论依据。首先，现行法律体系中，行政机关在环境保护领域居于主导性规制地位，环境保护行政机关对保护环境公共利益负有法定义务，赋予环境保护行政机关以环境民事公益诉讼原告主体资格，符合权责一致的法治原则。其次，生态环境损害的复杂性和不确定性导致环境行政执法的现实困境，面对环境保护迫切的实际需要，在行政机关穷尽行政执法手段后赋予其司法权力可以缓解环境行政权力不足的问题。最后，现行环境管理体制存在的行政区划限制和部门分割限制给环境问题的解决造成很大障碍，将行政机关列为环境民事公益诉讼的原告便可以突破行政区划的限制，打破部门分割的僵局。

从法律依据层面来看，将生态环境损害赔偿诉讼的起诉主体纳入环境

---

❶ 官平：《广东信宜市政府起诉紫金矿业》，http://news.ifeng.com/c/7fZ1cEx436G，访问日期：2021 年 10 月 18 日。

❷ 陈正才：《云南首例破坏生态植被公益诉讼案判决》，http://www.greentimes.com/green/news/lyyf/fzxw/content/2011-08/02/content_140212.htm，访问日期：2021 年 10 月 18 日。

❸ 丁国锋、金国芬、戴琳：《江苏首判"官告民"环保公益诉讼案》，http://npc.people.com.cn/n/2013/1216/c14576-23845717.html，访问日期：2021 年 10 月 18 日

❹ 杨朝霞：《论环保机关提起环境民事公益诉讼的正当性——以环境权理论为基础的证立》，《法学评论》2011 年第 2 期。

民事公益诉讼原告的范畴具有可行性。《民事诉讼法》第 58 条和相关的司法解释对环境民事公益诉讼的起诉主体的表述都是"法律规定的机关和有关组织"。因该表述模糊,没有明确界定起诉主体的范围,法院在审查主体资格时会遇到一定的障碍。尽管行政机关提起环境民事公益诉讼缺乏明确的法律依据,但在《环境保护法》等法律规范将起诉主体限定为社会组织和检察机关的条件下,"法律规定的机关和有关组织"就更像是一个兜底性条款,至少表明国家对行政机关提起环境民事公益诉讼是不完全排斥的暧昧态度。因此,法律规定中对环境民事公益诉讼起诉主体模糊的表述为两类诉讼的整合提供了法律依据层面的可行性。

3. 两种整合方式的比较与选择

以"生态环境损害赔偿立法"为核心的整合方式与以"完善环境民事公益诉讼"为核心的整合方式各有利弊,但在建设中国特色社会主义法治体系的立场上看,我国法治话语体系的构建奉行实践主义的哲学观,坚持实践主义的立场。❶基于环境法哲学实践理性❷的导向,笔者更倾向于以"完善环境民事公益诉讼"为核心的整合方式。

两种整合方式相比之下,制定一部新的"生态环境损害赔偿法"是一种"政策—法律"的跨越,而赋予行政机关环境民事公益诉讼的原告资格并将已有制度进行完善是一种"法律—法律"的革新。前者的立法成本更大、耗时更长、技术难度要求更高、操作方式更复杂;后者是完善现有的法律制度,仅需对部分法律规范进行调整或增补即可,更为方便快捷、成本也更低,既符合经济性原则的要求,也能满足环境问题的紧迫性需求。以实用性标准衡量立法质量是立法取得实效的重要前提,以"完善环境民事公益诉讼"为核心的整合方式更符合实践理性的导向,更具有实用性价值。

---

❶ 顾培东:《当代中国法治话语体系的构建》,《法学研究》2012 年第 3 期。
❷ 荀正金:《实践理性视阈下的环境法哲学体系》,《现代法学》2017 年第 3 期。

（三）两类诉讼制度整合的内容

1. 原告主体定位的综合调整及顺位安排

经过整合，环境民事公益诉讼的原告主体范围将会扩大，除了已明确规定的符合条件的社会组织及检察机关外，生态环境损害赔偿诉讼的赔偿权利人也被赋予了环境民事公益诉讼的原告资格。为了最大限度地发挥制度设计的功能，不同原告主体的功能倾向也应有所不同，应对其定位进行综合调整和顺位安排。竺效老师在《生态损害公益索赔主体机制的构建》一文中曾主张"未来在我国建立'以环保行政机关为基本求偿主体'、'以检察机关为主要监督主体'、'以公众为督促主体'的三位一体的生态损害求偿机制"。❶ 虽然笔者主张的整合路径同竺效老师主张构建的生态损害公益索赔主体机制有着千差万别，但他对三主体定位的精准把握值得借鉴。就整合完善后的环境民事公益诉讼制度而言，行政机关因其法定职责和条件优势，应当作为环境民事公益诉讼的基本原告；符合条件的社会组织因其民主和公开透明的特质，应当作为环境民事公益诉讼的次要原告和外部监督者；检察机关因其对行政机关有着先天的制约，是公权力内部的监督者，也应当作为环境民事公益诉讼的次要原告。

生态环境损害等环境问题具有极高的专业性、复杂性和公共性，行政机关因其行政职权，通过行政监管、群众举报等方式往往最先接触到环境问题；在日常的行政监管和长期的行政执法实践中，行政机关也积累了大量的经验；技术条件和行政人员专业素质的优势也是行政机关作为环境民事公益诉讼第一顺位原告的优势所在。此外，虽然现行法律规范中规定人民检察院只有在"没有前款规定的机关和组织或者前款规定的机关和组织

---

❶ 竺效:《生态损害公益索赔主体机制的构建》,《法学》2016 年第 3 期。

不提起诉讼"❶的情况下起诉,但笔者认为该规定的目的是强调检察机关"兜底原告"的定位,而非强调社会组织提起环境民事公益诉讼必然的优先性。

综上,笔者主张行政机关作为环境民事公益诉讼第一顺位的原告,符合条件的社会组织和检察机关不设起诉的优先顺序,共同作为第二顺位的被告,但若行政机关和社会组织对危害社会公共利益的环境损害行为均不起诉,检察机关根据职责要求应当作为"兜底原告"起诉,以保障环境公共利益。

2. 协商性规范的统一与配合

协商性规范的统一与配合是整合重要的内容,吸收生态环境损害赔偿制度的"磋商前置"以完善环境民事公益诉讼的协商性规范,对于整合的效果具有重要意义。不论生态环境损害赔偿制度的"磋商前置",还是环境民事公益诉讼的和解、调解,都是遵循平等自愿、高效公开原则的民事纠纷解决途径,其时效性的优势能够有效防止损害范围的扩大和损害程度的加深,对保护环境公益有着重要意义。经过整合的协商性规范至少应当包含以下几个方面。

第一,磋商前置于环境民事公益诉讼,后置于环境行政执法。环境问题的解决应遵循"行政规制优先"的位序安排,尽管磋商达成协议的性质还存在理论争议,但其确实是通过行政规制展开的,因此对行政机关而言,对生态环境的救济应当遵循"环境行政执法—开展磋商—环境民事公益诉讼"的顺序来实现。

第二,判决前均可和解、调解,协商性规范贯穿始终。除了行政机关

---

❶ 《民事诉讼法》第 58 条规定:"对污染环境、侵害众多消费者合法权益等损害社会公共利益的行为,法律规定的机关和有关组织可以向人民法院提起诉讼。人民检察院在履行职责中发现破坏生态环境和资源保护、食品药品安全领域侵害众多消费者合法权益等损害社会公共利益的行为,在没有前款规定的机关和组织或者前款规定的机关和组织不提起诉讼的情况下,可以向人民法院提起诉讼。前款规定的机关或者组织提起诉讼的,人民检察院可以支持起诉。"

在诉讼前可以开展磋商外,也应当允许符合条件的社会组织和检察机关在起诉后至判决前与损害行为人达成和解,受理环境民事公益诉讼的法院也应积极调解,争取环境损害救济的尽早实现。

第三,磋商(和解)应予以公开,得到充分的监督。环境民事公益诉讼不同于一般私益诉讼,关乎社会公共利益,因此应当对磋商或和解予以公开,既要求社会组织和检察机关积极参与行政机关主导的磋商,也鼓励三类原告主体参与到不由自己主导的协商性程序之中。此外,应当规定磋商或和解达成的协议必须申请司法确认,一方面可以通过审判机关对其进行司法监督,另一方面在损害行为人拒绝履行协议义务时便于申请强制执行。

3. 公众参与和监督规范的强化

两类诉讼的整合还应加强公众参与和监督规范,以使环境公共利益得到有力的保障整合。尽管整合后,行政机关成为提起环境民事公益诉讼的最优先主体,但不意味着其权力不受监督。当生态环境损害等环境问题发生后,若行政机关不履行或怠于履行职责,社会组织可以向行政机关提出行政执法及开展磋商等履行职责的请求,检察机关也可以通过发出检察建议的方式督促行政机关履行职责。整合路径下,审判机关也应承担一定的监督责任,不仅包括上文提到的对磋商(和解)协议的司法确认,在原告诉讼请求明显不足,无法有效保障环境公益的情况下,法院还应对其进行释明。

除了完善环境民事公益诉讼,还应重视环境行政公益诉讼这一有力的监督手段。当检察机关在履行职责中发现生态环境和资源保护领域负有监督管理职责的行政机关违法行使职权或者不作为,造成国家和社会公共利益受到侵害时,应向人民法院提起环境行政公益诉讼。社会组织和公民也可以通过向检察机关提出建议或者举报行政机关的方式督促公权力保障环境公益。将行政机关纳入环境民事公益诉讼的原告主体范围后,环境行政公益诉讼也得以调整,功效得到充分发挥,成为有力的司法监督手段。

五、结语

从环境民事公益诉讼到生态环境损害赔偿制度,我国为了应对环境污染、生态破坏等环境问题设计了众多回应性救济手段,政策性文件层出不穷,相关制度也接踵而来,虽然取得了一定成果,但制度配合衔接方面却不尽如人意。相关的理论研究和实证研究大多从"最大可能发挥制度合力"的愿景出发,构建出一套环境保护的"组合拳",但却陷于过于复杂的法律关系、制度构架、理论联系、程序衔接当中,反而给人以用力过猛之感。笔者循"如无必要,勿增实体"的奥卡姆剃刀定律,以求通过生态环境损害赔偿制度与环境民事公益诉讼的整合,为生态环境损害司法救济体系的构建和优化尽绵薄之力。

笔者首先对我国现有的与生态环境损害有关的司法救济手段进行归纳,梳理总结了现有的生态环境损害救济格局及其问题。这是实践中的"乱象",亦是生态环境损害赔偿诉讼与环境民事公益诉讼所在的救济体系,虽然研究命题为两类诉讼制度的研究,但因主体角色的多元、制度关系的复杂,对其宏观的把握实属必需。其次,是对两类诉讼制度关键主体现存问题(行政机关的职能错位、司法机关的风险与负担)和相关理论争议的整理总结。以上问题反映了研究的现实意义和实践价值,也是整合路径需要回应的现实必要性。

生态环境损害赔偿诉讼的理论基础是自然资源国家所有权,环境民事公益诉讼的理论基础是环境权益归属者与代表者的疏离,学界因两者的理论基础不同,普遍将其视为两个截然不同的诉讼制度。笔者认为,对诉讼制度的研究不能摒弃其功能与目的,恪守在概念法学的桎梏中,因其功能重叠、表现方式极其相似,其理论基础定有共通之处。经过深入剖析,提出资源的社会性理论可以为两类诉讼理论基础的"同源性"提供一以贯之的论证思路,这也是整合路径所需的理论可行性。

就选择整合路径及其操作问题，笔者认为，比起制定"生态环境损害赔偿诉讼"单行法，将生态环境损害赔偿诉讼并入环境民事公益诉讼制度有着众多优势：第一，生态环境损害赔偿诉讼还处于政策阶段，便于修改；第二，通过扩大环境民事公益诉讼的适格原告即可实现，便于操作；第三，环境民事公益诉讼制度定位及目的更贴近生态环境损害救济需求。在整合的内容上，原告主体定位的综合调整及顺位安排、协商性规范的统一与配合、公众参与和监督规范的强化都是极其重要的关键点。至此，相对完整地论证了生态环境损害赔偿诉讼与环境民事公益诉讼的整合问题。

检察视角下生态环境公益诉讼类型选择研究

» 西安市人民检察院课题组*

在进行了两年多的试点后,政府生态环境损害赔偿制度自 2018 年开始在全国全面试行,随即开启了我国生态环境损害赔偿的"多主体""多机制"并存的时代。保护理念的转变、保护力度的强化以及多主体的参与对生态环境的保护具有非常重要的现实意义,但在多主体、多机制并行的局面下,仍需进一步明确各个诉讼类型的性质和关系,理顺相互之间的选择和衔接,才能实现制度的最大价值和效用。

一、生态环境公益诉讼类型选择存在的问题

(一)民事公益诉讼衔接中的问题

在当前多主体的诉讼机制下,受"信息不对称"的影响,其他起诉主体考虑到政府生态环境损害赔偿优先审理,以及难以判断是否属于起诉范围而让渡起诉权;或者无法判断政府是否提起而与政府同时提起,随之出现无人起诉的"公地悲剧"和同时起诉的"资源浪费"。特别是在与检察刑事附带民事公益诉讼的衔接中,因部分地区已经将构成环境刑事犯罪作为赔偿范围,导致本更符合诉讼经济原则的刑事附带民事公益诉讼受到阻

---

* 课题组成员:同振魁,陕西省西安市人民检察院副检察长;岳娟,陕西省西安市人民检察院第八检察部主任;党盟盟,陕西省西安市人民检察院员额检察官。

却或者因等待磋商而过分延迟，反而增加了救济程序的烦琐性。

（二）行政公益诉讼衔接中的问题

有关政府生态环境损害赔偿的制度基础仅为改革方案，虽然已经逐步通过环境要素保护的单行立法增加了赔偿的实体法条款，但对于整个制度仍无明确的法律层面的规范。同时，政府生态环境损害赔偿的方案中对于政府是否提起赔偿仅做了一般性要求，规定为"有权提起"，并未要求"应当提起"，系授权性规定而非义务性规定，不具有强制性。因此，从检察行政公益诉讼角度，尚无法将其作为政府的"法定职责"，相应地亦无法依照行政诉讼法的规定提起诉讼。尽管在检察公益诉讼试点中，最高人民检察院提出可以对有权提起民事公益诉讼的机构发出督促起诉的检察建议，但目前的司法解释中统一为发出诉前公告。基于此，检察行政公益诉讼与政府生态环境损害赔偿的衔接尚存在法律障碍。实践中，部分检察机关探索向行政机关发出诉前检察建议，主要通过沟通协调解决政府履职的问题，但并无对政府不履行生态环境损害赔偿职责的行政公益诉讼案件。

二、生态环境公益诉讼类型选择的一般规则

目前，有关环境公益诉讼类型的选择，存在"顺位说""无序说"和"折中说"三种学说，最高人民法院的司法解释在诉讼顺位上实际采取了折中说，即各个主体均可提起诉讼，政府生态环境损害赔偿优先审理和判决，但该项规定实际并未完全覆盖整个生态环境公益诉讼类型的选择。

（一）穷尽行政救济——生态环境检察行政公益诉讼优先

生态环境公益诉讼制度的理论基石在于"比较法经验表明，环境民事

---

❶ 彭中遥：《我国生态环境损害赔偿制度的立法选择》，《干旱区资源与环境》2019年第8期。

公益诉讼自产生以来就处于补充执法的地位"，❶以补充行政执法的不足，补充行政责任的不足。且"补充主要是责任意义上的，即让被告承担更多的法律责任"❷。而政府通过行政命令及行政强制措施的及时制止，相对于程序更为严格和复杂的诉讼，对于防止生态环境损害扩大具有较强时效性。因此，在政府的行为实际作为生态环境保护的核心问题，以及行政执法作为生态环境保护的主要手段的情况下，对于生态环境损害的违法行为首先应当穷尽行政救济，即穷尽行政法律规范中的制裁手段和救济手段。只有在行政救济不能满足生态环境的保护时，才考虑其他的救济手段，从而避免行政监管被架空，以及行政责任被民事赔偿责任所替代，实际减轻了行政机关监管责任和违法行为人的法律责任，以及"行政职权民事化、审判职权行政化"❸等问题。甚至有观点认为"检察院应以环境行政公益诉讼取代民事公益诉讼。在未来立法中检察院专职行政公益诉讼，退出环境民事公益诉讼的主体身份"。❹在"行政优先"原则的指引下，检察机关应当首先针对行政机关在生态环境中行政职责的履行情况进行监督，启动检察行政公益诉讼，督促政府优先履行监管职责并诉诸行政手段保护生态环境，即生态环境检察行政公益诉讼优先。

（二）穷尽政府救济——政府生态环境损害赔偿优先

政府具有行政执法和民事索赔的双重职权，此处的政府救济可能与上文的行政救济存在重合和交叉之处。但为了行文表述方便，此处的政府救济仅指政府提起生态环境损害赔偿。现有的司法解释已经明确政府生态环

---

❶ 牛颖秀：《生态环境损害赔偿诉讼与环境民事公益诉讼辨析——以诉讼标的为切入的分析》，《新疆大学学报（哲学·人文社会科学版）》2019年第1期。
❷ 李晖、杨雷：《生态环境损害赔偿制度研究——兼论其与环境公益诉讼的衔接》，《西部法学评论》2018年第3期。
❸ 张宝：《生态环境损害政府索赔权与监管权的适用关系辨析》，《法学论坛》2017年第3期。
❹ 冷罗生、李树训：《生态环境损害赔偿制度与环境民事公益诉讼研究——基于法律权利和义务的衡量》，《法学杂志》2019年第11期。

境损害赔偿实行优先审理和诉讼请求覆盖规则。同时，政府提起损害赔偿具有较大的调查取证优势、专业判断优势、组织修复及监督修复优势等，而这些优势正是困扰其他主体的难题。特别是修复及监督修复，即使其他主体胜诉也要依赖政府最终的监督履行。因此，穷尽政府救济，由政府优先进行生态环境损害赔偿不仅符合法律规定，更符合效益原则。

（三）穷尽社会救济——社会组织生态环境公益诉讼优先

依照《民事诉讼法》的规定，社会组织优先于检察机关提起生态环境公益诉讼。因此，在政府不启动生态环境损害赔偿，或者不符合政府生态环境损害赔偿范围的情况下，依法应首先由社会组织提起民事公益诉讼。检察公益诉讼制度的核心在于行政公益诉讼，其提起民事公益诉讼仅具有补充性和兜底性。虽然目前实践中社会组织提起民事公益诉讼的规模和数量并不大，但随着社会的发展，生态环境领域的社会组织数量会不断壮大，质量亦会不断提高，通过诉讼方式参与生态环境保护的能力不断增强，理应为社会救济预留较为广阔的空间。同时，穷尽社会救济，社会组织生态环境公益诉讼优先，更有利于社会公众积极、有序地参与生态环境保护，培养社会公众生态环境保护意识。

三、类型选择的具体适用

（一）未穷尽行政救济类生态环境违法案件

1. 行政机关不作为类案件

在生态环境领域，负有法定职责的行政机关不作为的情形主要包括未立案查处和立案后履职不充分的情形。行政机关的立案是追究行政责任的前提，立案后的履职是行政执法的体现。在"穷尽行政救济"规则的指引下，检察机关应首先针对行政机关的不作为行为启动行政公益诉讼程序，发出要求履职的诉前检察建议，督促行政机关通过行政制裁的方式将行政机关职责履行到位，以实现通过穷尽行政执法追究行政责任的方式解决生态环境损害问题。因此，针对行政机关未立案查处，或者虽进行了查处，但并未穷尽行政救济，即违法行为并未受到完整的行政制裁，行政机关仍有履行行政监管职责必要的，检察机关应当选择启动行政公益诉讼类型，以穷尽行政救济手段，实现对违法行为依法进行行政制裁。

2. 行政机关违法作为类案件

虽然实践中大量的生态环境损害是由于行政机关不作为造成的，故生态环境领域的检察行政公益诉讼主要表现为要求行政机关履职类案件。但行政机关违法审批、违法许可、违法处罚等问题依然存在，甚至更为隐蔽，一定程度上还成了违法行为人的合法"保护伞"。因此，针对行政机关违法作为类案件，检察机关亦应通过选择行政公益诉讼的方式，发出纠正或撤销违法行为的检察建议，要求行政机关对违法行为进行整改。

3. 行政救济未全部涵盖生态环境损害类案件

通过以上分析可以看出，行政制裁中已经涵盖生态环境损害赔偿的全部内容，即通过行政手段可实现生态环境的完全修复，且除此之外尚无其他生态环境损害的，应优先通过行政公益诉讼督促行政机关解决。但对于行政制裁中不涵盖生态环境损害赔偿内容的，即行政手段无法解决生态环境修复或者修复后尚有其他损失仍需索赔的，检察机关应按照"穷尽政府救济"的原则，启动生态环境检察行政公益诉讼，向政府或行政机关发出启动生态环境损害赔偿的检察建议。❶ 如政府并未及时提出政府生态环境损害赔偿，或者明确表示不提起生态环境损害赔偿，检察机关应选择生态

---

❶ 因政府生态环境损害赔偿尚无明确的法律依据，不能作为政府或者行政机关的法定职责，故此处的检察建议不具有强制性，如政府不接受检察建议的内容，不可提起诉讼。该检察建议的性质类似于民事诉前公告程序。但有观点认为，虽然该种磋商与诉讼属于民事范畴，但环境资源行政监管部门若在磋商及诉讼中怠于履职或违法行使职权，则可能造成对国家利益和社会公共利益的损害。而对于检察机关而言，其不仅可以提起环境民事公益诉讼，对于符合条件的行政违法行为或怠于履职行为还可以提起行政环境公益诉讼。朱建勇、陈士莉、刘亮：《生态环境损害赔偿与环境公益诉讼衔接机制研究》，《深化依法治国实践背景下的检察权运行——第十四届国家高级检察官论坛论文集》，第546页。

环境民事公益诉讼类型,以实现对违法行为人民事责任的追究和生态环境损害的修复、赔偿。

4.行刑交叉类案件

实践中,存在行政机关将移送涉嫌犯罪人和行政处罚相互代替的问题。对于此类问题,应注意以下三个方面:一是移送涉嫌犯罪人的法定职责。对于行政机关仅进行了行政处罚,但未将涉嫌犯罪的行为人移交司法机关的,按照上述不作为类案件情形处理,发出要求行政机关移送涉嫌犯罪人的检察建议,或者行使刑事立案监督权,要求公安机关立案。二是作出行政处罚的法定职责。对于已经移送司法机关追究刑事责任的,按照"两法衔接"的相关规定,在司法机关不追究刑事责任的情况下,对于依法应当给予行政处罚的,行政机关仍应继续履行行政处罚的职责,由于"在人民法院作出刑事判决后,行政机关的法定职责并不能因此消灭,在没有与之相反法律依据的情况下,行政机关应当依照法定的职权和程序履行职责"❶,故检察机关仍应按照上述不作为类案件情形处理。三是执行部分行政处罚的法定职责。在移送涉嫌犯罪人后,司法机关虽依法追究刑事责任,但亦不能免除行政机关相应的监管职责,行政机关仍应将责令停产停业、暂扣许可证、吊销许可证、责令恢复原状等其他行政处罚执行到位,前述行政处罚与刑事责任并不能"吸收"或"折抵",检察机关应根据行政处罚有无穷尽决定是否启动行政公益诉讼。

5.行民交叉类案件

在生态环境领域行政执法中,相关的行政法律规范包含消除生态环境危险、恢复生态环境原状以及排除对生态环境的妨碍等行政命令性规范,即行政机关可以通过行政方式要求违法行为人履行具有民事赔偿性质的行为,与政府提起的生态环境损害赔偿具有交叉,此时政府实际享有行政方

---

❶ 孟庆瑜、张思茵:《环境行政公益诉讼中行刑责任衔接问题研究——关于沭阳县农业委员会不履行法定职责行政公益诉讼案的探讨》,《法律适用》2019年第12期。

式和民事方式的选择权。对于检察机关而言，在维护生态环境的公共利益方面与政府的行政管理职责目的一致。故无论政府采取何种形式，只要实现了生态环境公共利益的维护，即应尊重政府的选择，检察机关不能干预。但如果政府通过损害赔偿仅满足了生态环境的修复和损失的赔偿，未穷尽追究违法行为人的行政责任，检察机关仍应选择行政公益诉讼类型，继续要求行政机关穷尽对违法行为人的行政制裁。

（二）已穷尽政府和社会救济类生态环境违法案件

1. 法律规定的机关或社会组织不提起赔偿类案件

因目前政府对生态环境损害赔偿的范围规定得较为原则，存在兜底条款，所以出于审慎原则和节约司法资源的原则，全部案件均应事前征求政府或行政机关的意见。如通过协作机制明确划分了双方之间的工作范围的，可直接依据双方的规定处理。对于政府生态环境损害赔偿类民事公益诉讼，在向行政机关发出建议启动生态环境损害赔偿检察建议后，政府或行政机关明确表示不启动生态环境损害赔偿的，应依法及时启动生态环境检察民事公益诉讼。对于其他生态环境损害赔偿类民事公益诉讼，直接立案并发出民事诉前公告，在公告期满后无社会组织起诉的情况下及时提起诉讼。

2. 刑事附带民事公益诉讼类案件

目前，很多地方已经将构成刑事犯罪写入生态环境损害赔偿范围，因此政府有权优先启动生态环境损害赔偿。但由于刑事案件的特殊性，侦查、检察机关在刑事案件中已经掌握大量证据材料，且目前的生态环境刑事司法以"修复性司法"作为理念，实际的赔偿和修复结果影响量刑结果，量刑结果亦可作为督促刑事被告人赔偿和修复的积极因素，故在刑事案件中一并处理生态环境民事责任具有更强的便利性和实效性。同时，刑事被告人多为羁押状态，开展诉前磋商存在客观障碍，亦难以达成有效的协议。因此，对于此类案件应积极与政府或行政机关加强协作，通过协商或协作机制明确由检察机关提起刑事附带民事公益诉讼，以实现诉讼资源的节约。在现有的法律规定中，仅有检察机关可以提起生态环境刑事附带民事公益诉讼，其他包括政府和社会组织在内的主体能否提起并无明确的法律依据，需另行提起诉讼，故实践中一旦涉及刑事诉讼，社会组织另行提起民事公益诉讼的动力亦不足，基本上均由检察机关提起。基于前述原因，建议可在今后的立法中明确涉及刑事犯罪的生态环境民事公益诉讼，一般由检察机关提起刑事附带民事公益诉讼。

其他生态环境损害赔偿类民事公益诉讼，因在政府生态环境损害赔偿范围之外，不属于政府索赔的范围，检察机关可选择生态环境检察民事公益诉讼类型。同时，对于实践中已经出现的有关生态环境直接侵害行为外的拓展，如"中国绿色发展研究会议与深圳市速美公司、浙江淘宝公司大气污染民事公益诉讼案"等，这些拓展实际着手其他与生态环境损害相关的行为以及具有重大生态环境风险的行为，对于拓展生态环境的保护范围和领域具有积极的意义。因这些行为并未纳入政府生态环境损害赔偿范围，故检察机关和社会组织均可积极、稳妥探索。

（三）生态环境危险类案件

生态环境监管和保护的终极目标在于预防生态环境损害，环境保护法亦将"预防为主、损害担责"作为基本原则予以明确。同时，生态环境被破坏后的修复费用非常巨大。因此，对于生态环境损害应该突出预防，赔偿并非首要和重要的目标。在行政机关的行政救济尚不能完全消除生态环境重大危险；或者行政机关的行政命令因不具有强制执行措施保障，难以发挥作用的；或者情况紧急，因两个月的回复期限限制，难以通过行政公益诉讼实现目的的情况下，应先行向审判机关提出诉讼保全申请，并及时发出民事诉前公告，在公告期满后无社会组织起诉的情况下及时提起诉讼。

（四）修复"落空"或历史遗留类生态环境违法案件

生态环境公益诉讼的理想结果是最终修复生态环境。但现实中生态环境修复费用过大，修复的费用往往为"天价"，超出修复义务人的赔偿能力，如备受关注的"泰州案"修复费用为 1.6 亿元。[1] 同时，司法判决中的修复内容最终可能因生态修复的难度大、周期长而落空。当然，是否修复以及如何修复是一个综合修复的必要性、修复义务人的赔偿能力等多种考量因素的过程，需要在磋商、起诉、审判等阶段综合评估诉讼的必要性和可行性，实践中也发展出了"替代性修复"的解决方案。但对于必须修复的生态环境，一方面需要通过加大执行的力度，督促修复义务人及时履行修复义务；另一方面对于确实无修复能力的，政府应依照《中华人民共和国行政强制法》（以下简称《行政强制法》）的规定进行代履行，不能因政府已经提起生态环境损害赔偿而免除政府代履行的职责。此时，如政府怠于履行代履行的法定职责，检察机关亦可启动检察生态环境行政公益诉讼督促政府代履行。

实践中，因生态环境保护理念、力度具有历史阶段性特点，对于历史上长期疏于监管导致的违法主体不明或者"消失"以及处罚时效、诉讼时效制约等原因造成的遗留性问题，难以通过现有的行政处罚或者求偿机制追究法律责任，实现生态环境修复。基于《环境保护法》确定的各级政府对环境质量负责的规定，政府亦应依照上述《行政强制法》的规定进行代履行[2]，如政府怠于履行代履行法定职责的，检察机关亦可启动检察生态环境行政公益诉讼。

---

[1] 张宽明、王小新、于波：《泰州法院判决迄今赔偿数额最大环保公益诉讼案：6 家企业赔偿环境修复费用 1.6 亿余元》，http://www.chinacourt.org/article/detail/2014/10/id/1457724.shtml，访问日期：2023 年 3 月 18 日。

[2] 对于此类问题的处理，如《湖南省生态环境损害赔偿制度改革试点工作实施方案》明确规定："历史遗留且无责任主体的生态环境损害问题由所在地人民政府纳入正常环境治理工作，不纳入赔偿试点范围。"

（五）改革试行阶段的选择策略

政府生态环境损害赔偿处于改革试行阶段，当前存在的问题均具有阶段性特点。因此，检察机关除按照上述一般原则进行类型选择外，尚需应对改革中存在的阶段性问题，以适应和支持政府生态环境损害赔偿制度改革。

1. 探索对政府不及时提起生态环境损害赔偿的监督

鉴于政府生态环境损害赔偿并未在法律层面予以确认，难以作为政府的法定职责，故不符合检察行政公益诉讼的条件。但政府生态环境损害赔偿随着试行工作的不断推进，实践中的不断探索和完善，必将在今后的立法中予以明确规定。因此，检察机关亦可针对政府提起生态环境损害赔偿的规定，探索开展行政公益诉讼，督促政府及时提起生态环境损害赔偿。实践中已经有检察机关开始此项工作，亦有检察机关通过与政府的沟通协商达成监督共识，将检察机关的督促写入地方性改革方案。通过对政府提起生态环境损害赔偿的监督，一方面，督促政府及时履职，尽快实现对生态环境的修复；另一方面，解决"信息不对称"，了解政府索赔意愿，确定检察机关是否启动检察民事公益诉讼的重要途径。

2. 补足政府生态环境损害赔偿的范围

面对各地试行中因赔偿范围差异影响结果正义，以及实际索赔规模不大、与其他公益诉讼衔接不畅的问题，检察机关应积极作为，补足补齐政府生态环境损害赔偿缺位的部分。对于地方政府确定的生态环境损害赔偿范围以外的案件，经征求政府相关部门意见后，如符合生态环境民事公益诉讼的条件，应及时启动检察民事公益诉讼程序，实现相同违法行为相同处理、同一违法行为相同结果，避免索赔"缺位"导致的选择性执法和司法。

从既判力角度探析民事公益诉讼与私益诉讼的衔接

》 安 鹏 王宁海 白振飞 廖静文[*]

公益诉讼制度的出台具有里程碑式的意义，它有效地回应了保护社会公共利益的迫切需求。我国现行民事诉讼立法实践基于利益的划分标准，将诉讼类型明确划分为民事公益诉讼与民事私益诉讼，即使是由同一侵害行为所引起的利益损害，也采用公益诉讼与私益诉讼分离救济的模式。

民事公益诉讼与民事私益诉讼具有不同的立法宗旨、诉讼请求等，但由于系同一侵害行为引起，且公共利益与私人利益存在相互转化的关系，民事公益诉讼与私益诉讼之间不可避免地在案件事实、法律适用以及审理对象等方面存在牵连关系与竞合关系。因此，促进两者的相互配合、支持，避免制度冲突，能够充分避免矛盾判决，有效节约司法资源，并且弥补损害救济的缺位，畅通公益诉讼与私益诉讼的衔接，对于充分发挥公益诉讼效用有着举足轻重的作用。

既判力作为民事诉讼基础理论之一，具有维护终局裁判的权威性、稳定性作用，可以有效避免滥诉。民事公益诉讼作为现代新型诉讼，具有不同于传统诉讼的特征，例如，起诉主体并非实质权利义务主体等，固守传统既判力范围不利于发挥民事公益诉讼的效用。因此，对既判力进行扩张

---

[*] 安鹏，陕西省咸阳市人民检察院副检察长。王宁海，陕西省咸阳市人民检察院第七检察部主任。白振飞，陕西省咸阳市人民检察院第七检察部副主任。廖静文，陕西省咸阳市人民检察院第七检察部检察官助理。

是不可阻挡的趋势。

既判力的扩张能有效促进民事公益诉讼与私益诉讼的衔接，可以说既判力的扩张问题是民事公益诉讼与私益诉讼衔接中不可或缺的重要环节。本文期望通过对既判力扩张的探讨，拓展相关的制度路径，以期对民事公益诉讼与私益诉讼的衔接有所裨益。

一、民事公益诉讼与私益诉讼的联系与区别

（一）民事公益诉讼与私益诉讼的联系

1. 相互促进、相互弥补

民事公益诉讼和私益诉讼的目的和宗旨都是救济侵害行为所造成的利益损失，两者具有相互弥补的功能，无论民事公益诉讼还是私益诉讼都无法单独对所有利益损失进行救济，只有相互配合、相互作用才能够共同维护社会公共秩序。私益诉讼纠纷的化解在一定程度上维护了社会公共秩序，从而更好地促进社会公共利益的实现，公益诉讼目的的实现能够有力补充私益诉讼的不足，进而推进司法救济制度的完善。

2. 审理对象相同

民事公益诉讼与私益诉讼均由同一侵害行为引起，因此审理对象均包括原告被告当事人资格、具体的诉讼请求、案件争议焦点、权利义务关系等。可以说，民事公益诉讼与私益诉讼在审理对象方面存在高度的重合。

3. 同属于民事诉讼的范畴

民事公益诉讼和私益诉讼均属于民事诉讼的范畴，民事公益诉讼发源于民事私益诉讼，当下民事公益诉讼制度未有独立的立法体系，依然被规定在《民事诉讼法》之中，无论在立法实践上还是理论基础上，大量援用和借鉴传统民事诉讼制度及理论，这也为两种诉讼制度的衔接和协调提供了基础。

(二) 民事公益诉讼与私益诉讼的区别

1. 诉讼目的不同

民事公益诉讼不是针对私人利益提出的，并非为了解决当事人之间的冲突和纠纷，而是针对不特定的人所享有的公共利益提出的，旨在维护社会公共利益。当前依据法律的明确规定，我国民事公益诉讼种类主要包括生态环境类、消费者权益保护类、英雄烈士保护类。而民事私益诉讼目的在于调整私人间的利益冲突关系，维护具体的私人利益，救济的损失范围也仅限于确定的私人利益。

2. 主体范围和适合条件不同

传统的诉讼法理论中采用的是"当事人适格"理论，要求提起诉讼的主体必须是与案件有直接利害关系的人。依照我国法律规定，当下可以提起民事公益诉讼的主体并不限于传统的适格当事人，而是法律规定的机关和有关组织。由于民事公益诉讼的特殊性，民事公益诉讼案件中不一定有直接的利益受害人，或者作为个体的利益受害人由于损失较少而选择不起诉。民事私益诉讼中的原告是指为了维护自己的民事权益，向法院提起诉讼要求法院行使民事裁判权的人，当事人明确限定为实体法上的权利义务主体，要求必须与案件有法律上的利害关系。

3. 诉讼地位不同

传统民事私益诉讼双方当事人诉讼地位平等，但是在由侵害公共利益的行为引起的民事私益诉讼中，主要集中在环境污染行为、食品药品等消费者权益侵害行为等，双方当事人之间地位呈现出极大的不平等性。例如，环境污染行为人往往是实力雄厚的大企业，而原告往往是普通的个人，无力承担高昂的鉴定等诉讼费用，并且缺乏精力，因而不具备诉讼的动力。而在民事公益诉讼中，依据法律规定具备起诉资格的是包括检察机关在内的机关或者团体组织，在证据收集、诉讼资金等方面都具有一定的优势。

二、民事公益诉讼与私益诉讼衔接的意义

（一）有效避免矛盾判决

民事公益诉讼影响的地域范围广泛，涉及的社会公众范围也具有不特定性，例如，在消费者权益保护民事公益诉讼中，涉案商品可能在全国范围内销售，案件波及地域范围和涉案个体是难以确定的，可以提起民事私益诉讼的主体往往有多个，此时如果不注重民事公益诉讼与私益诉讼的衔接，可能导致诸多民事私益诉讼之间或者民事私益诉讼与民事公益诉讼之间出现矛盾判决。

（二）减轻诉累、提升司法效率

民事公益诉讼涉案人数往往众多，民事公益诉讼设置的初衷在于通过一次集中的诉讼替代个别的、分散的诉讼，以及解决基于没有直接利害关系人或者利害关系人不愿意或者不知晓等原因未提起诉讼的权利救济障碍，这同时是民事公益诉讼的效率价值所在。例如，如果民事私益诉讼不能直接援用关联民事公益诉讼所确定的事实，只能自己重新提供证据证明，这就可能引起不必要的诉累。只有充分发挥各自衔接作用，才能有效节省司法资源，提升司法效率。

（三）维护社会公共利益

如果民事公益诉讼与私益诉讼衔接不畅，其诉讼效果产生的范围就会过于狭窄，对于侵害社会公共利益行为人的威慑作用及公益保护作用就会减弱，民事公私益诉讼有效衔接可以使案件的影响扩大，更好地发挥民事公益诉讼实质影响作用。

（四）有助于实现个人权利救济

公共利益与私人利益往往是互相转化的辩证统一关系，公共利益损害的背后往往也伴随着个人利益的侵害，公益诉讼在保护社会公共利益的同时应该具备保护私益的职能，如果民事公私益诉讼无法有效衔接，实质上割裂了公共利益与个人利益的内在联系，构建民事公私益有效衔接制度能够使民事私益诉讼通过民事公益诉讼获得快捷便利的救济。

三、既判力的基本概念界定

（一）既判力的含义

在当代法治体系下，民事诉讼是解决民事纠纷最为有效的一种途径，诉讼相较于其他纠纷解决机制而言，具有程序复杂性以及裁判结果的终局效力性，这就牵涉既判力理论。

既判力理论发轫于大陆法系，是用来说明判决所具备的确定效力的基础概念，是大陆法系民事诉讼五大基本理论之一，也是一项十分古老的法律原则。目前，虽然既判力是一个发展中的理论，但是理论界未对其概念形成统一的认识。日本著名学者新堂幸司对既判力的定义为："民事判决产生以后就具有确定性，不能作出矛盾判决、不能提出矛盾主张、不能就同一诉讼标的再一次进行诉讼。"❶我国当前被普遍认可的关于既判力的定义源于江伟教授："既判力是法院作出的确定判决中，关于诉讼标的的判断所具有的通用力或确定力。"❷既判力发生在"前诉"与"后诉"之间，目的在于对"前诉"中的法律关系进行明晰确立，防止"前诉"与"后诉"诉讼请求之间的抵牾，保证司法的终局裁量性、稳定性以及可预

---

❶ 新堂幸司：《新民事诉讼法》，林剑锋译，法律出版社，2008，第472页。
❷ 江伟：《民事诉讼法学原理》，中国人民大学出版社，1999，第28页。

期性。

(二)既判力的构成要件

既判力的构成要件就是判决发生确定作用的条件。普遍认为,既判力的构成要件包括:第一,诉讼标的相同,也就是两次诉讼的诉讼标的必须是完全一致的;第二,原因相同,当事人据以提出诉讼请求的基础事实或者法律行为是相同的;第三,当事人相同,也就是诉讼的相对性,判决效力仅及于案件双方当事人,不能约束案外第三人。总之,要使既判力发生效力,就必须在两次诉讼之间保证上述三项要件一致,否则,既判力无法产生效果。

(三)既判力的传统范围

1.既判力的主观范围

既判力的主观范围是指既判力所作用的主体。主观范围是既判力理论的核心要素,依循既判力理论,须对判决确定力的效力影响的主体进行范围框定。即有通识理论认定既判力一般情形下仅对诉讼双方当事人产生效力,江伟教授对此的看法为:"既判力的对象及诉讼标的,是基于原告的主张确定的,同时在诉讼过程中,基于辩论原则,当事人双方为法院就诉讼标的进行判断提供了资料基础,所以,既判力原则上只能在对立的两造当事人之间产生,这就被称为既判力的相对性。"[1]

2.既判力的客观范围

既判力的客观范围是指判决中具有法律上确定力的事项的范围。目前,大陆法系国家和地区在理论和实务上均将既判力的客观范围限定在判决主文中。判决主文是依据当事人的诉讼请求产生的,并作出当事人之间是否存在法律上的权利义务关系的结论性判断。即既判力的客观范围 = 判

---

[1] 江伟:《中国民事诉讼法专论》,中国政法大学出版社,1998,第297页。

决主文中的裁判=诉讼标的。

3.既判力的时间范围

既判力的时间范围是指使既判力的客观范围获得固定的时间界限，即确定既判力的起始时间节点和确定既判力丧失效力的时间节点。关于既判力的起始时间节点，大多数国家未通过立法的形式予以明确规定。一般来说，大陆法系国家和地区将既判力的起始节点确定为事实审理的法庭辩论终结之时。因为在法庭辩论终结时，当事人已经针对自己提出的诉讼请求进行主张和证明，此时禁止当事人对辩论内容进行再争议具有合理性。在此节点后新发生的事实提出新的主张，不受既判力的约束，当事人依然可以依据新发生的事实提出新的主张。我国的审判程序不同于大陆法系国家，我国民事诉讼程序中，即使在口头辩论结束后，法官仍然会询问原告、被告等各方当事人的意见，当事人可以在此环节再行提出主张。因此，有学者认为我国既判力时间范围的节点应始于法庭庭审终结时。❶

（四）既判力的价值证成

既判力强调的是前诉的确定性，要求对于法院作出的确定判决不能轻易进行变动，其维护的是判决的稳定性。我国现行立法中没有关于确定判决的规定，使用的是生效判决的这一概念，生效判决是指经过终审、不能再提起上诉或者经过上诉期未提起上诉或者已经上诉但是被准许撤回的发生法律效力的判决。判决生效后即具有法律的权威性，非经法定程序是无法灭失的。作为产生既判力的前诉判决是法官依据双方当事人在法定程序中围绕诉讼请求和诉讼标的进行充分的辩论后对所争议的法律关系作出了终局性的裁判。首先，保障了当事人诉讼目的的实现，双方当事人的纠纷依据该终局性的判决得到了解决；其次，维护了司法公信力，民事诉讼最

---

❶ 胡军辉：《民事既判力扩张问题研究》，中国人民公安大学出版社，2011，第7页。

基本的功能在于定分止争，被生效判决确定的法律关系不能被轻易改变或者推翻，维护了司法的权威性和稳定性；最后，维护了社会秩序，通过终局性判决，从观念上确定了一种规范的秩序，引导社会公众自觉遵循相应行为规则，进而形成规范的社会秩序。

（五）民事公益诉讼的既判力

民事公益诉讼的既判力要解决的问题就是针对某一侵害社会公共利益的民事公益诉讼案件作出确定判决后，该确定判决对上述侵害行为引发的其他诉讼的效力问题。要求诉讼当事人及相关主体不能对消费者公益诉讼既判力范围确定的内容再进行争议，要求后诉法院不能作出与该已确定的判决相矛盾的判决。因此，需要充分认识民事公益诉讼的特征，据以对既判力理论作出一定的改变来保障民事公益诉讼的良好发展。

四、民事公益诉讼既判力扩张

（一）民事公益诉讼既判力扩张的概念

梳理理论演绎脉络可知，既判力理论建构于传统民事私益诉讼基础上，所衍生出的理论适用于传统民事私益诉讼实践。民事公益诉讼与传统"民事诉讼"构造相比，具有一定的异质性，依然需要依托传统民事诉讼理论来发展和完善自身，但是基于传统民事私益诉讼与民事公益诉讼具有不同的理论基础。民事公益诉讼与民事私益诉讼不同，民事公益诉讼所保护的社会公共利益的指向对象是不特定多数的社会公众，起诉主体与利益指向对象不是私益诉讼中的对等关系，使得既判力产生效力的对象与实际需要受到确定力影响的对象存在不匹配的情形。

简单趋同地将传统既判力理论适用于民事公益诉讼，会徒生诸多矛盾和抵牾。对民事公益诉讼既判力适当扩张是当前民事公益诉讼理论发展的应有之义。民事公益诉讼既判力扩张破除范围的理念桎梏，使得既判力在传统界限外发生作用。具体包括：（1）民事公益诉讼效力及于未起诉的同类案件，对于某一种公益侵害行为的禁止意味着类似侵害行为的违法；（2）民事公益诉讼判决的效力及于未起诉的机关或者团体，当某一机关或者团体起诉后，其他机关或者团体不得就同一事项再行起诉；（3）民事公益诉讼判决的效力及于其他私人个体，其他私人个体可以民事公益诉讼的确定判决为依据获得诉讼便利。

(二) 民事公益诉讼扩张的可行性分析

1. 我国立法实践的突破探索

在我国既判力理论主要在理论层面进行研究，在既有的法律制度中未明确使用过既判力这一概念，但是我国在立法过程中借鉴了国外的既判力的许多理论观点，例如，《最高人民法院关于民事诉讼证据的若干规定》第9条的规定，被认为是确定了判决所具有的预决效力。

在民事公益诉讼法律制度中存在与既判力理论相似的法律规定。《最高人民法院关于适用〈中华人民共和国民事诉讼法〉的解释》第289条规定："公益诉讼案件的裁判发生法律效力后，其他依法具有原告资格的机关和有关组织就同一侵权行为另行提起公益诉讼的，人民法院裁定不予受理，但法律、司法解释另有规定的除外。"

《最高人民法院关于审理环境民事公益诉讼案件适用法律若干问题的解释》第28条第1款规定："环境民事公益诉讼案件的裁判生效后，有权提起诉讼的其他机关和社会组织就同一污染环境、破坏生态行为另行起诉，有下列情形之一的，人民法院应予受理：（一）前案原告的起诉被裁定驳回的；（二）前案原告申请撤诉被裁定准许的，但本解释第二十六条规定的情形除外。"《最高人民法院关于审理消费民事公益诉讼案件适用法律若干问题的解释》第15条规定："消费民事公益诉讼案件的裁判发生法律效力后，其他依法具有原告资格的机关或者社会组织就同一侵权行为另行提起消费民事公益诉讼的，人民法院不予受理。"

根据上述条文，我国民事公益诉讼的既判力在主观范围上已经一定程度地突破了传统既判力的相对性，将既判力扩张至其他法律规定未参与诉讼的机关或者组织，即一旦民事公益诉讼裁判生效，针对同一侵权事实，其他有起诉资格的机关或者组织即使未参加公益诉讼，也不得再次提起民事公益诉讼。

2. 美国、德国以及我国台湾地区民事公益诉讼既判力扩张实证分析

美国维护众多社会公众的方式主要是通过集团诉讼，州检察长为了保护个人权利提起的集团诉讼，带有纯粹的公益性质，与我国的民事公益诉讼类似。具体为：州检察长代表受害的个人提起集团诉讼，称为"父权诉讼"，代表的是众多私人的利益。因此，此类诉讼判决的既判力范围及于州内所有受侵害的消费者，消费者个人不得再起诉。另外，美国的联邦交易委员会具有维护社会公共利益的职责，可以以自己的名义提起民事诉讼，法院作出的判决不对其他机关、团体、消费者产生既判遮断效力，但是如果最终联邦交易委员会在该案中胜诉，则受侵害的消费者可以直接依据该判决获得赔偿金。

德国是最先在立法上明确地将既判力的客观范围限定在判决主文之中。依据德国《民事诉讼法》的规定，在判决中，只有对于以诉或反诉的请求所为的裁判有确定力。在德国实务界也一般认为诉或反诉的请求是诉讼标的。因此，德国的既判力客观范围一般仅限于诉讼标的。但是，为了保障社会公共利益的实现，德国《停止侵害诉讼法》第11条规定：在被告败诉的情况下，后面提起私益诉讼的个人可以援引此前团体诉讼的判决理由来与被告抗辩，法律上的特殊规定扩张了既判力客观范围，将范围扩张至判决理由。

我国台湾地区，依据团体诉讼制度维护社会公共利益。该地区所谓"民事诉讼法"规定，确定的终局判决中的诉讼标的产生既判力。同时，在其司法实践中，借鉴了日本学者新堂幸司教授的"争点效"理论，赋予了审判理由以既判力，意思是在判决理由部分，法院可以对当事人主张的

重要争论点进行判断,在不违反法律规定且后诉当事人未提出足以推翻原断的情况下,对该"争点"的判断具有拘束力。

即使在对既判力作出明确规定的大陆法系国家,也未有对既判力的时间范围作出明确的规定,但是司法实践已形成共识,一般认为是在口头辩论终结时。但是由于公共利益存在特殊性,对于公共利益的侵害行为往往一时间难以完全消除或者危险性暂时并不能全面显现出来。例如,日本20世纪60年代因为环境污染而发生的"痛痛病"在多年以后才开始暴发。因此,在日本司法实务界一般认为此类难以发现或者预测的事实不能受到传统既判力在时间范围上的影响。

(三)公益诉讼既判力扩张理论研究发展——当事人适格理论的嬗变

传统意义上认为当事人适格是指当事人对于作为特定诉讼标的的法律关系抑或基础权利具有向司法机关提出诉讼请求的权能,只有符合当事人适格标准的才是正当当事人,即要求当事人必须与案件存在直接利害关系。在民事诉讼中,原告通过提出诉讼请求来主张自己的权利,被告是原告诉求得以实现的相对人,只有上述能够以自己的名义提起诉讼或者被提起诉讼的人,才有实施诉讼的权能,此即传统既判力相对性理论的基础。随着社会经济和科技的全面革新发展,侵害性法律关系所涉及的主体范围、地域范围都在不断扩大,纠纷类型、形式也在变化,传统的诉讼类型已无法涵盖和解决当下的纠纷,现代新型诉讼呼之欲出,传统当事人理论也逐渐走上转型之路。20世纪60年代,"诉的利益"理论应运而生,当事人适格理论已经从传统的诉讼实施权的归属或者法律关系的管理权转变,允许案件当事人与实体权利主体相分离。当事人适格理论的扩张为法律规定的机关或组织作为民事公益诉讼的起诉主体奠定了理论依据,也为既判力的扩张提供了理论基础。

五、构建促进民事公私益诉讼衔接的既判力扩张制度路径

（一）民事公益诉讼既判力在主观范围上向类似必要共同诉讼人的扩张

当前，民事公益诉讼主体呈现出多元化的特点，根据我国《民事诉讼法》第58条规定，人民检察院以及法律规定的其他机关和组织可以提起民事公益诉讼，其中的机关和组织包括消费者协会、环境保护组织以及生态环境部门等行政机关。在前文中司法实践基础部分已经详细罗列当前我国民事公益诉讼既判力在主观范围上已经实现一定的扩张，此处分析该扩张所具有的理论基础——向类似必要共同诉讼人的扩张。

类似必要共同诉讼是指一方或者双方当事人为多数人，并且诉讼标的一致，任何当事人均可采取单独、共同起诉或者应诉的方式，法院最终作出唯一的终局裁判，该裁判效力及于未参加诉讼的其他当事人。

既判力在上述任意主体扩张的原因是符合类似必要共同诉讼的构成要件。首先，诉讼标的均为"公益保护请求权"，目的都在于维护社会公共利益，诉讼请求包括停止侵害、排除妨害、恢复原状等；其次，法律分别赋予机关和组织独立的公益诉讼实施权，即他们都有权单独提起公益诉讼，而不是共同诉讼才构成原告适格。❶

（二）探析民事公益诉讼既判力在客观范围上的扩张路径

1. 既判力客观范围向判决理由扩张基础之一——中间确认之诉理论

以萨维尼（Savigny）为代表的诸多学者主张在判决理由中就先决性法律关系所作出的判断结论也应赋予其既判力，❷ 因为诉讼要实现厘清权利义务关系的目的，就必须要先明晰基础事实，而先决事实是判决理由的重要组成部分。该理论避免了前后两次法律诉讼中对法律事实作出矛盾的认

---

❶ 牛颖秀：《环境民事公益诉讼判决的既判力问题研究》，《天津大学学报（社会科学版）》2019年第5期。

❷ 骆永家：《既判力之研究》，三民书局，1999，第66页。

定，同时当事人免去了就同一法律事实再行争议的烦琐程序，有效提升了司法效率。但是，以德国为代表的大陆法系最终未采纳赋予判决理由以既判力的主张，仍然按照传统理论将既判力客观范围限定在判决主文当中的诉讼标的。

同时，为了弥补传统既判力客观范围局限的问题，德国《民事诉讼法》创造了当事人可以就先决法律事实提出中间确认之诉的法律制度。中间确认之诉是指：在诉讼进行中，构成争议的法律关系成为最终裁判的先决条件时，原告或者被告要求确认这种法律关系而提起的诉讼。❶ 通过中间确认之诉，可以确定实体性的权利义务法律关系，从而使判决理由获得程序上的认可。目前，我国未有中间确认之诉法律制度，但是学界许多学者已经在就此细节进行研究，以期通过中间确认之诉赋予判决理由以既判力。

2. 既判力客观范围向判决理由扩张基础之二——"争点效"理论

日本学者新堂幸司提出的"争点效"理论是被广泛探讨的判决理由扩张基础理论。"争点效"理论的含义为：在前诉中，被双方当事人作为主要争议焦点予以争执，并且法院也就该争议焦点进行了审理并作出判断，当同一争议焦点作为主要的先决问题出现在其他后诉请求的审理中时，前诉法院对该争议焦点作出的判断产生通用力。❷ "争点效"理论着眼于具体的事实，若当事人一方在后诉中主张直接适用前诉中被法院确认的争议事实，那另一方当事人不能就此进行抗辩，法院也可直接援用而不必进行实质性审理。

（三）民事公私益诉讼衔接的立法实践——预决效力

目前，民事公益诉讼既判力在客观范围上的扩张无立法实践，但是我国的确存在实质意义上的预决效力制度。预决效力是指：当事人争议的焦

---

❶ 中野贞一郎等：《新民事诉讼法讲义》，有斐阁，1998，第438页。
❷ 新堂幸司：《新民事诉讼法》，林剑锋译，法律出版社，2008，第492页。

点事实经法院作出确定裁判后，对于该事实的判定对后诉存在约束力。

《最高人民法院关于审理消费民事公益诉讼案件适用法律若干问题的解释》第 16 条规定："已为消费民事公益诉讼生效裁判认定的事实，因同一侵权行为受到损害的消费者根据民事诉讼法第一百一十九条规定提起的诉讼，原告、被告均无需举证证明，但当事人对该事实有异议并有相反证据足以推翻的除外。消费民事公益诉讼生效裁判认定经营者存在不法行为，因同一侵权行为受到损害的消费者根据民事诉讼法第一百一十九条规定提起的诉讼，原告主张适用的，人民法院可予支持，但被告有相反证据足以推翻的除外。被告主张直接适用对其有利认定的，人民法院不予支持，被告仍应承担相应举证证明责任。"

《最高人民法院关于审理环境民事公益诉讼案件适用法律若干问题的解释》第 30 条规定："已为环境民事公益诉讼生效裁判认定的事实，因同一污染环境、破坏生态行为依据民事诉讼法第一百一十九条规定提起诉讼的原告、被告均无需举证证明，但原告对该事实有异议并有相反证据足以推翻的除外。对于环境民事公益诉讼生效裁判就被告是否存在法律规定的不承担责任或者减轻责任的情形、行为与损害之间是否存在因果关系、被告承担责任的大小等所作的认定，因同一污染环境、破坏生态行为依据民事诉讼法第一百一十九条规定提起诉讼的原告主张适用的，人民法院应予支持，但被告有相反证据足以推翻的除外。被告主张直接适用对其有利的认定的，人民法院不予支持，被告仍应举证证明。"

（四）构建示范性诉讼制度模式

美国集团诉讼中的示范性诉讼制度可以为我国民事公益诉讼既判力主观范围扩张提供一定的借鉴，示范性诉讼又称"样板诉讼"，含义为：一个诉讼在构成要件方面与其他诉讼类似，法院对该诉讼作出的确定裁判对其他类似诉讼具有约束力。通过构建民事诉讼示范性诉讼制度，扩张了民事诉讼既判力客观范围，避免了法院作出前后矛盾的裁判。

（五）构建预测性判决

由于侵害社会公共利益的行为往往具有复杂性、不可预测性、持续性等特征，因而当事人在前诉中没有提出相应的法律事实以及诉讼请求是由于不确定性、潜伏性以及科技滞后性等因素影响时，可以将既判力的时间范围予以扩张，使得当事人可以就同一侵害行为在后诉中主张前诉未提出的诉讼请求。这就有两种可能性：一是新的事实出现在既判力时间范围的标准时限之后，即出现在前诉法庭庭审终结后；二是新的事实出现在既判力时间范围的标准时限之前，基于之前的科学技术难以发现、预测等原因。

六、既判力扩张的配套程序保障制度

（一）传统民事诉讼救济机制

在民事公益诉讼中，既判力不能不加节制地扩张，因为既判力的扩张意味着未参与诉讼的当事人未经过起诉、辩论、审理等程序，前诉确定裁判就对该当事人的实体权利义务产生了实质影响，所以不恰当的扩张可能产生消极影响，可能背离了当事人的意思自治以及违反公平正义的基本原则。传统的民事诉讼制度中，案外人执行异议之诉、第三人撤销之诉、再审程序等事后救济机制可以修正既判力的不恰当扩张所带来的影响。

（二）对当事人处分权进行适当限制

意思自治是民事诉讼的基本精神，依据该原则，当事人对于自身权利享受充分自由的处分权，但是涉及社会公共利益的，在民事公益诉讼中有诸多特殊情况：一是适格原告往往并非实质权利义务主体，当事人在诉讼中任意处分权利可能对案外人不公平；二是双方当事人可能通过串通达成调解协议等方式来损害社会公共利益。因此，需要通过法院的审判权来规范和制约当事人的处分权。

公益诉讼
审 理 与 执 行

检察民事公益诉讼举证责任研究

》 兰丽娜[*]

在检察民事公益诉讼中，举证责任制度对于确保案件的实体裁判公正具有特别关键的意义。举证责任研究在检察民事公益诉讼理论研究中具有一定的关键地位，而举证责任的划分起着举足轻重的作用。然而，对什么是举证责任？举证责任在双方当事人之间如何分配？举证责任制度在检察民事公益诉讼中的运作机理是怎样的？这些关乎该制度的目的能否实现的问题，从学界到司法实践都普遍存在模糊甚至错误的认识，从而直接影响判决的公正。因此，合理确定举证责任分配的原则、明确举证责任不可转移的制度等，对我国检察民事公益诉讼立法实践及其改革有着重要作用。

一、我国检察民事公益诉讼中的举证责任制度

（一）举证责任制度

举证责任是一项古老的法律制度，它起源于罗马法确定的"原告有举证的义务，原告有不尽举证责任时应为被告胜诉的裁判"。[❶]所谓举证责任，是指当事人对自己的主张应提出证据予以证明，当事人提不出证据或提出的证据不能证明其主张的，负有举证责任的一方要承担败诉的不利后果。由此可知，举证责任包含两层含义：一是行为意义上的举证

---

[*] 兰丽娜，陕西省洛川县人民法院四级法官助理。
[❶] 邹雄：《对民事诉讼举证责任若干问题的思考》，《西南政法大学学报》2004年第2期。

责任，又叫主观举证责任，是指当事人就其主张的事实提供证据加以证明的责任；二是结果意义上的举证责任，又叫客观举证责任，是指待证事实处于真伪不明时主张该事实的当事人所承担的不利诉讼后果。行为责任是动态地反映举证责任内容，从当事人举证责任的角度观察分析举证责任，结果责任则是静态地反映举证责任内容，两者共同构成了举证责任的完整内容。❶

举证责任制度是指诉讼中当事人履行举证责任应当遵循的规章制度。我国现有的法律并没有对举证责任制度进行专门规定，而有关举证责任分配制度则散见于刑事、民事、行政诉讼法及相关司法解释中。近年来，我国对举证责任的研究有了较大的进步。

《民事诉讼法》第67条是这样规定的："当事人对自己提出的主张，有责任提供证据。当事人及其诉讼代理人因客观原因不能自行收集的证据，或者人民法院认为审理案件需要的证据，人民法院应当调查收集。人民法院应当按照法定程序，全面地、客观地审查核实证据。"这可能也是"书证提出命令"制度在民事诉讼中的最早雏形。对案件事实的查明应尽量以发现真实事实为目标，但是当事人文化水平的限制及收集能力、途径等因素的限制，制约了这一目标的实现。而像环境侵权这类特殊类型的诉讼，往往是因为当事人收集证据的途径与能力的不足导致败诉后果。《最高人民法院关于适用〈中华人民共和国民事诉讼法〉的解释》（以下简称《民事诉讼法解释》）第112条对"书证提出命令"作出原则性规定。《最高人民法院关于民事诉讼证据的若干规定》在《民事诉讼法解释》的基础上，完善了"书证提出命令"制度，具体对"书证提出命令"申请条件、审查程序、书证提出义务范围以及违反"书证提出命令"的后果进行具体规定，除此之外扩大了当事人收集证据的途径，将视听

---

❶ 卢少军：《民事诉讼举证责任的分配》，《山东师范大学学报（人文社会科学版）》2006年第4期。

资料和电子数据归入"书证提出命令"的适用范围。这对促进案件事实的查明和实现客观公正的裁判结果都具有正面的作用。除此之外，修改、完善了当事人自认规则，可使对方免除举证责任，有利于人民法院发现案件事实。

（二）公益诉讼举证责任

《最高人民法院 最高人民检察院关于检察公益诉讼案件适用法律若干问题的解释》规定了出庭检察人员应当履行的职责，包括：对人民检察院调查收集的证据予以出示和说明，对相关证据进行质证。该解释还规定，人民检察院提起民事公益诉讼应当提交的材料包括被告的行为已经损害社会公共利益的初步证明材料。这些规定说明，人民检察院作为公益诉讼人应当承担基本的提供证据的证明责任。

关于举证责任问题，学者们对此也是众说纷纭。在讨论举证责任时，应当对提供证据责任和说服责任作一区分。提供证据责任是法院审理案件的基础，而说服责任是确定败诉责任的根据。在公益诉讼中公益诉讼人提供对有关公共利益损害或可能损害的事实证据，而被告承担提供法律法规及规范性文件的责任。在诉讼过程中，双方可以不断地收集、提出新的证据以达到胜诉的目的。对于说服责任的承担问题，可以在立法者制定实体法时对说服责任的分配问题作出规定，而不应做"一刀切"的规定。

在个人组织进行公益诉讼时，薄弱的力量难以满足举证责任的要求，对于这个问题，可以让检察院加入公益诉讼，尤其是民事诉讼程序中，并作为民事诉讼当事人。检察院在收集证据的能力方面具有自身的优势。公益诉讼人可以向检察院提出申请，检察院在经审查后，可与公益诉讼人作为主要诉讼参与人或与其作为联合当事人，进入公益诉讼程序。

二、我国民事公益诉讼中对举证责任制度的立法及存在的问题

（一）我国民事诉讼中举证责任分配的法律规定

1. 举证责任分配的一般原则

当事人对自己提出的诉讼请求所依据的事实或者反驳对方诉讼请求所依据的事实有责任提供证据加以证明。没有证据或者证据不足以证明当事人的事实主张的，由负有举证责任的当事人承担不利后果。该规定和其他一些相关规定一起，明确了我国以法律要件分类说为基础来确定举证责任分配的思路。❶

具体来说，只要是主张权利或者法律关系存在的当事人，需要对产生权利或者法律关系的要件事实负举证责任，否认权利或者法律关系存在的对方当事人对阻碍权利或者法律关系发生的事实负有举证责任；只要是主张已发生的权利或者法律关系变更或者消灭的当事人，需要对存在变更或者消灭权利或者法律关系的要件事实负举证责任，否认变更或者消灭的对方当事人对妨碍权利或者法律关系变更或者消灭的要件事实负举证责任。

2. 举证责任分配的特殊原则

（1）举证责任倒置的概述。举证责任倒置是举证责任分配的特殊原则。举证责任倒置是指法律直接规定，主张权利或法律关系的当事人就要件事实不负举证责任，而由对方当事人承担，对方当事人不能举证证明时，将承担败诉的后果。这一概念的产生是因为在特殊条件下，按一般举证责任分配的原则，不能达到查明案件事实的目的，难以实现诉讼实体公平等诉讼价值。随着社会经济的快速发展，产品责任、环境污染等新型侵权诉讼案件的出现，一般举证责任分配原则的弊端突显。如果依然适用一般举证责任分配原则势必会产生对原告不公平的待遇，不利于新型特殊侵

---

❶ 伍青萍：《论民事诉讼中的举证责任》，《中山大学学报论丛》2005 年第 6 期。

权纠纷案件中受害人的司法救济的实现。现代民法在价值取向上也转变为社会的妥当性，理念也转向实质正义。民事程序法也相应地进行了转变，加强了对弱势群体的利益保护，注重追求诉讼的公正价值。于是，在民事诉讼中出现了举证责任倒置的理论。

举证责任倒置其实就是在双方当事人之间重新分配事实真伪不明的风险。举证责任倒置，让法律规定的诉讼中确立的当事人权利义务与当事人之间真实的权利义务相一致，让裁判者最大限度地发现客观事实真相，使裁判建立在接近案件事实的基础上，以实现诉讼的实体公正，并有利于诉讼经济原则的落实。

（2）举证责任倒置在侵权诉讼中的体现。侵权诉讼中举证责任倒置的情况：一是因新产品制造方法发明专利引起的专利侵权诉讼；二是高度危险作业致人损害的侵权诉讼；三是因环境污染引起的损害赔偿诉讼；四是建筑物或者其他设施以及建筑物上的搁置物、悬挂物发生倒塌、脱落、坠落致人损害的侵权诉讼；五是饲养动物致人损害的侵权诉讼；六是因缺陷产品致人损害的侵权诉讼；七是因共同危险行为致人损害的侵权诉讼；八是因医疗行为引起的侵权诉讼。以上八种诉讼中都存在举证责任倒置的问题。

（二）我国检察民事公益诉讼中举证责任分配的法律规定

1. 我国检察民事公益诉讼的规定

《民事诉讼法》第 58 条规定，对污染环境、侵害众多消费者合法权益等损害社会公共利益的行为，法律规定的机关和有关组织可以向人民法院提起诉讼。人民检察院在履行职责中发现破坏生态环境和资源保护、食品药品安全领域侵害众多消费者合法权益等损害社会公共利益的行为，在没有前款规定的机关和组织或者前款规定的机关和组织不提起诉讼的情况下，可以向人民法院提起诉讼。前款规定的机关或者组织提起诉讼的，人民检察院可以支持起诉。

2. 我国检察民事公益诉讼中的举证责任

我国法律法规并没有对检察机关在环境民事公益诉讼中的举证责任作特别规定。其实，检察机关作为国家法律监督机关，在证据收集方面具有优势，可以承担更多的举证责任。在司法实践中，诚然检察机关也比社会组织承担了更多的举证责任，更高效地推进案件审理进程，体现了检察机关的责任与担当，但理应根据法律法规、立法本意、价值选择、公平正义理念等在双方当事人之间合理分配举证责任。

（三）我国检察民事公益举证责任制度存在的问题

我国现行举证责任制度还存在一些问题，其不完善和缺陷之处主要体现在以下几个方面。

1. 对举证责任分配原则规定得不够明晰、适当

《民事诉讼法》对举证责任分配的规定是"谁主张，谁举证"，但该规定过于原则。在民事诉讼过程中，双方当事人对举证责任的分担不合理，加重或减轻某一方举证责任的负担，会间接导致不同程度的不公正裁判。

首先，所谓的"主张"包括肯定和否定两个方面，会导致在事实不明时，双方当事人都要承担举证责任。其次，"谁主张，谁举证"无法明晰哪方当事人应就何事实负举证责任。在司法实践中，原告提出的诉讼请求，发起的诉讼程序，因其诉讼地位，通常要先承担举证责任。原告不仅要对能引起某权利产生的一切法律事实举证，还要对不存在妨碍这种权利或这种法律关系产生以及变更、消灭的事实举证，在其无法举证时，法官遂作出其败诉的裁判。举证责任范围如此广泛，实际上使举证责任都归原告承担，这种情况下原告胜诉的机会极少，显失公平。另外，当事实不明时，法官又不能拒绝裁判，那么法官只能任意要求其中一方当事人先举证，在其无法举证时作出该方败诉的裁判，这种裁判主观性很大，结果也无法预知。总之，《民事诉讼法》中规定的举证责任分配的一般原则，不能解决事实不明时由谁承担不利诉讼后果的问题。

2."举证责任转移"理论的争议导致司法实务上的进退失据

关于举证责任转移的理论,分为举证责任的可转移理论和不可转移理论,两种理论各执一词、相互排斥,导致了司法实务上的进退失据。

若对举证责任(提出证据的义务)进行单一解读,必然引申出举证责任在当事人之间不断转换的结论,即"举证责任的可转移"理论。在这里,所谓的"举证责任转移"是指双方当事人之间的立论、论证、驳论循环往复的攻防过程。这一过程的深入展开有利于案件事实的澄清和纠纷的解决,攻防双方的角色也常常发生变换,一旦攻防停止在某个阶段上,法庭就可据此依法作出裁判。在相当长一段时间内,在我国民事诉讼法学界占有主导地位是举证责任转移说的观点。举证责任的单一说对于推广普及举证责任概念不无裨益,但是,其对证据法理论研究造成的负面影响却是极其深远的。根据单一说的观点,举证责任在双方当事人之间不断转换,举证责任的承担是动态发展的过程,一旦双方当事人提供的证据均无法说服法官,案件事实处于不明的情形时,败诉风险由谁承担则成为一个待解决的问题,举证责任的单一说无法作出适当的解释。

认识到单一说理论的缺陷,自 20 世纪 90 年代以来,我国法学界开始发生变化,至此,逐步占据支配地位的是举证责任的多义说。例如,有学者指出:完整的举证责任概念应该是主观举证责任与客观举证责任的结合。❶ 在这里,主观举证责任是指在诉讼过程中,当事人为避免败诉向法院提出证据的责任;客观举证责任则是指在案件事实存在与否、真伪不明时,由一方当事人承担的不利裁判的结果。❷

在举证责任概念单一说与多义说之后,有学者提出了与举证责任"可转移说"相对立的举证责任"不可转移说"。举证责任"不可转移说"主张,举证责任是当事人因案件审理终结时要件事实不明,要依法承担的败

---

❶ 单云涛:《民事举证责任若干问题研究(上)》,《政法论坛》1992 年第 2 期,第 59 页。
❷ 程春华:《举证责任分配、举证责任倒置与举证责任转移——以民事诉讼为考察范围》,《现代法学》2008 年第 2 期。

诉风险，这种责任由立法事先预设，在诉讼过程中是不可转移的。诚如日本学者兼子一、竹下守夫所言，"在具体的诉讼过程中则不可能出现本来是原告的举证责任转移到被告的情形"。❶

3.我国检察民事公益诉讼举证责任

我国的法律法规并没有对检察机关在民事公益诉讼中破坏生态环境和资源保护、食品药品安全领域侵害众多消费者合法权益等损害社会公共利益的行为的举证责任作出特别的规定。但环境污染案件倒置因果关系要件，适用无过错责任原则，由加害方对法定免责事由或不存在因果关系承担举证责任，其余事实由受害方证明。

三、关于完善我国检察民事公益诉讼举证责任制度的思考

（一）确定举证责任的分配原则

1.确定举证责任的分配原则

举证责任概念的具体化就是举证责任分配原则，民事诉讼中的某一争议事实，应由哪方当事人承担举证责任。举证责任分配原则须体现举证责任这一特征。我国采用"法律要件分类说"较为妥当。具体来说，在举证责任制度立法的专章中应详细规定该原则，凡主张权利或者法律关系存在的当事人，只需对产生权利或法律关系的特别要件事实（如存在构成侵权责任的要件事实）负举证责任，阻碍权利或法律关系发生的事实（如欺诈、胁迫且损害国家利益等）则作为一般要件事实，由否认权利或法律关系存在对方当事人负举证责任。凡主张已发生的权利或法律关系变更或消灭的当事人，只需就存在变更或消灭权利的特别要件事实（如债务的免除等）负举证责任，妨碍权利或法律关系变更或消灭的一般要件事实由否认变更或消灭的对方当事人负举证责任。

---

❶ 兼子一、竹下守夫：《民事诉讼法》，白绿铉译，法律出版社，1995，第112页。

2.确立举证责任倒置的原则

随着环境污染等现代社会新型案件的大量产生,尤其是环境污染侵权诉讼中,如果完全不考虑举证难易、对权利救济的社会保护,教条直板地适用举证制度,那么受害人难以维护自己的合法权益,会导致诉讼的实体公正难以实现。为此必须完善举证责任倒置的相关规定。

第一,在民事证据法中规定常见的举证责任倒置的案件类型,并通过立法技术的利用增强举证责任倒置原则在社会不断发展过程中的灵活性及法律弥补的即时性。第二,对举证责任倒置原则的设置应在实体法的立法过程中予以充分的重视。我国实体法律对举证责任作出的规定,这些实体法的内容不可能在程序法中面面俱到地予以详尽规定,所以对举证责任倒置的规定还应依赖于实体法。《民法典》对举证责任倒置作出详细的规定,并与程序法保持一致。第三,举证责任倒置的设置,在法无明文规定的情况下可根据原告就某种事由的证明出现举证障碍;根据案件的具体需要,确有必要保护受害人的利益;被告就某种事由的存在与否具有证明的可能性三个因素,合理地在当事人之间配置举证资源。

(二)明确举证责任不可转移的制度

我国在诉讼中应明确举证责任不可转移的制度,而举证责任可以转移的观点是错误的。理由如下:第一,认为"举证责任可以转移",是概念不清的结果。或许有人要问如果认为"举证责任转移"理论不成立,那么如果法律已经规定原告承担举证责任,为什么被告会积极地寻求证据来反驳原告的诉讼请求?因为按照逻辑,如果被告不用承担举证责任,他就可以不必积极地寻求证据来反驳原告的诉讼请求了。其实,这一现象从道理上是很容易解释的。在一般民事案件中,原告提起民事诉讼请求法官支持其诉讼请求,被告所处的诉讼地位,会使其本能地为了维护自己的利益避免败诉,而提供证据反驳原告的主张,这是对他自己负责的行为。这种负责的行为不是法律强行规定的,即使他不反驳,也未必会败诉。这种责任的性质就是"提供证据责任"。可见，持"举证责任可以转移"观点者，正是混淆了"提供证据责任"与"举证责任"的概念，将诉讼中"提供证据责任"在双方当事人间的不断转换当成了"举证责任的转换"。❶ 第二，如果"举证责任转移"理论成立，将无法实现举证责任制度的目的。民事诉讼法设定举证责任制度，就是为了在诉讼发生某事实处于真伪不明的状态时，法官可依据既定的举证责任负担原则，裁判负举证责任的一方当事人败诉，从而终结诉讼。而按"举证责任转移"理论，举证责任在双方当事人之间不断地"转移"，使举证责任依违两可。当民事诉讼中发生了事实处于不明的状态时，法官不能依照举证责任负担原则进行裁判，案件无法终结。由此可知，"举证责任转移"理论的潜在危险与举证责任制度的基本功能相悖。第三，"举证责任转移"理论必然导致当事人双方举证责任分配不清的情况。举证责任可以转移意味着原告负有举证责任，被告也负有举证责任。这种骑墙理论不容易把握，将不利于司法实践中作出公正的裁判，因为法官无法确定具体案件的举证责任到底在哪方当事人。第四，"举证责任转移"理论既违背了经典理论，也与现在学界的普遍认识不符。早在20世纪初，德国学者莱昂哈德（Leonhard）就举证责任分配问题创造性地建立了一套理论体系之时，就指出了未尽到客观上的举证责任一方，如事实处于不明状态时，将得到裁判的不利后果，但未尽到主观上的举证责任，只涉及法官的自由心证，当事实处于不明状态时，并不当然得到裁判的不利后果。于是，客观上的举证责任没有转移，但主观上的举证责任则发生转移。经过近百年理论上的论争及某些国家立法、司法实践的检验，现在"结果意义上的举证责任呈现的是一种静态，它受实体法所支配，因而并不发生转移"的观点实际上已成为学界的共识。

---

❶ 邹雄：《对民事诉讼举证责任若干问题的思考》，《西南政法大学学报》2004年第2期。

（三）完善举证责任倒置的相关规定

实行举证责任的倒置，主要是考虑到在一些特殊的民事诉讼中，特别像环境污染侵权公益诉讼中，对于负有举证责任的当事人，因为证据在对方当事人的知识范围内或控制中，严重妨碍了其提供证据能力，基于此，实行举证责任倒置，不仅有利于保护当事人的合法权益，还有利于实现法律的公平与正义。因此，在某些特殊领域，尤其是双方当事人的诉讼地位、所处的客观环境等并不对等的领域，法律有必要实行举证责任倒置，以弥补受害方举证能力不足的"弱势"地位，以体现法律的公平救济。同时，只有让双方当事人公平合理地承担举证责任，才能保证法院依法、公正、及时地审结案件。

环境资源领域刑事附带民事公益诉讼触及《民法典》公平原则实务问题探究

» 杨 青[*]

刑事附带民事公益诉讼作为民事公益诉讼的一种,占据了民事公益诉讼中的大多数。其中,环境资源领域的案件又占了刑事附带民事公益诉讼中的多数,这种情况,在全国检察机关中具有共性。形成这种格局有多种原因,例如,单纯的民事公益诉讼案件线索来源少、重大的环境资源领域案件基本都会涉及刑事犯罪等。环境资源领域刑事附带民事公益诉讼依托于刑事诉讼,具有违法事实清晰、证据材料充分、司法资源节约、履行态度良好等种种优势,为检察机关充分依法履行公益诉讼职责,维护国家和社会公共利益,促进环境保护和生态修复作出了很大贡献,取得了有目共睹的成绩。第十三届全国人民代表大会第三次会议通过的《民法典》把"绿色原则"[❶]写入基本原则,充分体现了国家对生态保护的重视。如何进一步规范环境资源类刑事附带民事公益诉讼案件,使每一起案件都能够经得起法律和历史的检验,是关系公益诉讼检察业务良性发展的深刻问题。

刑事附带民事公益诉讼,本质上仍是民事公益诉讼,在证据侧重、诉讼请求等多方面和刑事诉讼有所区别,除了特殊的"公益"属性,其遵循的仍然是民事诉讼的一般规律和原则。"公平原则"作为《民法典》中另

---

* 杨青,陕西省汉中市人民检察院第七检察部检察官助理。

❶ 《民法典》第9条规定:"民事主体从事民事活动,应当有利于节约资源、保护生态环境。"该条被称为绿色原则。

一项重要基本原则,是民事主体从事民事活动应当遵循的基本行为准则。检察机关作为不同于民事"原告"的"公益诉讼起诉人"参与民事公益诉讼活动,其办理案件和提出诉讼请求等各个环节,不宜只站在"原告"的角度考虑问题,更应当站在全面的"公平原则"基础上进行考量。本文试将现阶段环境资源领域刑事附带民事公益诉讼实务中的一些可能触及公平原则的现实问题做一探讨,以期为检察机关更好地维护社会公平正义提供参考。

一、环境资源领域刑事附带民事公益诉讼的法律依据及法律关系

党的十八届四中全会提出"探索建立检察机关提起公益诉讼制度"。经过改革试点,至2017年6月发布修正后的《民事诉讼法》正式确立了民事公益诉讼制度。《民事诉讼法》(2017)第55条规定的"人民检察院在履行职责中发现破坏生态环境和资源保护、食品药品安全领域侵害众多消费者合法权益等损害社会公共利益的行为,在没有前款规定的机关和组织或者前款规定的机关和组织不提起诉讼的情况下,可以向人民法院提起诉讼……"明确了民事公益诉讼的法定领域及诉讼条件。2018年3月发布的《最高人民法院、最高人民检察院关于检察公益诉讼案件适用法律若干问题的解释》第20条确立了"刑事附带民事公益诉讼"这一诉讼形式的合法地位:"人民检察院对破坏生态环境和资源保护、食品药品安全领域侵害众多消费者合法权益等损害社会公共利益的犯罪行为提起刑事公诉时,可以向人民法院一并提起附带民事公益诉讼,由人民法院同一审判组织审理。"

在环境资源类刑事附带民事公益诉讼中,被告人应当承担什么样的法律责任,以下法律法规有所说明:《环境保护法》第64条规定:"因污染环境和破坏生态造成损害的,应当按照《中华人民共和国侵权责任法》的有关规定承担侵权责任。"《民法典》第一编总则第187条规定了"民事责任优先承担"原则,即"民事主体因同一行为应当承担民事责任、行政责任和刑事责

任的,承担行政责任或者刑事责任不影响承担民事责任"。《民法典》第七编第七章环境污染和生态破坏责任对破坏生态环境承担侵权责任的方式作出了规定。《最高人民法院关于审理环境民事公益诉讼案件适用法律若干问题的解释》第 18 条规定,"对污染环境、破坏生态,已经损害社会公共利益或者具有损害社会公共利益重大风险的行为,原告可以请求被告承担停止侵害、排除妨碍、消除危险、修复生态环境、赔偿损失、赔礼道歉等民事责任"。以目前的案件实例来看,其诉讼请求大多为"赔偿损失、赔礼道歉"两项。

由此可知,"侵权之债"是环境资源领域民事公益诉讼的基础法律关系,民法中关于侵权责任的有关规定是民事公益诉讼中最为基本的法律依据,也是提起诉讼请求的基础。

在环境资源类刑事附带民事公益诉讼案件中,被告人需要承担的民事责任,从本质上来讲是一种"民事侵权"责任。目前,我国一般侵权诉讼的赔偿原则是"补偿性原则",而不是"惩罚性原则"。被告人所需要承担的赔偿数额以实际损失为限,不能大于实际损失,除非存在符合法律明确规定的"惩罚性赔偿"等特殊情形。

二、公平原则简述

《民法典》第一编总则第一章规定了民法的几项基本原则,其中第六条为"公平原则",即民事主体从事民事活动,应当遵循公平原则,合理确定各方的权利和义务。"公平原则"是个备受关注的课题,历来有许多研究者对其进行阐述。在民法的各个原则中,公平原则无疑是最为重要的一项基本原则。民法具有适用主体上的广泛性与主体地位的平等性,民法可以适用于一切社会大众,是所有民事主体的基本权利保障法,从普遍意义上来讲,民法以公平作为其最高价值取向。罗尔斯在《正义论》中开宗明义指出:"正义是社会制度的首要价值,正如真理是思想体系的首要价值一样。"[1] "公平原则"是以公平观念作为人们价值辨别是非曲直的判断标准，可以用来协调关系人主体之间的利益，达到最后判定各关系人应承担的权利义务。"公平原则"体现了民法促进社会公平正义的基本价值，对规范民事主体的行为发挥着重要作用。其不仅是一种理论演绎，而且适应了社会经济发展的需要，并符合法律的最高理性要求和最高价值目标，是自然法和社会法共同追求的终极目标。

维护社会公平正义、捍卫司法公正，是检察机关义不容辞的责任，促进公正司法是检察机关的基本价值追求。《检察官法》以立法形式规定检察官要秉持客观公正的立场，体现了新时代对检察官职业的根本要求。检察官必须把客观公正、平等保护作为履职的本质要求，坚持法律面前人人平等，对不同身份、不同诉讼状况的当事人，都要做到一把尺子、一个标准、一视同仁。2017年9月，习近平总书记在致第二十二届国际检察官联合会年会暨会员代表大会的贺词中强调："检察官作为公共利益的代表，肩负着重要责任。"[2] 在检察公益诉讼领域，检察官既是公共利益的代表，又是客观公正的化身。既不能放过任何侵害社会公益的行为，又不能矫枉过正，随意加大侵权人应当承担的责任。这样才能使每件案件能够"案结事了"，才能让人民群众在每个司法案件中感受到公平正义，才能顺应民意，获得社会的积极评价和广泛认可，从而实现司法办案政治效果、社会效果、法律效果"三个效果"有机统一。

---

[1] 约翰·罗尔斯：《正义论》，何怀宏、何包钢、廖申白译，中国社会科学出版社，1988，第1页。

[2] 新华社：《习近平致信祝贺第二十二届国际检察官联合会年会暨会员代表大会召开》，https://baijiahao.baidu.com/s?id=1578214032680953696&wfr=spider&for=pc，访问日期：2021年8月8日。

三、环境资源领域刑事附带民事公益诉讼可能触及公平原则的几个问题

（一）"重复索赔"以及"侵权责任不明索赔"问题

【案例1】2018年6—9月，康某向他人收购羚羊角、象牙制品在店铺销售。经群众举报，公安机关在康某店铺中查获上述动物制品。经鉴定，羚羊角2根共净重310克，价值40 000元；象牙制品15件，共净重245克，价值10 208.42元。经刑事附带民事公益诉讼，法院判决认定，被告人康某犯非法收购、出售珍贵、濒危野生动物制品罪，判处有期徒刑三年，宣告缓刑四年，并处罚金1万元；涉案被扣押的野生动物制品予以没收；判令被告人康某赔偿涉案野生动物制品的价值损失共计50 208.42元，上缴国库，康某对其犯罪行为给野生动物资源和社会公共利益造成的损害当庭赔礼道歉。❶

【案例2】2019年3月，陈某见朋友吴某手上戴着一个象牙手镯，心动不已，当场向吴某转账2800元委托其帮忙购买。吴某便向微信名为"A高山流水"的人以1900元购买到象牙手镯，从中获利900元。半年后，当地公安机关协助调查日照市"3·02"王某某非法收购、出售珍贵、濒危野生动物制品案时，陈某和吴某买卖象牙手镯一事被立案调查，陈某主动上交象牙手镯。经鉴定，该手镯为亚洲象或非洲象的象牙制品，净重80克，价值3333.36元。该案被审查起诉同时提起刑事附带民事公益诉讼。❷

目前法律实践中，非法收购、运输、出售珍贵、濒危野生动物及珍贵、濒危野生动物制品罪的刑事附带民事公益诉讼已是很常见的一种类型。此类案件入罪标准没有数量或者金额上的限制，只要属于《最高人民

---

❶ （2019）粤0104刑初595号。
❷ （2019）鄂0303刑初603号。

法院关于审理破坏野生动物资源刑事案件具体应用法律若干问题的解释》中"珍贵、濒危野生动物"的范围，就应进行追诉。特别是公安机关进行专项活动严打相关犯罪时，这类刑事案件就更加常见，很多网上少量购买象牙等制品自用的也有可能被立案调查。

从上述两个案例可以看出，此类刑事附带民事公益诉讼的民事诉讼请求往往以刑事案件认定的犯罪数额为标的。在司法实践中，几乎全部类型的刑事附带民事公益诉讼的诉讼请求均以刑事案件认定犯罪数额为基础。由于刑事案件是以打击犯罪维护秩序为基本目的，而民事侵权之诉以赔偿损失为基本目的，这种目的的差异，导致完全依赖刑事犯罪认定的数额进行附带民事诉讼有可能造成诉讼请求超出实际损害等情况，与"公平原则"相违背，具体说来，有可能出现以下情形。

1. 同一损害被多次索赔

非法收购、运输、出售珍贵、濒危野生动物案件，往往是跨区域作案，不同地区信息不通。特别是对于网上买卖的，买家遍布全国各地，能清楚追查到所有买家有时并不现实。而对于卖家犯罪数额的认定，除了查获的现有存货，还包括一段时期内通过销售记录确认的数额。假设制品A的价值通过销售记录被认定为犯罪数额，在提起附带民事公益诉讼时，一般情况下把制品A的价值作为损害赔偿的数额提起诉讼请求。而在另一地区，制品A被多次转卖后，在出售或者购买时又被某地公安机关查获，在提起附带民事公益诉讼时，制品A的价值很有可能再次被作为损害赔偿的数额提起诉讼请求。这样，制品A作为一个生态环境损害索赔标的，被提起赔偿两次，造成了重复索赔的问题。这种情形，尤其可能出现在不停流通的制品类案件当中。

2. 民事侵权责任难以明确情形下的索赔

案例2中，经鉴定的象牙制品，为"亚洲象或非洲象的象牙制品"，鉴定结论并不能确定制品的产地。对于刑事案件来讲，这类犯罪属于《刑法》"妨害社会管理秩序罪"，针对其侵犯的社会管理秩序相关情节，定罪量刑没有问题。但对于民事侵权之诉来讲，其必须存在"侵权"事实。现实情况中，很多珍贵、濒危野生动物制品并不是境内出产，而是通过境外走私入境，然后在市场私下流通。如果是走私入境的制品，虽然损害了生态环境资源，但损害的并非我国管辖范围的生态环境资源，对国家生态是否存在侵权存在争议。这种情况下，刑事附带民事公益诉讼的侵权之诉的基础就显得有些不牢靠。《生态环境损害赔偿制度改革方案》确定了"环境有价，损害担责"的赔偿原则，其赔偿权利人明确为国务院授权的各级政府，即生态环境损害赔偿之诉的最终权利人是国家。对于超越国界的侵权行为，如果对管辖权和是否确定侵权等问题不加研判，直接进行刑事附带民事赔偿之诉，有违"公平原则"。

惩罚带有公法性质，不能简单适用于民法领域，民法领域的"惩罚性赔偿"必须由法律明确规定并限定其条件和范围，如《食品安全法》中的相关规定，惩罚性赔偿应是法无授权不可为。综合上述两种情形，对于环境资源领域刑事附带民事公益诉讼来讲，如果赔偿义务人负担的赔偿责任超过了实际损失，将会对赔偿义务人有失公平，违反民法的"公平原则"。

（二）被告人权利义务可能存在的不对等问题

【案例3】2018年8月，因有野猪到天麻地里吃天麻，代某某在未办理狩猎证的情况下，将4个铁夹子安装在山林中，想夹住进入天麻地里的野生动物。安装后第四天，代某某发现靠近天麻地的两个铁夹子分别夹住了2只野猪。2019年3月，公安局森林分局对其立案调查。检察院于2019年6月发布诉前公告，并依法提起非法狩猎罪的刑事附带民事公益诉讼，要求代某某承担赔礼道歉的民事责任，并承担国家野生动物生态资源损失价值1000元的赔偿责任，用于生态环境损害修复。❶

《野生动物保护法》第3条规定"野生动物资源属于国家所有"。有观

---

❶ （2019）陕0725刑初66号。

点认为类似这样的规定更多属于权力声明的性质，体现的是管理权限，并非占有与收益权限。但从生态环境损害赔偿制度改革以来发生的越来越多的破坏野生动物资源赔偿案件来看，国家作为生态资源损害赔偿权利人，更多体现出的是对野生动物资源的实际所有权人的身份。马克思指出"没有义务的地方就没有权利"。这体现了权利与义务对立统一的关系，行使权利的时候，必须履行相应的义务，没有无权利的义务，也没有无义务的权利。在充分体现"公平原则"的民法领域，表现得更为明显，国家作为野生动物的占有者，就有义务避免野生动物伤害他人人身和财产权益。

从上述案例可以看出，代某某捕猎野生动物的初衷是防止野猪伤害地里的农作物。在司法实务中，此类案件的讯问笔录，经常可以看到类似"知道不让猎捕野生动物，但是它伤害庄稼，就是要弄"这样的陈述，很多被告人并不是为了满足口腹之欲而实行猎捕行为。从民法公平角度来讲，国家在作为生态资源损害赔偿权利主体的同时，应当妥善处理野生动物伤害庄稼或者伤人等问题，但实际情况并非如此。

近年来，我国野生动物保护工作有了很大改善，大量的野生动物得到了繁衍生息，使得野生动物致害事件增多，一些地方野生动物伤人、损害农作物的现象也时常见诸报端。但是由于相应立法不完善、制度不健全、相关责任不明确，很多矛盾纠纷无法顺利解决，使得权益受害者对主管部门与保护工作的不理解与对抗情绪增加。

对于野生动物致害这种特殊类型责任的性质，我国立法中采用了"补偿"的字样，所以很多人认为其为"行政补偿"，但究其责任性质应是一种民事赔偿责任。我国在国家立法层面上，对于野生动物造成损害提出补偿的，仅见于以下两个原则性条款，《野生动物保护法》第19条规定："因保护本法规定保护的野生动物，造成人员伤亡、农作物或者其他财产损失的，由当地人民政府给予补偿。"《陆生野生动物保护实施条例》第10条规定："有关单位和个人对国家和地方重点保护野生动物可能造成的危害，应当采取防范措施。因保护国家和地方重点保护野生动物受到损失的，可以向当地人民政府野生动物行政主管部门提出补偿要求。"一些地方也出台了相应的规定，如《陕西省重点保护陆生野生动物造成人身财产损害补偿办法》。但这些法律法规只是针对重点保护动物致害进行补偿，而《野生动物保护法》保护的野生动物范围却更广，包括"三有动物"❶。同样，刑事附带民事公益诉讼提出生态环境损害赔偿的保护范围，也不仅仅包括重点保护动物。除此之外，在实际操作中，还存在责任主体不明、补偿范围不全、经费保障不到位、补偿标准不足等种种问题，补偿效果并不理想。

如果想从野生动物保护方面获得利益弥补，受损者往往更能接受野生动物造成的庄稼损失补偿。补偿在缓解人与野生动物冲突中的作用，以及缓解人对野生动物的不满情绪方面作用极大，并能有效增强保护意识。受损的公民得到补偿后，不会因为受到损害对野生动物保护工作产生抵触情绪，不会降低他们保护野生动物的积极性。不论从案件实际效果还是民法公平原则考虑，都应尽快制定范围全面、补偿到位的野生动物致害法规和救济程序。

（三）完全按照刑法立案标准进行附带民事诉讼可能导致被告人负担畸重的问题

以"非法狩猎罪"为例，这项罪名的入罪条件有"情节严重"的限定。《最高人民法院关于审理破坏野生动物资源刑事案件具体应用法律若干问题的解释》第 6 条规定："……具有下列情形之一的，属于非法狩猎'情节严重'：（一）非法狩猎野生动物 20 只以上的；（二）违反狩猎法规，在禁猎区或者禁猎期使用禁用的工具、方法狩猎的；（三）具有其他严重情节的。"从该司法解释来看，刑法"情节严重"的重点不仅仅在于对生态环境的损害程度，更重要的是其对管理秩序的破坏程度。例如，其中第

---

❶ 三有动物指有益的、有重要经济价值的、有重要科学研究价值的陆生野生动物。

2 项，只要禁猎区或者禁猎期使用禁用的工具或者方法狩猎，哪怕是只狩猎一只麻雀，也是符合立案起诉标准的。

对于附带的民事诉讼来讲，其审查的重点应在于对生态环境的损害程度，反映为货币赔偿的诉讼请求。对于损害数额很小的刑事案件均提起附带民事公益诉讼，不仅存在浪费司法资源的问题，从某种程度上来讲，也有违公平原则。例如，司法机关在确定损害具体金额的时候，严格的做法应当是请有资质的社会机构进行鉴定，而社会机构的鉴定费用门槛很高，动辄上万元不等。《民法典》第 1235 条规定：违反国家规定造成生态环境损害的，国家规定的机关或者法律规定的组织有权请求侵权人赔偿生态环境损害调查、鉴定评估等费用。鉴定费用最终由侵权人负担，相对于有些案件挽回几百元的生态损失赔偿来讲，这无疑使被告人负担畸重。

四、问题改进建议

一是在相关领域的刑事附带民事公益诉讼中引入案件追溯制，联网查找是否存在已经进行索赔的诉讼标的，在立案审查的时候更加严格细致，转变司法理念，改变附带民事诉讼仍然习惯于重点审查刑事案件部分是否够罪、证据是否完备等惯性思路，将重点放在审查民事侵权的事实和侵权的数额认定上，不偏不倚、客观公正地提出诉讼请求。

二是建立系统化的野生动物致害补偿机制。从落实责任、经费保障、救济流程等各个方面完善规范野生动物致害补偿机制，将《野生动物保护法》保护范围内的非重点保护野生动物也纳入致害补偿范围，使生态损害赔偿制度和野生动物致害赔偿制度作为权利义务的天平两端，真正达到平衡状态。

三是出台相关司法解释，构建刑事附带民事公益诉讼立案追诉标准。构建独立于刑事案件起诉标准之外的民事公益诉讼立案追诉标准，侧重于生态环境的实际损失状态，站在生态实际修复、减轻被告人负担、节约司法资源等多个角度，全面考虑问题，制定合理的立案标准。同时，利用诉前和解和磋商等多种手段，对于被告人认可的，尽量减少不必要的鉴定费用，达到案结事了、生态修复、公平合理的办案效果。

五、结论

"治天下也，必先公。公则天下平矣。"公正司法事关人民切身利益，事关社会公平正义，事关全面推进依法治国。公益诉讼的目的在于维护国家和集体利益，避免"公地悲剧"，但以国家和集体的名义有时却容易碰触个人合法权益，造成了与民法公平原则的抵触。检察机关并不是民事"原告"，而是兼具证据调查等职能的"公益诉讼起诉人"，对于诉讼请求绝不能像民间纠纷中的民事原告那样"以多为佳"，而是应站在公正的立场上"考虑全局"，以法律为依据，不偏不倚，合理公正地提出诉讼请求，不过诉，不过罚。这样检察机关才能切实履行维护公平正义的角色，公益诉讼制度才能行稳致远。

检察机关提起环境行政公益诉讼制度研究

» 鲁小敏[*]

一、环境行政公益诉讼概述

(一)环境行政公益诉讼相关概念厘定

1. 公益诉讼

"公益诉讼"一词并非既定的法律术语,严格来说是个舶来品,其源自古罗马的法律制度。与现代国家相比,古罗马国家机构设置和职能分配均较为简单,国家机关无法完成通过诉讼保护公共利益的职责,于是《罗马法》规定"为保护公共利益,市民可以向法院提起诉讼"[❶],授权市民作为原告代表社会集体利益起诉。到了20世纪60年代,由于美国公益运动兴起,众多公益法律机构相继设立,对应的法律制度陆续出台,"公益诉讼"这一术语得到了广泛使用,这一时期成为近代公益诉讼的开端。在这一时期,为了保护消费者、女性、有色人种及其他社会公益而进行的诉讼被称为"公益诉讼"。[❷] 直到20世纪90年代,我国建设社会主义法治社会的进程加快,公力救济的重要性越来越受重视,在公共利益受到侵害时,司法程序成为公众认为最公正、最权威和最有力的救济方式,而原有的刑事司法惩戒和行政执法处罚其自身存在局限性和有限性,难以实现对公共利益的维护,亟须探索新的救济方式来充分保护公共利益。在这一背景

---

[*] 鲁小敏,西北政法大学法学硕士,现工作于国家税务总局鹰潭市月湖区税务局。
[❶] 周枏:《罗马法原论》,商务印书馆,1996,第886页。
[❷] 敖双红:《公益诉讼概念辨析》,《武汉大学学报(哲学社会科学版)》2007年第2期。

下，我国的公益诉讼制度应运而生。经过数十年的发展，我国学界对公益诉讼的界定仍存在一定的争议，例如，有些行政法学者认为公益诉讼为行政诉讼的一种。❶ 还有学者认为公益诉讼就是民事公诉或行政公诉。也有学者从不同的角度对公益诉讼进行诠释：从学者角度看，诉讼中存在"公共利益"就应该属公益诉讼；从律师角度来看，公益诉讼指原告起诉不为自身主观利益，而为客观秩序或公益的诉讼；从媒体角度来看，公益诉讼指侧重对社会有影响，针对未被主流意识关注的问题而提起的诉讼。❷ 简而言之，公益诉讼其实就是指相对于私益诉讼而言的，为维护公共利益，由与案件没有直接关系的国家机关、组织和个人，就侵犯环境公共利益的行为，向法院提起诉讼的司法活动。依据被诉对象抑或所侵害的客体不同，通常又被分成民事（民事侵权损害）和行政（行政机关行政违法或不作为）公益诉讼两大类。2012 年《民事诉讼法》的修改中，民事公益诉讼成为其亮点之一，该法第 55 条较为详细地对民事公益诉讼进行了规定，这也成为我国公益诉讼制度在立法上真正予以确立的标志。

2. 环境公益诉讼

作为公益诉讼的一种重要类型，环境公益诉讼的概念可谓众说纷纭，有学者从环境权保护的视角将其界定为"为了保护社会公共的环境权利和其他相关权利而进行的诉讼活动"❸；有学者认为"'环保组织'为了保护公共环境利益而提起的诉讼即属环境公益诉讼"❹；还有学者将其界定为"特定的组织或个人，对侵犯环境公共利益的行为向法院提起诉讼，请求法院追究相关责任人法律责任的司法活动"❺。前述各学者对环境公益诉讼的概念界定从不同的角度出发各有所长。简而言之，环境公益诉讼就是指特定

---

❶ 解志勇：《论公益诉讼》，《行政法学研究》2002 年第 2 期。
❷ 林莉红：《公益诉讼的含义和范围》，《法学研究》2006 年第 6 期。
❸ 叶勇飞：《论环境民事公益诉讼》，《中国法学》2004 年第 5 期。
❹ 别涛：《环境公益诉讼》，法律出版社，2007，第 3 页。
❺ 吕忠梅：《环境公益诉讼辨析》，《法商研究》2008 年第 6 期，第 132 页。

的主体，出于保护环境公益的目的，以实施侵害环境公益行为的行为人为被告，而向有管辖权的法院提起诉讼的司法活动。其主要包括环境民事公益诉讼和环境行政公益诉讼，前者是针对违反环境法律、侵害公共环境权益者，适用民事诉讼相关法律规定而提起的诉讼；后者是针对享有环境监督管理职能的国家公权机关的行为或不行为，适用《行政诉讼法》及相关司法解释而提起的诉讼。

中国经济日益蓬勃发展的同时，环境污染及生态破坏等环境问题也日趋严重，为强化司法救济手段保护环境公共利益的功能，中央及地方都尝试着进行环境公益诉讼的司法实践。例如，国务院出台一系列旨在全国范围内推动环境公益诉讼实践的指导性文件，各地方也结合自身实际情况，探索性地出台环境公益诉讼规范性文件来为本地区环境公益诉讼案件的处理提供参考。❶之后，为更大范围地落实环境公益诉讼的司法实践，2012年《民事诉讼法》对环境民事公益诉讼进行了立法确认，2014年修订的《环境保护法》对社会组织应符合的条件予以明确，2015年最高人民法院又出台了相关司法解释，对环境民事公益诉讼案件处理规则做了进一步的细化。

3.环境行政公益诉讼

环境行政公益诉讼在我国的司法实践远早于立法确认。早在相关规定出台之前，就有司法尝试，如2000年"300市民状告青岛规划局行政许可案"、❷2001年"施某辉、顾某松诉南京市规划局违法行政案"❸及2003年

---

❶ 如2005年国务院出台了《国务院关于落实科学发展观加强环境保护的决定》（国发〔2005〕39号），贵阳市于2007年发布了《关于贵阳市中级人民法院环境保护审判庭、清镇市人民法院环境保护法庭案件受理范围的规定》（筑中法发〔2007〕37号文）。

❷ 姜培永：《市民状告青岛规划局行政许可案——兼论我国建立公益诉讼制度的必要性与可行性》，《山东审判》2002年第1期。

❸ 蒋德：《紫金山要建观景台，两大学教师向法院提起行政诉讼》，《法制日报》2001年10月23日第001版；郑晋明：《拔掉"南京人绿肺上的尖刀"——南京市决定拆除紫金山观景台前前后后》，《光明日报》2002年1月24日第A02版。

"金某喜诉杭州市规划局案"❶ 等。直到 2015 年《人民检察院提起公益诉讼试点工作实施办法》(以下简称《试点工作实施办法》)和《人民法院审理人民检察院提起公益诉讼案件试点工作实施办法》)(以下简称《法院审理办法》)的出台才基本确定了环境行政公益诉讼规范依据，2017 年 6 月修正的《行政诉讼法》在立法层面对其进行了确认。

根据《试点工作实施办法》第 28 条与《行政诉讼法》第 25 条第 3 款的规定，我国现行的环境行政公益诉讼可以界定为：检察机关在履职中发现行政机关违法行使职权或怠于行使职权，导致环境公共利益受到侵害的，经过前置程序，行政机关仍拒不改正其行政行为的，为维护环境公共利益，而向法院提起的诉讼，由法院依法处理违法的司法活动。其主要有三个特征：第一，主体特定性。检察机关在履行职责中发现案件线索，并作为目前提起环境行政公益诉讼的唯一适格的主体。第二，目的监督性。旨在监督行政机关依法履行职权。第三，程序特殊性。检察院依法向人民法院提起诉讼前应当履行前置程序，即先向行政机关发出检察建议，给予其改正机会，只有当行政机关拒不改正之时方可提起诉讼。

（二）检察机关提起环境行政公益诉讼的理论与现实证成

"检察机关是否具有提起公益诉讼的主体资格"这一问题一直为学界所争论，如有学者认为检察机关不应具有主体资格，应当将诉讼主体的范围确定为公民个人和非政府组织；❷ 本文认为目前立法仅明确检察机关的主体地位具有现实必要性，可能随着环境状况的改善及我国环境公益诉讼制度的日渐成熟，会放开主体限制，在此本文不予讨论。《试点工作实施办法》和 2017 年修正的《行政诉讼法》已对检察机关提起环境行政公益诉讼唯一主体资格予以肯定，为进一步明辨争议及回应、探究立法之用意，

---

❶ 中国法院网：《金奎喜诉杭州市规划局案》，https://www.chinacourt.org/article/detail/2003/11/id/93681.shtml，访问日期：2023 年 8 月 14 日。

❷ 章礼明：《检察机关不宜作为环境公益诉讼的原告》，《法学》2011 年第 6 期。

本文从理论与现实两方面对检察机关提起环境行政公益诉讼的合理性予以证成。

1. 理论证成

罗马有句谚语"没有原告就没有法官",说明原告的诉讼权将争议引到司法权面前,才能使司法审判得以启动。因此,检察机关要提起环境行政公益诉讼,其就必须有原告或类似于原告的诉讼权。本文认为,检察机关具备诉讼权的主要依据有二。

其一,"程序当事人理论"与"诉讼信托理论"是检察机关诉权的理论来源。传统的"当事人理论"认为原告要获取当事人资格(或者说适格)就必须证明其与案件有"直接利害关系",而公益诉讼旨在维护公共利益,公共利益的享有者具有不确定性,其受侵害一般难以找寻"直接利害关系人"。因此,基于"当事人理论",无法启动司法救济程序。随着现代社会的复杂化,单个行动致使众多人蒙受不利的事件频繁发生,在环境保护领域尤为突出。为满足公共利益救济的实际需要,诉讼理论有了进一步发展,适格原告的范围也由"与案件有直接利害关系人"扩展至"与案件无直接利害关系人"❶,在这一现实背景下衍生出来的"程序当事人理论"与"诉讼信托理论"最具代表性。"程序当事人理论"主张区分实体法上的当事人与程序法上的当事人,不要求当事人主张有实体法的权利。换言之,只要以自己的名义向法院提起诉讼并按规定应诉的人就可以认定为当事人,并不考虑其是不是民事权利或法律关系的主体。"诉讼信托理论"强调:为维护公益,要有个代言人(非直接利害关系人)替代国家或社会作为当事人以自己的名义提起诉讼,其只基于实体权利人的"信托"就能享有程序意义上的诉权。❷ 依据前述两种理论,在理论上与公共利益并"无

---

❶ 张建伟、朱晓晨:《检察机关提起环境公益诉讼若干问题研究》,《中国环境法治》2011年第1期,第153页。

❷ 李艳芳、吴凯杰:《论检察机关在环境公益诉讼中的角色与定位——兼评最高人民检察院〈检察机关提起公益诉讼改革试点方案〉》,《中国人民大学学报》2016年第2期。

直接利害关系"的检察机关一旦启动诉讼程序就可以被认定为"程序当事人"抑或是"国家或社会的代言人",换句话说,检察机关可以有诉权。因此,确认检察机关的主体资格于理有据,"程序当事人理论"与"诉讼信托理论"就是检察机关能提起环境行政公益诉讼实质上的理论基础。

其二,《宪法》赋予检察机关的"监督权"是检察机关诉权的法理基础。根据"法无授权则禁止"的基本原则,检察机关的诉权必须要有现实的法理支撑,也就是形式上的合法性。根据《宪法》第9条和第26条,环境保护是我国长期执行的基本国策,对所有国家机关都具有普遍约束力。根据政治学理论对国家权力的经典划分,享有立法权的立法机构应通过制定合乎公平的法律以确认对环境公共利益维护的依据;享有行政权的行政机关应通过广泛的行政权力的行使,对社会资源的日常配置进行组织,不断增进环境公共利益,提供更多的环境公共物品;享有司法权的司法机构应通过司法程序实现对环境公共利益的维护。三种权力在本源上都应该维护环境公共利益,只是行政权最广泛,行政机关应该作为核心,但这并不能排除检察机关的独立地位。《宪法》第134条规定,检察机关属于"法律监督机关",那么由其来监督政府维护环境公共利益的行政行为,并在政府不依法行政之时,由其依法提起诉讼,应该是司法监督的应有之义,是检察机关履行法律监督职权的一种创新的方式和手段,也是司法机关履行"国家环境保护义务"的重要方式,因此,《行政诉讼法》对其主体资格的确认应是必然。

2. 现实证成

依据公益诉讼基础理论,提起诉讼的主体具有多元性,而现行立法将检察机关作为唯一主体,否定了其他主体的资格,本文认为这是为更好地督促行政机关依法行政的现实需要。从试点情况来看,环境行政公益诉讼案件占绝大部分(下文有详细介绍,此处不赘述),案件数量占比之大不难折射出我国具有环境保护监督管理职能的行政机关违法或怠于行使职能的这一现实问题还是存在的。从根本上来说,这是由于行政机关作为保护、实现环境公共利益的核心，缺乏强有力的监督和问责而导致的消极影响。因为政府的作用是双重的，在增进公共利益的同时，也不能完全排除政府机构及其工作人员对权力及政绩的追求而侵害公共利益的可能性。从实用主义的角度考量，为尽快规范行政机关依法行政，满足国家治理体系和治理能力现代化的现实需要，就必须要有一个强有力的主体来代表公共利益提起诉讼，来保障环境公共利益不受侵害。较之于其他不特定的个人或团体，检察机关具有先天优势，其优势体现在以下几方面。

一是检察机关的权威性。由"民告官"向"官告官"转变，可以改变相对于掌握公权力的行政机关，可能因自身力量不足，而导致的原告、被告力量不平衡的尴尬局面，能保证诉讼公平和效率，尽快实现监督政府依法行政的目的。同时，对于环境行政公益诉讼这一新事物而言，部分法院仍然存在"环境问题归政府管，不归我管"的习惯性思维，再加上地方政府施加压力，为规避"政治责任"，其可能会阻止或者延缓不特定的个人或团体提起的环境案件。在此境况下，由与法院一样同属司法机关的检察机关提起诉讼，一来可以监督法院，二来可以分担法院的"政治责任"，可以及时启动司法程序，规范政府的环境行政行为。

二是检察机关的专业性。环境案件常面临着取证难、胜诉难的困境，由检察机关提起诉讼有利于破解此困局。检察机关承担刑事公诉与反贪侦查等的日常工作无一不与诉讼有关，与其他主体相比，检察机关具有较为先进的侦查技术设备和能力过硬的专业人才队伍，承担环境行政公益诉讼案件的调查取证等工作，可谓得心应手，同时这也可以将检察机关的专业性发挥得淋漓尽致。特别是在应对复杂的事实认定和法律问题时更具有明显的优势，能够在维护公益的诉讼过程中，充分节约时间，减少经费支出。

三是检察建议的实效性。作为"法律监督机关"，检察机关可以以一种相对柔性的检察建议要求行政机关自我纠错，根据行政机关纠错的好与坏，来确定诉与不诉，这样能充分尊重行政机关在行政职责领域的决定权,更容易为行政机关接受,能尽可能地发挥其在职能范围内所具有的行政专长,及时纠正其违法行为,满足时间、经费成本经济原则。

四是检察机关诉讼的职权性。公民个人和其他社会组织诉与不诉具有自主选择权,而把提起环境行政公益诉讼作为检察机关的一项职责,只要符合法定条件其就必须履职,这就保证了提起诉讼的强行性、监督的充分性。

总之,在当前环境质量整体恶化、新型环境问题不断显现、环境行政监管不当现象还普遍存在的这一背景下,确立检察机关提起行政公益诉讼的主体资格具有现实必要性。同时,结合当前我国行政机关违法行政或者不作为等问题突出的执法现状来看,有必要限制其他诉讼主体的资格,因为一旦放宽诉讼主体的范围,很有可能导致滥诉,最终不仅浪费司法资源,也有可能影响行政机关的正常工作,打击了其工作积极性,得不偿失。因此,确定检察机关的提起诉讼的唯一主体资格,能及时填补我国在保护环境公共利益主体方面的空白,也能防止主体过多而导致滥诉情形的发生,从而能及时且准确地规范行政机关的行政行为。综上,确定检察机关作为提起诉讼的唯一主体,具有现实意义,更有政治意义。

二、检察机关提起环境行政公益诉讼制度实施现状

公益诉讼试点是我国司法改革的重要组成部分,也是维护国家和社会公共利益的需要。两年试点成效显著,根据有关统计,试点两年共挽回直接经济损失高达 89 亿元。❶ 总的来说,试点中检察机关提起环境行政公益诉讼制度在规范制定实施上与案件办理上都状况良好,具体情况下文分述之。

---

❶ 胡永平:《公益诉讼试点两年挽回直接经济损失 89 亿元》,http://www.china.com.cn/news/txt/2017-09/20/content_41618521.htm,访问日期:2017 年 12 月 16 日。

（一）规范制定实施现状

党的十八届四中全会提出了探索建立检察机关提起公益诉讼制度的改革要求。为落实改革要求，全国人大常委会决定授权最高人民检察院在部分地区开展公益诉讼试点工作。随后，最高人民检察院发布《检察机关提起公益诉讼改革试点方案》确定在北京等13个省、自治区、直辖市开展为期两年的试点工作（2015年7月至2017年7月），2015年12月，最高人民检察院通过了《试点工作实施办法》，该办法对线索来源、案件范围、立案和诉前程序等内容进行了明确。2016年2月，最高人民法院出台了《法院审理办法》，该办法对案件审理进行了细化规定。此外，13个试点地区为具体落实试点工作均结合自身实际情况制定了实施方案，为更进一步规范检察机关提起的公益诉讼案件的审理工作，安徽、湖北、内蒙古及吉林等省、自治区均结合自身的工作实际专门出台了相关规定。随着为期两年的试点工作的结束，为全面铺开这一新制度，2017年6月修正的《行政诉讼法》增加了检察机关提起行政公益诉讼的规定，在立法上对检察机关提起行政诉讼的地位进行了确认，弥补了空白。为进一步细化对相关问题的规定，更好地指导法院审理环境行政公益诉讼案件，2018年3月，最高人民法院、最高人民检察院联合发布了《最高人民法院、最高人民检察院关于检察公益诉讼案件适用法律若干问题的解释》（法释〔2018〕6号）（以下简称《若干问题解释》）。

（二）案件办理现状

据统计，截至2018年3月，检察机关共办理公益诉讼案件19 978件，行政公益诉讼案件19 274件，占96.47%，生态环境与资源保护领域类案件 13 664 件，占 68.39%。❶ 为更好地反映试点阶段案件办理状况，特选取了 2015 年 7 月至 2017 年 3 月的数据来进行分析，数据反映案件办理情况主要包括：从案件线索发现来看，各试点地区共收集公益诉讼案件线索共 7474 件，行政公益诉讼案件线索 6532 件，占 87.4%，生态环境和资源保护领域 5410 件，占 72.38%；从诉前程序开展情况来看，各试点地区共办理诉前程序案件 5218 件，行政公益诉讼案件 5074 件，占 97.24%，生态环境和资源保护领域 3691 件，占 70.74%；从案件起诉与审理情况来看，各试点检察院共向人民法院提起公益诉讼案件 653 件，行政公益诉讼 580 件，占 88.82%，生态环境和资源保护领域 475 件，占 72.74%，其中包括一起行政附带民事案件。❷ 从案件线索的发现到案件的起诉与审理，环境行政公益诉讼案件占主要部分。据《中国环境司法发展报告（2015—2017）》显示，我国 2015—2017 年环境行政公益诉讼表现为四方面特征：（1）被告多数为未履行环境保护职责的基层环境保护行政管理机关、县级人民政府的工作部门，近 89%；（2）案件比例逐年增多；（3）法院对检察机关的诉讼请求支持率较高；（4）判决率较高及结案率较高。❸

三、检察机关提起环境行政公益诉讼制度存在的问题

检察机关提起公益诉讼的制度构建，采取的是"摸着石头过河"，边试点边立法的方式，试点过程中出台了一系列政策法规，使得该制度朝着全面化、规范化方向发展。但由于检察机关提起的环境行政公益诉讼在我国毕竟是一项新的制度，无经验可循，试点工作中也发现了许多焦点问

---

❶ 曹建明：《最高人民检察院工作报告》，http://news.jcrb.com/jxsw/201803/t20180326_1853161.html，访问日期：2018 年 4 月 11 日。

❷ 最高人民检察院民事行政检察厅：《检察机关提起公益诉讼实践与探索》，中国检察出版社，2017，第 69-73 页。

❸ 吕忠梅、焦艳鹏：《中国环境司法的基本形态、当前样态与未来发展——对〈中国环境司法发展报告（2015—2017）〉的解读》，《环境保护》2017 年第 18 期。

题,例如,"检察机关的诉讼地位如何认定""案件如何管辖""检察机关能否撤诉""二审程序属抗诉还是上诉""举证责任如何分配"及"法院能否不予受理或驳回起诉"等。本文以最大可能地发现违法行为、最大可能地保障案件胜诉、最大限度地救济环境公共利益为原则,从当前问题中摘取了包括"现实障碍"和"制度缺陷"两方面的若干问题,有针对性地提出完善性意见,以期这项制度能更好、更充分地保护环境。

在此需要强调两点:一是,本文所列举的问题可能是其他类型行政公益诉讼存在的共性问题,但本文仅以环境保护法律思维的视角;二是,对于存在问题的分类,主要是根据问题产生的时间、原因及本质不同而划分的。现实障碍更多的是在制度实施过程中所暴露出来的,其主要是由于相关概念的标准过于抽象,如"公益",而导致适用上的难以把握,抑或是新制度实施无经验可循,司法环境正在构筑,各主体之间关系难以平衡而产生的,其侧重于通过试错来探索正确的切入点,实质上与相关规定的正确与否无关。而制度障碍恰好相反,制度障碍是在制度规定设计之时其实就已经存在,只是在实施过程中更加表象化,其主要是由于对法理及相关司法经验考量不足而生成的,在一定程度上反映的是制度设计存在的错误。

(一)现实障碍:检察机关与行政机关、审判机关存在冲突

"案件线索发现—提出检察建议—调查取证—提起诉讼—审理判决"整个过程都要涉及检察机关、行政机关和审判机关三方之间的协调。在运作过程中,任何一方出现问题,整个案件的处理就难以进行下去。在实践中,出于内在抑或是外在原因,检察机关、行政机关和审判机关三方存在冲突,运作协调不连贯的现实障碍仍然存在,集中表现在检察机关提起之困、对行政机关的监督之难和法院受理后的诉讼之艰。

1.提起之困:环境公共利益的不确定性

《试点工作实施办法》第 28 条规定,检察机关提起诉讼必须满足两个

基础性条件：其一，行政机关有"公益"的管理职责且存在违法或不作为；其二，存在公共利益（国家和社会利益）损害。然而，由于公共利益具有不确定性，又没有一个具体的法律标准，这就使检察机关在提起诉讼过程中在公共利益认定方面陷入窘境，会导致检察机关与法院在公共利益认定上发生争议，也可能会由于适用标准过宽而过度监督行政机关，影响行政机关的正常工作，恶化了与行政机关之间的关系。

事实上，"公共利益"本身就是一个极具不确定的复杂法律概念，其不确定性是出于社会发展变迁等原因，其利益内容及受益对象是不确定的，这就使得"公共利益"具有一副"普罗修斯之脸庞"，以致时至今日，法学界对公共利益的认识及界定仍然言人人殊，莫衷一是。如有学者认为所谓的"公共利益"相当于法、德、日所讲的"公序良俗"概念；❶ 也有学者认为"公共利益"是具体的政治经济利益；❷ 还有学者认为"公共利益"包括社会公共利益和国家公共利益。❸ 为了更好地指导行政公益诉讼案件，最高人民检察院以"湖北省十堰市郧阳区人民检察院诉郧阳区林业局行政公益诉讼案"（检例第 30 号）❹ 作为指导案例，总结了"公共利益"的"主体不特定性、基本性、整体性和层次性、发展性、重大性及

---

❶ 佟柔主编《中国民法学·民法总则》，中国人民公安大学出版社，1990，第 21 页。
❷ 许崇德主编《中华法学大辞典（宪法学卷）》，中国检察出版社，1995，第 192 页。
❸ 颜运秋：《公益诉讼理念研究》，中国检察出版社，2002，第 21 页。
❹ 基本案情：2013 年 3 月至 4 月，金某国、吴某、赵某强在未经县级林业主管部门同意、未办理林地使用许可手续的情况下，在湖北省十堰市郧阳区杨溪铺镇财神庙村五组、卜家河村一组、杨溪铺村大沟处，相继占用国家和省级生态公益林地 0.28 公顷、0.22 公顷、0.28 公顷开采建筑石料。2013 年 4 月 22 日、4 月 30 日、5 月 2 日，郧阳区林业局对金某国、吴某、赵某强作出行政处罚决定，责令金某国、吴某、赵某强停止违法行为，恢复所毁林地原状，分别处以罚款，限期十五日内缴清。金某国、吴某、赵某强在收到行政处罚决定书后，在法定期限内均未申请行政复议，也未提起行政诉讼，且罚款未缴纳完，并未将被毁公益林地恢复原状。检察机关认为郧阳区林业局在法定期限内既未催告三名行政相对人履行行政处罚决定所确定的义务，也未向人民法院申请强制执行，致使其作出的行政处罚决定未得到全部执行，被毁公益林地未得到及时修复，向林业局送达检察意见未得回复，遂提起行政公益诉讼。参见最高人民检察院：《第八批指导性案例》，https://www.spp.gov.cn/jczdal/201701/t20170104_177552.shtml，访问日期：2020 年 8 月 8 日。

相对性"六大特征。❶然而,环境属于"纯公共物品",由其而衍生出来的作为"公共利益"下位概念的"环境公共利益"其不确定性更甚,这就导致检察机关在环境公益认定方面存在各种各样的困惑,例如,"到底怎样认定环境公共利益""如何界定环境公共利益遭受了侵害""环境公益恢复需要到何种程度"等。以"十堰市郧阳区人民检察院诉郧阳区林业局环境行政公益诉讼案"为例,该案法院判决林业局违法并要求其积极履职的判决结果并无不当,但笔者认为该案中公共利益的认定方面值得商榷。在诉讼过程中,被告林业局提交了金某国与杨溪铺镇财神庙村委会五组签订的协议书、湖北省林业厅《关于调整郧阳县生态公益林面积的批复》、郧阳区人民政府《关于调整国家级和省级公益林的函》等证据认为金某国违法采挖的两块林地已经被调整为非公益林,采石得到了权属人同意未侵害公共利益。在质证过程中,检察院认为该证据难以确定金某国占用林地在被调减的范围之外,同时林地及林木本身具有公益性,并且其公益性和林地及林木的权属无关,法院采纳了检察院的意见,并认为对于公益林面积是否调整不影响行政处罚决定的效力。❷该案中被毁林地在不在公益林面积之内并不会影响对行政机关行政行为违法的确认,因为即使不在公益林面积之内未经相关部门许可,采石本身就应该予以行政处罚,行政机关不及时督促行政相对人按时缴纳罚款就属失职,应确认违法。

但笔者认为,如果所破坏的林地不在公益林面积之内,那么所侵害的是"公共利益"还是"村集体的利益"就值得商榷了。该案中检察院及法院认定公共利益侵害的标准过于宽泛,检察院将林地及林木作为环境影响因子的环境品质的破坏就等同于(环境)公共利益的损害,与林地在不在公益林面积之内无关。这种观点从环境科学的角度来说是合理的,因为

---

❶ 最高人民检察院:《第八批指导性案例》,http://www.spp.gov.cn/jczdal/201701/t20170104_177552.shtml,访问日期:2018年1月21日。
❷ 十堰市郧阳区人民检察院诉十堰市郧阳区林业局不履行法定职责案,(2016)鄂0321行初6号。

这一角度的林地及林木体现的是一种资源类的"物",其生态功能的破坏当然会或多或少地影响(环境)公共利益。但这种观点势必会造成一个不好的示范,在案件中只要存在环境要素的破坏就可以认定环境公共利益受损,哪怕是砍伐一棵树都可以提起公益诉讼。这其实淡化了林地或林木法律上的财产权属性,该案中的林地及林木不仅属于资源类的"物"也同属于杨溪铺镇财神庙村的集体财产。本文认为,如果在公益林面积之内,公益林为保护生态脆弱地区生态环境而划定的,公益林一般严禁采伐,更加强调其所具有生态环境保护的功能,这种情况下,财产属性应当让位于环境保护功能,但如果遭到破坏对当地生态环境很可能造成影响,更多的是损害了(环境)公共利益。如果不在公益林面积之内,那么此林地所属林木,一般来说有采伐许可证就可以采伐,这种情况下,更强调其财产属性。那么,虽然毁坏林地及林木确实也侵害了其生态环境功能,但最主要的应该是侵害了"村集体的利益",而不是"公共利益",这种情况下有最直接的受害方即"村集体",似乎说侵害环境公益过于牵强,自然提起公益诉讼也有点牵强。其实,在环境案件中,一般都存在包括公共利益在内的多种利益的复合,提起环境行政公益诉讼之时,如何区分公共利益与其他利益是一大现实难题。

2. 监督之难:检察机关监督行政机关存在一些困难

对试点情况的检视发现,基于行政机关与检察机关双方原因,实现监督目的存在困难,具体表现在以下几个方面:其一,监督效果难以保证。检察机关调查核实有关情况,需要行政机关及其他有关单位及行政相对人的配合,行政机关往往担忧会进一步追究其主要领导和负责人的责任而不予配合,甚至会故意隐瞒证据,但是对于不予配合的情形,检察机关不具有强制性救济权力,再加上环境损害等问题鉴定成本高昂、调查取证缺乏程序规范和本身民行检察部门人员少等客观因素,严重影响了检察机关调查取证的实效,监督效果自然会大打折扣。其二,监督目的难实现。提起环境行政公益诉讼的最终目的不在于苛以行政机关重责,而在于使地方的经济发展和生态环境保护相协调。有实践反映，在检察机关发出检察建议或提起诉讼后，有些行政机关会采取一些非常极端的整改措施，以"贵州省锦屏县人民检察院诉锦屏县环保局行政公益诉讼案"❶为例，检察机关提起公益诉讼后为逃避责任，维护自身形象，该县环保局直接关停有关涉事企业，而有关企业污染清江水的主要原因是未采取有效的防污染措施，有效整改的方法是完善整改措施而不是关停，这种简单粗暴的处理方式会导致监督目的难实现。其三，监督公平存质疑。试点两年所提起的环境行政公益诉讼案件中，被告大都是县级人民政府的工作部门，占比高达89%；同时也不乏县乡两级人民政府成为被起诉主体的案例。有学者就这一状况提出了质疑，认为这并不代表较高级别的行政机关在环境监管和治理方面的履职情况好于基层行政机关，相反会间接反映检察机关难以全面且客观地监督行政机关。❷事实上，检察机关"拣软柿子捏"的现象实践中是存在的，这种有选择性的监督确有政治上的实用主义与功利主义之嫌，会不利于环境法治的健康发展，更难于保证监督实效，容易挫伤行政机关自我纠错积极性，深化检察机关与行政机关之间的对立，最终不利于环境保护。

3. 诉讼之艰：检察机关与审判机关的实践存在冲突

为了顺利推进检察机关提起公益诉讼的这一项改革任务，在试点过程中，最高人民检察院、最高人民法院都进行了积极的探索和尝试，并且分别出台了司法解释性的文件。然而，由于环境公益诉讼的独特性及其应有的审判制度和程序还没成形，在试点工作中检察机关与作为审判机关的法院亦存在一些冲突。首先，检察机关身份如何界定？虽然在实践中检察机关多以"公益诉讼人"的身份出庭，但"公益诉讼人"其行"原告"之权还是"公诉人"之权？抑或是其具有其他特殊之权？由于缺乏明确规定，

---

❶ 最高人民检察院：《第八批指导性案例》，https://www.spp.gov.cn/spp/jczdal/201701/t20170104_177552.shtml，访问时期：2023年8月17日。

❷ 湛中乐、尹婷：《环境行政公益诉讼的发展路径》，《国家检察官学院学报》2017年第2期。

在试点过程中有些法院严格按照最高人民法院出台的《法院审理办法》中"诉讼权利义务参照行政诉讼法关于原告诉讼权利义务"的规定,将检察机关等同于原告,要求提供组织机构代码证、法定代表人身份证明、授权委托书等,而检察机关认为其身份具有特殊性,不能等同于一般原告,不应提供这些材料。其次,判决的履行与执行的效果难以保证,对被破坏的生态环境进行修复,需要的时间较长,如何确保行政机关充分履行督促职责成一大障碍。再以湖北省十堰市郧阳区人民检察院诉郧阳区林业局环境行政公益诉讼案为例,法院判决确认林业局继续履行被毁林地生态修复工作的监管职责,而树木的生长需要较长的时间,经鉴定该林地要恢复需三年,这就导致检察机关很难对恢复过程进行持续有效的监督,检察机关难以按照《行政诉讼法》第95条的规定申请执行,检察机关即使申请了,法院也难以按照《行政诉讼法》第96条的规定判断是否可以启动执行程序。

(二)制度缺陷:制度设计不完善

最高人民检察院出台的《试点工作实施办法》,2017年修正的《行政诉讼法》及2018年最高人民法院、最高人民检察院发布的《若干问题解释》是环境行政公益诉讼适用的最主要的规定。《试点工作实施办法》主要是对案件处理中涉及的线索来源、案件范围、立案和诉前程序等内容进行明确,《行政诉讼法》主要就诉讼规则进行规定,《若干问题解释》是对前述两个规定的细化。本文在系统分析前述规定的基础上,结合环境案件自身特性以及试点实践情况,认为在制度设计上还存在下述几方面缺陷。

1.线索来源过于单一

线索发现难、转化难、成案难是环境案件遇到的共性问题,然而从当前规定来看,不仅不能破解这一难题,相反还可能会加剧。因为根据《行政诉讼法》和《试点工作实施办法》,"履行职责"是检察机关案件线索发现的唯一方式,并且《试点工作实施办法》对"履行职责"仅界定为履行批准或者决定逮捕等专属于检察机关的日常工作职责。❶如此严格之界定，屏蔽了新闻媒体监督、群众举报投诉等方式提供的线索，势必会极大地减少案件线索的发现量，从而在一定程度上减少案件数量。本文对此种过于单一的线索发现方式持否定态度，本文认为仅以检察机关履职来发现案件线索可能存在以下弊端：其一，与解决环境问题的紧迫性不符，当前我国的环境问题十分严重，行政机关违法履行职权或怠于履行职权的现象仍然存在，案源线索单一，不能更多地发现违法问题，势必会导致一些违法行为得不到纠正，环境问题得不到解决。其二，与立法精神及法律规定相悖，"申诉、控告或者检举"是中国公民的宪法性权利，同时 2014 年修订的《环境保护法》增加了"信息公开和公众参与"来保障公共参与的权利，关闭公民发现提供线索的渠道，违背了《宪法》的精神，也不利于保障公民的参与权。其三，与检察机关的职权相冲突，有学者对于这种履职中发现案件线索然后部门之间移送的方式提出疑问，认为"这种案件线索发现方式会扰乱人民检察院履行法定职责工作程序，会导致案件材料重复移送，会影响检察机关的工作"❷，最后会导致不能很好地履行作为法律监督机关对其他司法机关适用法律的行为和行政机关行政执法行为进行监督的主要职责。同时，民事行政检察部门之外的其他业务部门不从事公益诉讼这一块的业务，对环境行政公益诉讼案件的特点难以全面把握，势必会导致一些线索遗漏。其四，与监察体制改革这一背景相脱节，行政机关违法或怠于履行职责，多与贪污渎职相联系，随着监察体制的改革，检察机关的反贪反渎的职能将整体转属于监察委员会，这又将给检察机关的线索发现带来新的难题。

2. 举证责任待明确

对于检察机关的举证责任学界一直存在争议，主要有四种观点：一是

---

❶《人民检察院提起公益诉讼试点工作实施办法》第 28 条。
❷ 罗丽：《我国环境公益诉讼制度的建构问题与解决对策》，《中国法学》2017 年第 3 期。

鉴于检察机关和一般行政相对人相比，其在设备技术实力、调查能力等方面和行政机关相当，可以采取民事诉讼的"谁主张，谁举证"的原则来确定检察机关的举证责任；二是仍然适用《行政诉讼法》的举证原则，即由行政机关对其行为的合法性承担举证责任；三是检察机关承担初步举证责任，行政机关对其行为的合法性承担举证责任；四是不能因为检察机关具有优势而减轻行政机关的责任，相反因为检察机关具有更强的抗辩能力而应该加重被告的举证责任。❶现有规定并未明确举证责任的分配，根据《试点工作实施办法》第44条、第45条及《若干问题解释》第22条的规定，检察机关需要承担"起诉符合法定条件""已经履行诉前程序""行政机关仍不依法履行职责或者纠正违法行为"等事实的证明责任，需要提交"起诉书"及"公益受损的初步证据"等材料。

当前举证责任规定尚不尽明确，确实会在一定程度上增加检察机关举证责任的负担。特别是"初步证据"的证明力度达到何种程度，试点方案以及当前的法律及司法解释未有明确规定，这就导致实践中检察机关举证存在困惑，加之环境损害具有隐蔽性、渐进性及复杂性，必须依靠专业机构鉴定方能发现，这就导致实践中检察机关调查取证"初步证据"很困难。以致有学者认为"初步证据"的设计最初是为了防范公益诉权被滥用，然而"初步证据"的过高门槛又可能会阻碍公益诉讼进入司法程序。❷

3."损害赔偿"存争议

《试点工作实施办法》第16条对"损害赔偿"诉讼请求未进行规定，而《行政诉讼法》第76条规定，"损害赔偿"应是行政诉讼的常见请求类型，申言之，原告有权就造成的损失要求被告承担赔偿责任。那么在环

---

❶ 季美君在发表于《中国法律评论》2015年第3期的《检察机关提起行政公益诉讼的路径》一文主张第二种观点；黄学贤在发表于《法学》2005年第10期的《行政公益诉讼若干热点问题探讨》中主张第四种观点。

❷ 张百灵：《检察机关提起环境行政公益诉讼的困境与完善——以〈人民检察院提起公益诉讼试点工作实施办法〉为蓝本》，《江苏大学学报（社会科学版）》2017年第4期。

境行政公益诉讼案件中，实际上行原告之权的检察机关能否主张"损害赔偿"？《试点工作实施办法》第16条中的"等"字能否解释为包含"损害赔偿"这一诉讼请求？实务界与学界存有争议。通过与检察机关负责环境行政公益诉讼的一线工作人员进行交流，❶得到的结论是司法实践中一般不会主张损害赔偿，其主要原因在于检察机关不等同于原告，无法明确受侵害主体（行政相对人）。而有学者认为应该提起损害赔偿，因为检察机关虽然不等同于原告，但程序上行的是原告之权，况且环境行政公益诉讼是一种特殊的行政诉讼，属于典型的客观诉讼，❷所以在诉讼目的上既要确认行政机关的行政行为的违法性，督促行政机关履职，更要注重对已经损害的环境公共利益进行救济，在环境行政公益诉讼的案件中，环境公共利益或多或少已经存在损害，且被损害的生态环境一时难以得到恢复将持续存在，而这一损害与行政机关有一定关联，要么是行政违法行为助益了环境损害的产生，要么是行政不作为导致破坏的生态环境没有得到及时恢复。从维护公共利益以及树立检察院权威性的角度考量，再加上于法有据，应该提起损害赔偿诉讼请求。❸因此，规定的不明确、操作的不便利、学理的合理性，使能不能主张"损害赔偿"诉讼请求备受争议。

4. 救济不充分

现代环境公共事务十分复杂，多数环境问题是民事主体的侵权行为和行政机关的违法行政行为或行政不作为共同导致的，要从根本上解决问

---

❶ 陕西省人民检察院行政检察处张宏德应邀来西北政法大学以"检察机关提起行政公益诉讼立法精神的理解及其执行"为题作讲座，并同与会老师就"损害赔偿"诉讼请求进行了探讨，他指出在实践上由于难以操作，检察机关提起环境行政公益诉讼一般不主张损害赔偿，主要主张行政机关继续履职，监督环境修复。

❷ 湛中乐、尹婷：《环境行政公益诉讼的发展路径》，《国家检察官学院学报》2017年第2期。大陆法系国家有主观诉讼和客观诉讼的划分：诉讼目的是划分这两种类型的起点和基础，前者以维护主观权利为目的（如"与具体行政行为有法律上的利害关系"），后者以维护客观法秩序为目的（以维护国家和公共利益为出发点）。

❸ 朱全宝：《检察机关提起环境行政公益诉讼：试点检视与制度完善》，《法学杂志》2017年第8期。

题既要撤销行政机关违法的行政行为或督促其履行职责，又要追究民事主体的"损害赔偿"责任。在环境行政诉讼案件中，其实包含了两个独立的法律关系即行政机关与行政相对人的行政管理关系和行政相对人与环境公共利益之间形成的民事损害赔偿法律关系。仍以湖北省十堰市郧阳区人民检察院诉郧阳区林业局环境行政公益诉讼案为例，该案包含区林业局对金某国等三人行政管理关系以及金某国等三人破坏林地、毁坏林木的环境民事损害法律关系。在试点实践中，检察机关一般不主张"损害赔偿"，这就说明现有的环境行政公益诉讼可以确认行政行为违法，要求行政机关继续履行职责，对所包含两个法律关系中的"行政机关与行政相对人的行政管理关系"作出直接回应，对行政机关的不法行为进行直接矫正，但未能对"行政相对人与环境公共利益之间形成的民事损害赔偿法律关系"做直接回应。换句话说，环境行政公益诉讼没有直接矫正环境民事侵权行为，在环境公益维护上具有间接性、不充分性。那么如何更好地明确"损害赔偿"责任承担问题？如何进一步给予环境行政公益诉讼中被侵害环境公益充分的救济？这些也是该制度需要解决的问题。

四、检察机关提起环境行政公益诉讼制度之完善路径

试点中所暴露出来的问题是检察机关提起环境行政公益诉讼制度化建设所不得不正视且必须解决的问题。不管是现实困境还是制度缺陷，其解决途径都要回归于相关规定及运行机制的完善。但现实困境及制度缺陷各有侧重，现实障碍主要是在实施过程中各方主体中所暴露出来的痛点、难点、堵点，更加侧重于相关规定及机制对于外部协调方面处理的不足，而制度障碍是以《试点工作实施办法》和《行政诉讼法》为基础的制度设计与法理及司法经验存在一定冲突所产生的问题，体现的是制度内部设计对于法理及司法经验关注不足。因此，针对前文所叙述的两大问题，检察机关提起环境行政公益诉讼制度的完善，需对症下药，要从构筑协调司法环

境的外部助益和完善相关法律规定的内部保障着手。

（一）外部助益：构筑协调司法环境

1. 限制诉权，防止"公益"泛化

虽然最高人民检察院以指导案例的形式总结了公共利益的六大特征，但那也仅是理论上对公共利益在抽象标准上的归纳，对检察机关提起诉讼没有具体指导意义，相反一旦将这一标准运用于具体实践，将可能出现"公益"被泛化的消极后果。因为公共利益属于"抽象的秩序""通常是个整体，不指向具体的目标"，这种不确定性和抽象性，很可能会使公共利益变成被国家或者公权力机关"滥用"来实现自身的政治利益或其他利益的工具，以及让人们毫无招架之力的"借口"。故此，为克服环境公共利益的高度抽象性和不确定性，使在理论上及法律规范上都无法对其进行准确界定从而导致的适用上难把握的困境，也为更好地规范检察机关的诉权，有必要对检察机关的公益诉权进行适当的限制，从而防止检察机关无限发挥公益诉权而造成"公益"泛化的可能。具体有如下两个方面的措施。

第一，规范程序，区分利益类型。根据《试点工作实施办法》和《行政诉讼法》的规定，检察机关提起诉讼的条件有二："一是没有直接利害关系主体，二是没有也无法提起。"从利益的类型来看，"直接利害关系"更多体现的是有其他利益（包括私益和集体利益）而非"公共利益"，因而可以将该规定解释为"只要当环境损害不触及'其他利益'，仅触及'公共利益'时，检察机关才可以提起环境行政公益诉讼"。然而，基于作为环境要素的资源类的"物"具有"公益性"的同时还兼具财产属性，行政机关违法履行职权或怠于履行职权的行为，既会导致环境公共利益受损

---

❶ 弗里德里希·冯·哈耶克:《经济、科学与政治——哈耶克思想精粹》，冯克利译，江苏人民出版社，2000，第393页。

害，往往也会损害所有人的财产权。这样来说，有"直接利害关系"主体是可能存在的。因此，为了更好地保护其他利益，也为了防止检察机关的恣意，可以根据《行政诉讼法》第 49 条第 1 项、第 3 项、第 4 项的规定，把《试点工作实施办法》第 28 条所规定的限定条件作为审查诉讼主体的资格的条件，如果不存在"有直接利害关系"的主体，则仅是"环境公共利益"受损害，可以由检察机关单独行使诉权，提起诉讼；如果存在有"直接利害关系"的主体，则既可能损害了环境公共利益又可能损害了其他利益。"环境公共利益"受侵害存在争议的，此种情况可以由检察机关依法行使诉权的同时，将有"直接利害关系"的主体列为共同原告参与诉讼，只有当该主体明确放弃提起诉讼时，才由检察机关单独行使诉权。

第二，限制诉讼范围，严重侵害环境公共利益时方能提起诉讼。环境要素的生态功能与环境公益联系紧密，行政机关违法履行职责或怠于履行职责的行为或多或少都会导致环境要素及环境公共利益遭到侵害，但应予以明确侵害到何种程度方能启动司法救济程序。本文认为，应明确规定达到"造成严重影响国家可持续发展和人类生存或严重危害公民生命和财产安全等严重后果或者较大影响"时，检察机关才应提起行政公益诉讼，对于其他情节较轻和影响较小的案件，更多地通过检察建议的形式来解决。同时，可以以经济价值将环境价值进行量化来确定"造成严重影响国家可持续发展和人类生存或严重危害公民生命和财产安全等严重后果或者较大影响"的具体操作标准。如此，可以防止检察机关以环境要素受损来等同环境公共利益受侵害随意提起诉讼，也有利于节约司法资源，在一定程度上也能够缓和与行政机关之间的关系。

2. 行政权与司法权互动，监督与合作并行

在环境行政公益诉讼中，看似检察机关与行政机关分别位于监督与被监督的对立位置，实质上并不然，诉讼虽提高了行政机关被诉的可能，但也能够在一定程度上防止行政机关的作用被弱化，能够构筑充分发挥行政权的专业性与司法权监督性的双赢局面。这样来看，其实在环境行政公益

诉讼中，检察机关和行政机关并不是对立的，而是统一的，这一点其实在司法实践中已经得到充分证明。从试点情况来看，检察机关提起公益诉讼做得比较好的地区，都离不开当地党委、政府和其他机关的支持，如贵州省就是典型。基于此，本文认为要想充分且正确发挥环境行政公益诉讼监督行政机关的作用，应使行政权与司法权形成良性互动，维护检察机关监督权的同时，还要尊重行政权在环境治理中的主导地位，监督与合作并行，这样才能够有效地确保环境法治不偏离法治轨道，且能正当、健康地发展，也可以避免产生检察机关"挑软柿子捏"、行政机关"直接关停企业"等现象的再次发生。具体而言，应该做到以下三方面。

第一，应突出诉前程序价值。从试点工作反映的情况来看，试点中的环境行政公益诉讼案件绝大部分是通过诉前程序办理的，进入起诉和审理程序的案件并不多，诉前程序符合行政诉讼的"成熟原则"和"穷尽救济原则"，可以避免行政机关被列为被告，而造成其形象受影响，从而激活其自我纠错的积极性，发挥其在环境治理职能范围内的专长，更有效地恢复被侵害的环境公共利益；也有利于行政机关正确认识检察机关的监督，有助于其规范行政行为，促进依法行政，转而能够接受和支持检察机关的监督；还能在一定程度上限制检察机关的处分权，起到保证检察机关提起诉讼的谦抑性和审慎性的作用。

第二，应加强检察机关对环境立法及决策等抽象行政行为的监督。试点工作中被起诉的多是作为执法部门的基层环保机关，其中大部分是国土资源局和环境保护局，其次是林业局，同时，城市管理综合行政执法局、水利局、财政局等也成为被起诉主体。❶ 这些部门都是基层执法部门，难道上一级的决策部门就没有责任？事实上与执行部门违法或怠于履行职权相比，政府的立法、决策等抽象行政行为危害更大，如怠于处罚某个企业

---

❶ 吕忠梅、焦艳鹏：《中国环境司法的基本形态、当前样态与未来发展——对〈中国环境司法发展报告（2015—2017）〉的解读》，《环境保护》2017年第18期。

可能只会在小范围内给环境带来不利影响,而过于宽松的处罚标准将导致效力所及的整个区域都会受影响。由于公益诉讼的公共性与环境问题的特殊性,检察机关对损害环境公共利益的抽象行政行为提起公益诉讼具有现实必要性和可行性,可以将抽象行政行为纳入监督范围,适当拓宽《行政诉讼法》的受案范围。

第三,加强交流,构建常态化沟通机制。行政权作为环境治理的核心地位不能改变,引入司法权监督只是手段,改善环境行政执法状况加快生态文明建设才是根本目的。为更好地发挥检察机关监督的功能,就应争取行政机关的配合与支持。试点工作开展以来,各试点地区也取得一些经验,及时与当地党委、人大、政府以及相关行政执法部门汇报沟通已经达成共识,为更好地形成办案外氛围,应该将这种沟通交流机制常态化。

3. 统一规定,解决检察院与法院之间的冲突

为了解决检察院和法院在司法实践上的冲突,应该明确达成共识。

其一,检察机关不能等同于一般原告,法院与检察院应统一认识。检察机关提起环境行政公益诉讼的身份定位问题一直饱受争议,就检察机关的身份定位主要存在两种观点:一是就应该以原告身份对待,二是要体现其特殊性要确定一个区别于原告的身份。❶ 其实,造成争议的根源在于检察机关和一般行政诉讼中的原告所行使的诉权两者的权利来源不同。前者所依据的是《宪法》第134条赋予的"监督权",是一种国家公权;后者所依据的是《宪法》第41条所赋予的"批评、建议、申诉、控告或者检举"的权利,是具有普遍性、排他性的基本人权。❷ 基于两者在性质上的差异,

---

❶ 最高人民法院、最高人民检察院与中国宪法学研究会、中国行政法学研究会、中国民事诉讼法学研究会共同举办的"探索建立检察机关提起公益诉讼制度研讨会"中意见多样,如韩大元教授认为检察机关提起公益诉讼,在身份确定上要把握"原告"和"公益诉讼人"的双重身份,马怀德教授认为应该称作"公益诉讼原告",蔡彦敏教授认为采用"原告"更符合诉讼规律。

❷ 喜子:《反思与重构:完善行政诉讼受案范围的诉权视角》,《中国法学》2004年第1期。

决定保护公民诉权这一人权性质的权利与保障行政公诉权这一国家公权的内容和具体行使方式上应该存在差别。例如，为保护一般原告所赋予其委托代理人进行诉讼的权利，利用本民族语言文字进行诉讼的权利等权利就不宜由检察机关行使，因此，检察机关不能完全等同于原告，其所应该承担的权利和义务也不能与原告相同，至于用何名称参加诉讼并不重要，只要能区别一般原告即可，当前的"公益诉讼人"就可以。

其二，明确判决的履行和执行监督机制。基于行政机关在环境保护与治理的主体性和专业性，检察机关和法院在环境行政诉讼案件的整个处理过程中都应始终保持着谦抑的态度，尤其在法院判决确认行政机关行政行为违法，要求其继续履行法定职责之后，更要坚持司法克制的态度，给予行政机关充分的尊重，使其有自由裁量空间，充分发挥其自身的专业性，保证被损害的生态环境得到及时的修复。但这种尊重必须在行政机关及时履职和环境得到及时修复的前提之下，因而有必要设置一定的救济程序保证司法机关尊重的效果充分得以发挥。基于此，本文认为有必要根据《行政诉讼法》第11条的规定进一步规范监督程序，确立检察机关判决执行监督权，强化检察机关对环境行政公益诉讼的监督，保证判决履行和执行的及时性。判决执行监督权包括对法院执行行为及行政机关履职的监督，具体来说监督程序可以包括两方面：一方面，确立行政机关的履职的执行跟踪监督机制，判决之后行政机关应定期报送环境损害修复情况，检察机关审查履行的实际情况，行政机关不履行或不当履行判决之时，检察机关可以向其发出检察建议并按照相关规定申请法院启动强制执行程序；另一方面，法院收到检察机关的申请时，应当立即启动强制执行程序，并且向检察机关报送强制执行情况，以确保落实检察机关的监督权。

（二）内部保障：完善相关法律规定

1. 拓宽案源渠道

案件线索的发现，是提起诉讼的基础性条件，缺少案源，公益诉讼也将成为无本之木。要想全面地发现违法问题，更好地维护环境公共利益，就不能也不应该限制环境行政公益诉讼案件线索的来源渠道，相反应该尽可能地拓宽。本文认为，在试点之初限制案件线索来源可以理解，原因无外乎有二：一是打开案源渠道可能会有海量案源线索被提供，但增加了检察机关审查线索真实与否的工作量，影响了整个制度试点进度；二是案源信息多，案件数量势必也会多，而边试点边立法的新机制构建在处理大量的复杂案件时可能难免会有些"心有余而力不足"。但随着试点工作的结束，制度规范以及人员队伍等配套机制得到了进一步完善，而2017年修正的《行政诉讼法》及2018年最高人民法院、最高人民检察院发布的《若干问题解释》仍延续《试点工作实施方案》的规定限制案件线索来源渠道就实属不该了，因为仅依靠检察机关自身主动去查找相关线索明显是不科学的，这势必会减少案件数量，束缚了制度监督的实效性。

因此，本文认为应构建以检察机关"履行职责"发现为主，其他主体共同参与发现为辅的多元化的线索来源渠道。具体来说包括以下两点：其一，肯定《试点工作实施办法》和《行政诉讼法》"履职发现"的定位。检察机关作为诉讼的主导，让其在主动履职中发现案件线索无可厚非，但不仅要在主动履行批准或者决定逮捕等专门职责时发现线索，还需增加检察机关其他主动发现线索的方式，如利用信息化手段，通过微信、微博等媒介的公开曝光去主动获取案件线索；其二，确立对其他主体提供案件线索的接收机制，设置专门接受其他主体案件线索移送、举报或反映的机构，专门接收国家权力机关、政协、国家监察机关等在履行自身职责中发现线索的移送以及公民、法人或其他社会组织的举报、控告等。如此，综合考虑了"主动发现"和"被动接受"两方面，可以破解"案件线索来源单一"的问题，可以更好地发现违法问题，最大限度地维护公共利益。

2. 明确举证责任

为更好地明确环境行政公益诉讼案件的举证责任，在规范制定中应该明确以下几点。

首先，应该明确检察机关的举证责任。行政诉讼中主要由行政机关承担举证责任，这是因为行政机关有充分的事实根据和法律依据方能作出行政行为，所以如果其在诉讼中不能举出上述事实和依据，即可认定其作出的行政行为非法，且作为一般原告的行政相对人与行政机关相比处于弱势地位。而检察机关作为与行政机关平行的司法机关，其与一般原告相比有更多的调查权，对行政行为违法性和行为危害后果的调查能力具有明显优势，基于此，是否就应该科以检察机关更多或者全部的举证责任？本文认为不妥，因为检察机关并不是行政相对人，很难掌握行政机关违法行使职权或不作为的全部情况，况且举证责任规则法定，并不是基于某个主体的能力的强弱而加以改变，环境行政公益诉讼从根本上来说应属于行政诉讼的范畴，现行《行政诉讼法》的目的、原则和诉讼规则也应该涵射环境行政公益诉讼的内在要求。这样来说，举证规则应和一般行政诉讼确定的"举证责任倒置"一致。但这并不代表原告没有任何举证责任，《行政诉讼法》第37条明确规定，"原告可以提供证据"，在一般行政诉讼当中原告的举证与否完全取决于其个人意愿，而在环境行政公益诉讼这一特殊的行政诉讼之中，实质上行原告之权的检察机关，为更好地证明行政机关违法，有义务积极地进行举证。同时，《行政诉讼法》第49条第3项规定，原告提起诉讼应当"有具体的诉讼请求和事实根据"，并没有完全排除原告的举证责任。事实上，在一般的行政诉讼中，宜由原告对证明起诉符合法定条件等待证事实承担举证责任。❶ 因此，基于法理，环境行政公益诉讼应该仍由行政机关承担主要的举证责任，但检察机关也应承担《试点工作实施办法》第45条及最高人民法院、最高人民检察院出台的司法解释明确列举的举证责任。

其次，应该确定证据证明标准。《试点工作实施办法》第44条规定，检察机关需要"国家和社会公共利益受到侵害的初步证明材料"，简单的

---

❶ 张步洪：《行政诉讼举证规则的体系解释》，《国家检察官学院学报》2015年第4期。

"初步证明材料"六个字,确实很难确定检察机关所提供的证据应该证明"国家和社会公共利益受到侵害"应达到何种标准。为明确证据标准,笔者认为,《试点工作实施办法》规定的"初步证明材料"的证明力应达到"明显优势"的程度,换句话说,就是检察机关所提供的证据要使法官对相关事实作出有利于检察机关的认定。因为行政诉讼的证据证明标准与刑事诉讼所要求的"排除合理怀疑"证据证明标准不同,行政诉讼法院裁判以证明的案件事实为依据,要求证据的证明力达到"盖然性规则"标准,只要求法官对案件事实在一定程度上形成内心确信即可,但这是行政案件最低的证明标准,而环境行政公益诉讼具有特殊性,其无一不影响巨大,无一不关乎政府形象,因而必定要保持审慎的态度,对案件证据的证明力应该适当提高要求,本文认为应该达到"高度盖然性"标准。事实上,这一标准有利于发挥检察机关的自身优势,检察机关所具有的专门的调查取证权力正好有了用武之地。但需要强调的是,目前检察机关所拥有的调查取证权主要是查询、调取、复制材料等,为了适应环境案件的适应、保证取证的顺利,必要时可以考虑赋予检察机关在行政公益诉讼中勘验、收集有关物证和书证等权力。

3. 不宜主张"损害赔偿"

所谓的"损害赔偿"诉讼请求,实际上就是能否主张"行政赔偿",申言之,能否提起行政赔偿之诉。行政赔偿之诉是行政诉讼的重要类型之一,其有两种起诉方式,即单独式和附带式,❶那么在提起行政公益诉讼过程中提出"损害赔偿"诉讼请求,即应该算附带式的行政赔偿之诉。本文认为以行政赔偿的视角检视,在环境行政公益诉讼中主张"损害赔偿"诉讼请求存在以下三处不妥。

其一,行政赔偿是行政机关和行政机关工作人员行使职权时,对公民、法人和其他组织合法权益造成损害,而对受害人进行的赔偿。一般的

---

❶ 杨惠基:《论行政赔偿诉讼的特殊性》,《政治与法律》1992年第3期。

行政赔偿中表现为"国家—私益（公民、法人、其他社会组织）"给付路径，如果在行政公益诉讼案件中对行政机关主张"损害赔偿"，则此时的行政赔偿给付路径表现为"国家—公益（国家）"，很显然后者中自身对自身的给付路径不能算赔偿。

其二，环境行政公益诉讼中实际上存在两个事实行为：一个是行政机关的违法履行职权或怠于履行职权的行为，另一个是行政相对人对生态环境的加害行为，两个行为并存造成环境公共利益损害结果的发生，行政管理不当与环境损害并没有必然的因果关系。再以"湖北省十堰市郧阳区人民检察院诉郧阳区林业局环境行政公益诉讼案"为例，该案中由于林业局的不作为导致"罚款没有得到及时收缴"以及"林地生态遭到破坏"这两个后果。"罚款没有及时收缴"确实损害了国家利益并与怠于履行职权有直接因果关系，但就这一损害后果只能要求继续履行职责，而不能主张损害赔偿，因为林业局积极履职之后，行政相对人缴纳罚款后，损失就得以填补，且不适用惩罚性赔偿。而"林地生态遭到破坏"这一后果在行政相对人开始非法实施采石行为时就已经产生，与林业局怠于履行职权并没有因果联系，仍应该适用《侵权责任法》❶由行政相对人进行赔偿，林业局怠于履行职权不能成为其免于赔偿的理由。

其三，结合现行相关法律规定来看，行政命令救济生态损害的方式在我国已然确立，主张"损害赔偿"势必会造成司法救济功能与行政救济功能相冲突。当前，行政命令型救济方式主要包括三种：第一，责令赔偿损失，如《矿产资源法》有对违法采矿行为行政监督机关应该责令行为人赔偿损失的规定；❷第二，责令恢复被破坏生态，如《森林法》规定对违法毁坏森林、林木行为，行政监督机关应该责令行为人补种树木恢复被破坏的生态环境；第三，责令支付代为治理费，如《森林法》规定对于违法者不

---

❶ 本案发生时，《民法典》尚未实施，故适用《侵权责任法》。
❷ 《矿产资源法》第 39 条。

补种或补种树木不合规的，由行政监督机关代为补种，所需费用由违法者支付，❶《草原法》❷《水污染防治法》❸等法律均有类似规定。故此，在施以行政救济的基础上再进行司法救济，势必会导致行政救济与司法救济的冲突难调和。

基于前述三点不妥，笔者认为不应该主张"损害赔偿"诉讼请求，对于已经造成的损害赔偿责任应该由案件中的行政相对人承担。对于行政机关而言，应该对行政机关的负责人和有关工作人员追究行政责任，涉嫌职务犯罪的则追究刑事责任。为解决就能否主张"损害赔偿"诉讼请求而引发的争议，应该尽快出台相关司法解释明确规定：检察机关环境行政公益诉讼时，不能主张损害赔偿诉讼请求，只能向法院提出撤销或者部分撤销违法行政行为、在一定期限内履行法定职责、确认行政行为违法或者无效的诉讼请求。

4. 充分发挥行政附带民事公益诉讼制度的功能

协调新旧制度，充分发挥行政附带民事诉讼的功能，通过一次诉讼既达到以环境行政公益诉讼监督行政机关纠正违法行为或积极作为的效果，又能以环境民事公益诉讼科以案件中行政相对人"损害赔偿"的责任，能及时且充分地救济环境公益，同时直接回应了案件中包含的两个独立的法律关系，从而能够避免由于救济不充分而再次提起民事公益诉讼，节约了司法资源。最重要的是，行政附带民事公益诉讼制度并不是一项毫无实践可循的创造性制度，其实早在 2010 年，最高人民法院曾委托浙江省高级人民法院开展行政附带民事诉讼的试点，也取得了一些成果，如宁波市出台了《审理行政附带民事案件第一审程序若干规定》。❹ 无独有偶，最高人民

---

❶《森林法》第 81 条。
❷《草原法》第 71 条。
❸《水污染防治法》第 88 条。
❹ 张光宏、毕洪海：《行政附带民事诉讼的理论与实践》，中国政法大学出版社，2014，第 33 页。

检察院也以指导性案例的形式，公布了试点中的唯一一起行政附带民事公益诉讼案件（白山市检察院诉江源区卫生和计划生育局及江源区中医院行政附带民事公益诉讼案），可见此制度推行很具有现实可行性。综上，要总结现有经验，在环境保护领域继续深化该制度的探索与实践，以期能够充分救济环境公共利益。但目前的《试点工作实施办法》与《行政诉讼法》对该制度未进行明确，2018年出台的《最高人民法院、最高人民检察院关于检察公益诉讼案件适用法律若干问题的解释》也仅明确了刑事附带民事公益诉讼，所以可在下一步的立法中予以明确。但需要注意的是，民事诉讼与行政诉讼在案件审理程序上差别较大，环境行政附带民事公益诉讼并不是两种程序简单的合并，要继续深化试点，总结试点经验，在创设出较为明晰且特有的程序规则境况下全面推进。

五、结语：让依法行政成为一种自觉

法律的权威，不仅仅是对"恶"的约束和禁止，更是对"善"的保护与倡导。建立检察机关提起环境行政公益诉讼制度，目的并非仅仅惩罚违法行使职权或怠于行使职权的"恶"者，更多的是培养和引导行政机关及其工作人员能向"善"，践行维护环境公共利益的职责。因此，在环境行政公益诉讼实践风风火火、研究层出不穷、相关立法予以确认之际，我们应当清醒地认识到，环境行政公益诉讼绝非遏制行政机关侵害环境公共利益的万能"良药"，相反，基于行政权在环境保护与治理中的主导地位，其只是一种补充，对行政执法的补充，对环境与社会治理的补充。因此，从制度的功能上来讲，确立环境行政公益诉讼制度的功能无外乎有二：其一是监督功能，以外部监督的形式，敦促行政机关自觉依法行政；其二是补充救济功能，充分发挥行政手段对环境损害的救济作用，只有当行政机关怠于救济时，才能再以司法救济辅助。因此，我们在继续完善制度的过程中，需妥当维持法律监督权与行政执法权的平衡，不能将监督权凌驾于行政权之上，要保持谦抑性。我们还需明确检察机关提起环境行政公益诉讼制度化的最终路径和必然选择是要激发行政机关维护环境公共利益的内生力量，使行政机关自我纠错成为一种由内自发形成的意识和自觉。而这一切都要依赖于合乎公平、趋于完美的环境行政公益诉讼制度的确立与推进。

行政公益诉讼判决的执行

» 卢亚男[*]

一、行政公益诉讼判决执行中存在的问题

行政公益诉讼判决具有要求行政主体做或者不做一定行为的法律效力。行政公益诉讼判决一旦认定了行政行为违法,被告行政主体应当通过实际行动去弥补其违法的行政行为对公共利益所造成的损害。然而实践中,行政公益诉讼判决由于没有实际有效的监督措施和强制执行措施对行政不作为主体进行约束,以至于判决得不到有效的执行,公共利益得不到维护。

(一)确认行政不作为违法的判决无法执行

截至 2017 年 5 月,全国已经审结的行政公益诉讼案件共十件,本文从中选取五件最具代表性的案例,并对其进行深入分析,发现行政公益诉讼在执行环节存在确认行政不作为违法的判决无法执行的问题。(2016)黔 0382 行初 3 号毕节市七星关区人民检察院诉毕节市七星关区环境保护局不履行行政职权一案中,法院判决:"确认被告毕节市七星关区环境保护局对毕节贵耀材料科技有限责任公司在 2014 年 7 月至 2016 年 3 月期间的违法排污行为未依法履行职责违法。"同样的情况分别出现在(2015)仁环保行初字第 1 号判决书、(2016)黔 0382 行初 2 号判决书、(2016)黔 0382

---

[*] 卢亚男,中华人民共和国深圳海关缉私局四级警长。

行初 4 号判决书以及（2016）鄂 0321 行初 6 号判决书中。从以上案件中分析可以发现，检察机关在提起行政公益诉讼时，起诉书中诉讼请求第一项一般是请求确认行政机关的不作为行为违法，而经过法院的审判之后，行政公益诉讼判决书中判决第一项也是确认行政机关不作为违法。

法院生效判决确认行政机关不作为违法，有两种不同的情况。有的案件由于行政机关在诉讼期间改变其行政行为，但被告存在怠于履行的事实，法院仍然判决确认被告怠于履行的行政行为违法。虽然该项判决没有可以执行的内容，但是确认行政机关不作为违法是行政公益诉讼判决对行政机关的负面评价，因此行政机关的行为应当得到有权机关的监督。有的案件则是附带确认违法，因为案件事实有继续履行的可能，法院在判决确认行政机关不作为违法时会要求行政机关继续履行法定职责。以陕西省西安铁路运输法院判决的西安市首例行政公益诉讼案件为例，❶ 公益诉讼人周至县人民检察院因认为被告周至县国土资源局未履行查处土地违法行为的法定职责，故向法院提起行政公益诉讼。该案中被告答辩认为由于该案涉嫌土地犯罪已经移送公安机关查处，故所做的罚款处罚决定书已经过了申请非诉执行的期限，被告无继续履行的可能。但是法院最终还是判决行政机关不作为的行政行为违法并责令行政机关继续履行收缴剩余罚款的法定职责。

由于违法成本较低，确认行政机关不作为违法的判决得不到有效执行，进而导致行政机关不作为的现象频发，由此产生恶性循环。当行政机关拒不履行行政行为时，将会给公共利益造成重大损失，甚至有的损失不可挽回。公共利益可能就会由于行政机关的不作为而遭受重大损失，长期不能恢复，甚至可能永久丧失土地的耕种作用，使国家利益受到严重损害。

因此，行政机关不作为的事实不能只存在一纸判决上，需要采取有效

---

❶（2016）陕 7102 行初 1288 号。

的措施，督促行政机关积极有效地履行其法定职责，恢复受到损害的公共利益。

（二）继续履行法定职责的判项执行困难

人民法院生效判决中，继续履行法定职责的判项执行困难主要表现在以下两个方面：

一方面，该判项的执行内容是特殊的行为给付，而行为给付又难以执行。行政机关如果不自动履行，很难强制其履行或者申请替代履行。除此之外，《行政诉讼法》对行政机关的执行没有规定明确的执行措施，同样也缺少相对应的监督措施。

另一方面，行政公益诉讼中行政机关的履职内容多为恢复已经受到损害的公共利益。这里的公共利益所涵盖的领域主要是国土资源、环境资源等。故而，行政机关的履职行为是一个十分繁杂而艰难的系统性工作，并不是行政机关简单地下达一个命令或者发出一个声明就能解决，它需要行政机关通过长期的、复杂的工作，通过多方协作甚至反复整改才能实现其履职效果。❶ 例如，陕西省西安铁路运输法院责令被告周至县国土资源局继续履行被毁国有土地修复工作的监督、管理法定职责；❷ 贵州省仁怀市人民法院（2016）黔0382行初4号行政判决书，责令被告毕节市七星关区大银镇人民政府依法履行法定职责，采取补救措施，恢复受到损害的社会生态环境。以上案件均要求行政机关继续履行法定职责，恢复已经受到损害的林地、土地、河流等生态环境。但是被告行政机关所需要采取的补救措施是什么？期限是多久？恢复原状如何确定？修复的环境达到何种程度才是已经恢复？行政公益诉讼判决书中并没有详细说明，也就意味着行政机关的履职同样缺乏明确的标准。

---

❶ 史绪广：《行政公益诉讼运行中的难点》，《人民检察官》2017年第9期。
❷ （2016）陕7102行初1288号。

如何让这个看得见而摸不着的监管职责落到实处，督促行政机关真正发挥其监督管理的职责，维护社会公益，才是行政公益诉讼的重中之重。

（三）非诉强制执行存在困难

例如，陕西省西安市周至县人民检察院诉周至县国土资源局不履行法定职责的行政公益诉讼案件中，被告周至县国土资源局曾作出行政处罚，即对耕地破坏者处以102 662元罚款。但事后被处罚者并未依法缴纳罚款，而周至县国土资源局以涉嫌犯罪移送公安机关为由，在作出行政处罚决定书后，也没有履行申请人民法院强制执行的法定职责。之后又被周至县人民检察院起诉至西安铁路运输法院，经审理，法院判决责令周至县国土资源局继续履行收缴、加处罚款的职责。但是判决之后，由于周至县国土资源局没有行政强制执行权，且失去了先前向西安铁路运输法院申请非诉执行的机会，这就导致被告周至县国土资源局只能通过说服教育、公信力、威慑力等方式对其进行追缴罚款。

在十堰市郧阳区人民检察院诉十堰市郧阳区林业局不履行法定职责一案中也存在相似的情况，❶ 被告十堰市郧阳区林业局未履行林业行政执法定职责。故公益诉讼人十堰市郧阳区人民检察院向法院提起行政公益诉讼，要求被告继续履行鄂郧森公林罚书字（2013）第040号、第024号、第037号行政处罚书中所确定的收缴罚款的职责，法院同样也判决被告继续履行其职责。但是该案中被告林业局同样没有强制执行权，也过了申请非诉执行的期限，其无继续履行的可能。由此可见，在行政公益诉讼案件中存在非诉强制执行履行困难的情况。

根据现行相关法律法规的规定，除公安、国安、海关外，其余行政机关本身在追缴罚款方面几乎没有强制执行权，那么在超过申请人民法院强制执行期限的情况下，行政机关也不能够通过其他方式实现其收缴罚款的

---

❶ （2016）鄂0321行初6号。

目的。因此，在行政公益诉讼案件中，法院即使依法判决行政机关继续履行追缴剩余罚款的法定职责，行政机关也很难执行。

诚然，中国正处于社会的特殊转型期，行政公益诉讼执行难是这一时期的突出表现。我们必须采取措施改变当前行政公益诉讼判决执行不力的现状，而要改变现状，我们首先要做的就是要找到"根源"。❶

二、行政公益诉讼判决执行难的原因分析

在我国，执行难问题是司法实践的一大难题。在一般行政诉讼中，对行政机关的执行原本就比较困难，而行政公益诉讼的执行由于其公共利益的特殊性又难上加难。

（一）公共利益的特殊性

公共利益是行政公益诉讼的核心，它与一般行政诉讼所保护的私人利益不同。"公共利益"这个概念本身就具有不确定性。"公共利益的最特别之处，在于其概念内容的不确定性，这种内容不确定性，可以表现在利益内容与受益对象的不确定性。"❷ 这种不确定性是直接导致行政公益诉讼判决执行困难的重要原因之一。

1. 公共利益恢复的时间长

公共利益的形成要经历一个漫长的阶段，它受到破坏后很难再重新恢复原状。例如，在毕节市七星关区人民检察院诉毕节市七星关区环境保护局不履行行政职权一案中，被告毕节贵耀材料科技有限责任公司向河流直接排污，导致群众所养蜜蜂大量死亡，虽经媒体报道和环保部门处罚，但该公司的排污行为仍然持续。且该公司自2015年10月投入生产以来，一

---

❶ 王缇:《论行政诉讼中对行政机关的执行》，西南政法大学硕士学位论文，2009，第9页。
❷ 陈新民:《德国公法基础理论（上）》，山东人民出版社，2010，第229页。

直未办理环评审批手续，其生产所产生的工业废水未经净化直接排入河流当中，导致了河流生态环境的破坏，并进而造成了当地河流周边生态系统的崩溃，严重影响了周围居民的生产生活。同样，在周至县人民检察院诉周至县国土资源局不履行法定职责一案中，周至县渭中村的 24.63 亩基本农田被当地村民人为非法挖掘，耕地被严重破坏，形成了深约六米的土坑，坑底呈荒地状态，严重损害了当地居民的公共利益。法院经审理要求被告周至县国土资源局恢复耕地。但是如何恢复耕地？是将六米的深坑填平还是在坑内恢复到耕地状态？并且土壤恢复到可以耕种的状态，也需要几年的时间，并不是简单地在表面铺设一层土壤就可以恢复原状。

通过以上案例分析可知，行政公益诉讼案件中所涉及的公共利益事件，大多数都是破坏环境的事件。例如，种植条件被严重破坏，形成深达六米的土坑，坑底积水呈荒芜状态的 24.63 亩违法土地；再如，企业违法排污，将工业废水直接排放到河流里，严重破坏了河流的生态环境，甚至影响了周围居民的生活状态等。经过审理判决，即使行政机关积极履行职责，完全恢复受到损害的土地和河流也需要 10 年甚至 20 年的时间，更甚者有可能根本无法恢复。

2. 判决对公共利益恢复的间接性

行政公益诉讼判决的执行约束的是行政机关，并不直接约束修复义务人，这就导致判决的执行无法从根本上直接改变公共利益的受损状态。例如，在周至县人民检察院诉周至县国土资源局行政不作为一案中，被告以及行政公益诉讼的执行主体都是周至县国土资源局，但是实际恢复公共利益即 24.63 亩违法土地的主体却是复垦义务人李某，行政机关的执行职责只是追缴 102 662 元的罚款以及督促复垦义务人李某积极恢复受到破坏的土地，其并不具有直接恢复受损土地的职责。因此，判决并不会直接改变公共利益的受损状态。

此外，如何判断行政机关是否依法履行职责、履行到了何种程度，履职完成的标准是什么等都影响着行政公益诉讼案件的执行。在诉前程序中，行政机关在收到人民检察院的检察建议后，大多数认错态度良好，甚至有的为了避免人民检察院的起诉，会代替修复义务人，主动将破坏的环境进行修复。但是这并不是行政公益诉讼制度的初衷。"这些在试点实践中出现的问题，现行法律和相关规范性文件的规定并不明确，导致检察机关法律监督的实质要件难以认定。"❶

（二）裁判方式单一

现行行政公益诉讼判决执行困难的原因之二在于行政公益诉讼判决方式存在问题，行政裁判方式的设置不够科学。在行政公益诉讼试点过程中，法院裁判方式的适用仅限于确认判决和给付判决，这两种判决形式无法完全涵盖各种类型的行政公益诉讼案件，在适用上存在局限性。这突出表现在以下几个方面。

1. 操作性不强

无论是确认判决还是给付判决，都存在操作难题。在行政公益诉讼的判决书中，人民法院只能概括性地在判决书中要求行政机关履行环境修复监督、管理的职责。例如，在贵州省黔西县人民检察院诉贵州省黔西县国土资源局不履行行政职权一案中，法院最后判决被告黔西县国土资源局不作为违法，并且要求其依法履行查处违法行为法定职责，监督复垦义务人依法修复被破坏的林地。但是至于被告行政机关如何履行、采用何种方式履行、履行的期限是多少等具体的履职要求，法院却并不能直接干预，也不能直接在判决书中要求行政机关制定修复方案，实施具体的监督管理手段。可以说，在执行环节，行政机关的监督、管理职权过于宽泛与模糊，在履行判决的过程中必然会存在问题，导致判决无法根本落到实处。

---

❶ 黄涛、付厅：《甘肃省检察机关行政公益诉讼试点工作调研报告》，《中国检察官》2017年第2期。

2. 范围较窄

无论是确认判决还是给付判决,两者在行政公益诉讼中的适用范围都比较狭窄,"此两种判决形式不能包含行政公益诉讼中遇到的实际问题,从而造成法院在审理案件中因缺乏必要的判决形式而无法作出判决,或即使判决,判决内容也很难得到有效执行"❶。例如,在湖北十堰市人民法院审理的首例行政公益诉讼案件中,被告行政机关在执法过程中虽然作出过行政处罚,即对林地破坏者作出一定数额的罚款,但事后被处罚者并未依法缴纳罚款,由于被处罚人或失踪或死亡,被告行政机关也没有依据法律的规定,在法定的申请人民法院强制执行的期限内申请强制执行。由于行政机关本身在追缴罚款方面没有强制执行权,法院即使依法判决行政机关继续履行法定职责,行政机关申请人民法院强制执行也超过了法定的期限,此时非诉执行又没有救济途径,那么剩余的罚款如何执行、通过何种方式执行等都是亟待解决的问题。

(三)政府责任缺失

当前,我国政府责任的缺失主要体现在两个方面:其一,行政系统内部缺乏针对确认行政机关不作为违法的追责机制;其二,行政系统外部监督行政机关依法使用权力的力量微弱。

1. 行政系统内部:确认行政机关不作为违法无追责机制

在法院作出确认行政机关不作为违法的判决时,行政系统内部没有对这一行为的追责机制。责任的缺乏是导致行政公益诉讼判决执行难的重要原因之一。我国现行的相关法律没有规定司法机关判决行政机关不作为违法时,行政机关应当承担何种责任,也没有规定此时行政机关主要负责人应当承担何种责任。行政机关不作为责任机制缺位,导致行政机关和行政机关主要负责人无惧司法机关的确认违法判决,无法从根本上改变行政机

---

❶ 汪俊英:《完善我国行政裁判方式的若干构想》,《学习论坛》2012年第1期。

关不作为现象。

2. 行政系统外部：监督行政机关的力量微弱

行政机关权力的运行需要外部权力对其进行监督，因为通过内部自我监督自我反思很难实现促使行政机关被动履职的目的。为鼓励、督促行政机关依法承担判决所确定的义务，履行其职责，还需要在行政机关外部形成监督合力，从行政系统外部对行政机关施加压力。除此之外，人民代表大会、社会公众对行政机关的监督比较乏力，司法监督同样也未能达到正常发挥作用的程度，行政系统外部的监督力量较为分散，尚未形成合力。

行政系统内外部监督力量的缺乏，导致了行政公益诉讼判决对行政机关执行的艰难。

三、构建行政公益诉讼执行制度

2017年7月1日，经过两年的试点工作，我国的行政公益诉讼制度正式建立。但是，立法中尚未明确规定行政公益诉讼判决执行的具体条件，也没有相关的执行措施。因此，本文提出从以下几个方面完善行政公益诉讼执行制度。

（一）建立诉后回访制度

生态环境和资源一旦遭到破坏，治理难度大、成本高、恢复周期长。在这种情况下，判决的执行往往是一项系统工程，需要侵权人、行政机关、司法机关以及相关环保组织的参与与配合。

只有明确行政机关的诉后履职内容，建立诉后回访制度，才能真正落实行政公益诉讼的判决。

诉后回访制度广泛应用在解决环境民事公益诉讼执行难问题中。由于行政公益诉讼的执行内容也多涉及环境修复，因而在行政公益诉讼执行环节引入诉后回访制度有其必要性与合理性。本文认为应从以下几个方面对诉后回访制度进行完善。

1. 诉后回访主体

诉后回访制度的主体包括修复方案的制定管理主体和监督主体。修复项目的制定管理主体主要是行政机关。"环境修复项目管理内容包括环境修复项目人力、资金的分配和使用、进度安排等。"❶ 对于行政机关来说，其作为管理者，应当负责环境修复项目宏观的进度安排，管理修复者对环境修复的各个细节，确保环境修复项目如期完成。

构建诉后回访监督制度的核心问题是谁能够成为修复项目的监督者，因此如何确定我国的环境修复项目监督主体就显得格外重要。结合我国的实际情况，考虑诉后回访主体的科学性和可行性，应当由人民检察院作为回访主体，定期对法院生效裁判文书执行状况进行回访。这种制度安排比较符合我国的实际情况，也能够很好地发挥人民检察院的监督力量，是一种较为合适的制度安排。首先，人民检察院作为公益诉讼人的法定义务就是监督行政机关依法履行职责，监督恢复受到损害的生态环境资源，故而人民检察院具有天然的优势。法院在审判的过程中，可以在裁判文书中载明人民检察院的回访义务，或者与人民检察院、行政机关形成修复方案，在修复方案中明确人民检察院的回访义务，以便为其行使职责提供直接依据。其次，人民检察院是我国的监督机构，它的职权就是监督行政机关依法使用行政权力，保证权力的公正，避免出现滥用职权的情形。因此，人民检察院有权对行政公益诉讼判决的执行活动实行法律监督。

人民检察院对行政公益诉讼判决执行的监督主要包括两个方面：一是监督行政机关是否按照修复方案履行职权，确保修复方案顺利进行。检察机关在诉后回访的过程中一旦发现行政机关存在不作为、乱作为等违法现象，应当及时进行监督，必要时可以发出检察建议书，以检察权力督促

---

❶ 张辉：《论环境民事公益诉讼裁判的执行——"天价"环境公益诉讼案件的后续关注》，《法学论坛》2016年第5期。

其履行法定职责；二是对公共利益的修复活动进行监督，确保修复方案的每一步都能得到有效的落实，这也是检察机关作为公益诉讼人的核心监督职责。

2. 制定执行方案

行政公益诉讼判决只有得到有效的执行才能真正实现维护公共利益的目的。行政机关作为被告，它的执行责任主要有以下几点：（1）制定修复方案。环境修复是一个长期而复杂的过程，为了行政机关更好地实行监督管理职责，必须事先制定修复方案，以便行政公益诉讼判决更好地执行。例如，在行政公益诉讼判决之后半年内需要做哪些措施以及被破坏的土地要恢复到何种程度，一年后要恢复到何种程度等。（2）主持定期验收检查活动。行政机关要在定期的验收检查过程中发现问题并进而解决问题，根据修复方案的落实程度及时地对方案进行适当调整。在这个过程中，行政机关还需要根据验收的结果形成检查验收报告，将该报告及时提交给人民检察院和人民法院，并在政府的官方网站上进行公开，接受社会各界的监督。❶（3）决定修复方案的补正。因修复义务人在恢复公共利益过程中存在很多的不确定因素，如天气、环境、社会因素等，这些因素很可能导致修复方案的偏差，甚至会出现失灵问题。因此，为保证修复方案的稳步推进，行政机关要在出现问题时及时决断，及时修改修复方案。

人民检察院在执行方案中的责任主要是监督行政机关是否按照方案依法履行责任。人民检察院按照执行方案所确定的时间进度定时进行回访，检查行政机关在这一阶段所采取的措施以及是否达到了预设的修复目的。

（二）构建多元化的判决方式

目前，我国的行政公益诉讼试点已结束，行政公益诉讼制度仍处于

---

❶ 中国21世纪议程管理中心：《生态补偿的国际比较：模式与机制》，社会科学文献出版社，2012，第272页。

起步阶段。司法实践中，行政公益诉讼的判决方式与一般的行政诉讼的判决方式不同，虽然确认判决与给付判决的裁判方式尚能适应现状，但是随着行政公益诉讼的推进，必定需要多元的裁判方式才能解决行政公益诉讼中的问题。在试点结束之后，法院在审理行政公益诉讼案件的过程中，所适用的判决形式不再局限于确认判决和给付判决，而是应当适用多种判决形式。

1. 撤销判决

行政公益诉讼适用撤销判决的情形主要有五种：一是主要证据不足。行政机关所作出的行政行为没有证据支持，或者证据不具有合法性，无法形成有效的证据链，那么此时行政机关的行为就缺乏有效事实的支撑，应当予以撤销。二是适用法律、法规错误。行政机关在履职的过程中没有引用或错误援用法律法规，导致行政行为的错误，可以予以撤销。三是违反法定程序。法律规定行政机关在作出行政行为时需要遵守一定的程序要求，如期限、顺序等，而当行政机关没有遵守这些程序时，即使处理结果正确，违背了程序原则同样会被撤销。四是超越职权。行政机关没有法定的权力却超越职权的限度或者范围行使权力，作出的行政行为天然的违法，同样可以适用撤销判决。五是滥用职权。行政机关在履职过程中滥用职权，可以适用撤销判决。

2. 给付判决

在适用给付判决时，需要在判决书中明确行政机关所需要作出的行政行为具体是什么。例如，要求行政机关继续履行法定职责，该法定职责是恢复 50 亩耕地的耕种条件，其需要采取的相关措施、期限等。只有把具体的履职要求和目的在判决书中进行明确，那么给付判决的适用才有意义，行政公益诉讼的判决在执行环节才能更好地落实。

3. 情况判决

例如，在行政公益诉讼中，如果行政机关违法批准在国有土地上建造工厂，对国有土地是一种严重的侵害。但是如果土地上已建成耗资巨大的工厂或者不知情的第三人已经给予之前的行政行为投入了一定的资金,那么此时撤销行政机关的行为将会造成土地资源的浪费。将建筑物重新废除,对土地是一种二次伤害,同时会给企业或者社会造成不可挽回的损失。在此种情况下,就可作出情况判决,确认被诉行政行为违法,同时责令行政机关通过其他措施进行补救。

4. 赋权判决

在行政公益诉讼案件中,存在非诉强制执行困难的问题。非诉强制执行困难的原因在于行政机关没有强制执行权,而申请人民法院强制执行的期间又经过了。为了解决以上困局,此时可以适用赋权判决。当人民法院判决行政机关继续履行收缴、加处罚款等职责时,而行政机关出于期限的要求不具备履行能力时,人民法院可以在判决中针对此种情况作出单独赋权,也就是说,此时申请非诉执行的期间可以重新计算,行政机关可以依据该判决的内容重新申请人民法院强制执行。

5. 确认判决

确认判决指经法院依法审理,被诉的行政行为存在问题,法院依法确认其违法,或者被诉行政行为合法,但是运用维持判决或者驳回诉讼请求的判决不适宜的情况下,法院依法确认其合法。确认判决虽然在执行的过程中没有可以执行的内容,但是其依然是对行政行为的一种评价。在运用确认判决时,要将确认行政机关不作为违法的判决与行政机关的法治评价体系相挂钩,只有这样,确认判决才有意义。

(三)完善行政公益诉讼追责机制

判决得到有效的落实才能彰显法律的权威,落实行政公益诉讼判决仅靠行政机关自身的主动履行是行不通的,还应当建立相应的追责机制来辅助判决执行,切实改变行政机关不作为的现象。

1. 内部监督机制:行政问责

行政机关的工作人员是国家权力的实际运用者,他们应当时刻牢记自己身上的责任，时刻谨记严以用权，履行好自己的监督责任。对于不作为不履行自己法定职责的行政工作人员，就应对直接负责人进行行政问责。对于拒不履行法院裁判的行政机关或者行政机关主要负责人，可以采取以下问责措施：单位内部督查人员与行政机关主要负责人谈话；思想问题可以要求其加强学习，从思想上进行补钙；工作能力有问题的，可以对工作岗位进行必要的调整；情节严重的，还可以采用警告、降级、撤职、辞退等追责方式。对行政机关单位本身，可以采取取消评优评先、政纪处分、班子调整等问责方式。根据《行政机关公务员处分条例》的规定，行政机关公务员因失职导致行政机关败诉，可以对行政机关主要负责人采取问责的追究方式。

2. 外部监督机制

（1）司法机关的监督。司法权是制约行政权的重要力量之一，司法机关是监督行政公益诉讼执行的重要途径之一。因此，对行政机关不履行法定责任的监督方式除了行政问责，还应当建立司法机关追责机制。根据《行政诉讼法》的相关规定，在行政公益诉讼中，检察机关的监督权主要是监督审判活动和执行活动。在审判阶段，人民检察院监督职责主要是监督法院依法审判，确保审判工作的公平公正；在执行阶段，人民检察院不仅要落实诉后回访制度，监督行政机关依法认真履行职责，更要监督修复义务人按照修复方案采取措施保证环境利益的恢复。

人民法院在行政公益诉讼案件执行过程中的监督责任主要是监督落实诉后回访制度，并在行政机关不履行相关职责时，可以采取一定的措施。例如，按照执行方案在官方网站上公告行政机关拒绝履行或者拖延履行的情况；有缴纳罚款的甚至可以直接通知银行从行政机关的账户内划拨；按照相关法律的规定对行政机关主要负责人发出警告或者批评；向监察机关或者该行政机关的上一级行政机关提出司法建议书；必要的情况下，行政机关拒不履行法院裁判，构成违法犯罪，触犯《刑法》的，还可以追究其刑事责任。可以说，司法权力为惩处行政机关的不作为现象提供了较为有力的监督力量。

（2）社会公众的监督。随着社会的发展，社会必然会形成一个共治的局面，因此，在行政公益诉讼执行监督的主体中加入社会公众会使整个监督工作更为全面地落实。社会公众人数众多、力量强大，他们对于行政公益诉讼执行过程中的全方位监督，会对行政公益诉讼制度在我国的确立发挥不可替代的作用。无论是在修复方案的制定阶段，还是执行阶段，公众参与都是不可忽视的力量。一方面，环境修复涉及公共利益，公共利益又关系着每个人，公共利益受到损害时，作为社会公众应该主动自觉地维护和保护。因此，社会公众作为公共利益的主体，既可以监督修复者的环境修复行为是否存在不当情形，监督修复的效果，也可以监督行政机关在环境修复过程中是否存在不作为、乱作为的情况。另一方面，"肯定社会公众参与行政公益诉讼案件执行监督活动能够有效保障修复者修复活动的规范化"❶，正因为环境修复涉及集体公共利益，社会公众的关注度会更高，再加上社会公众的力量之大，其效果比检察机关监督要更优越。在行政公益诉讼案件的执行中，应充分发挥社会公众的监督力量，督促行政机关和修复义务人落实其责任，以保障公共利益能够得到切实恢复，从而达到一种社会共治的局面。

四、结语

行政公益诉讼自 2015 年 7 月 1 日试点以来，一直饱受理论界的广泛关注，无论是起诉的主体资格还是公益诉讼人的举证责任，都引起了学术界和理论界的热烈讨论。然而，自行政公益诉讼试点实施以来，各地已经有多起行政公益诉讼案件进入到执行程序，但关于执行的具体方案目前尚未

---

❶ 张辉：《论环境民事公益诉讼裁判的执行——"天价"环境公益诉讼案件的后续关注》，《法学论坛》2016 年第 5 期。

有相关的法律规定。

　　行政公益诉讼判决的有效执行直接影响到公共利益能否有效恢复，关系到行政公益诉讼目的能否实现。行政公益诉讼判决的执行不仅需要内部监督，还需要广泛的外部监督，这对于我国法治进程有很大帮助，也更有利于行政公益诉讼判决的执行，只有将一切行政活动放到阳光下，法治的光芒才会永久耀眼。

检察公益诉讼诉讼请求精准化研究
——以西安铁路运输法院受理的行政公益诉讼案件为例

» 孙青青[*]

2015年7月，陕西省作为全国首批试点省份之一开展了为期两年的公益诉讼试点工作。西安铁路运输法院自2016年1月以来，被陕西省高级人民法院指定集中管辖西安市辖区行政及环境资源一审案件，该院作为试点地区法院开始受理西安市辖区公益诉讼案件。2018年12月1日起，开始受理以西咸新区管委会、辖区5个新城管委会及其相应部门为被告的公益诉讼案件。2016—2020年，共受理检察行政公益诉讼案件50件。下面笔者重点围绕西安铁路运输法院受理的行政公益诉讼案件情况，分析行政公益诉讼五年来的变化、发展，总结当前行政公益诉讼审判中关于诉讼请求精准化的相关问题和个人观点及意见。

一、西安铁路运输法院受理行政公益诉讼案件基本情况

（一）受理案件数量

西安铁路运输法院自2016年10月开始受理行政公益诉讼案件，截至2020年共受理行政公益诉讼案件50件。其中，2016年受理1件，2017年受理14件，2018年受理11件，2019年受理7件，2020年受理17件。

---

[*] 孙青青，陕西省西安铁路运输法院环境资源审判庭三级法官。

（二）受理案件范围

50件行政公益诉讼案件中，涉及生态环境和资源保护领域41件，占82%；国有财产保护领域1件，系骗领专项补助资金案件，占2%；国有土地使用权出让领域2件，均为闲置土地处理案件，占4%；涉及"等"外领域6件，占12%，其中文物保护1件、违法建设查处4件、人防领域1件。生态环境和资源保护领域41件案件中，非法采砂、非法占用土地等破坏土地案件17件，垃圾堆积案件12件，河道范围内非法采砂、违法建设案件8件，非法占用、非法采石破坏林地案件3件，未经环境影响评价审批开工建设并向大气排污案件1件。

（三）案件审理情况

已受理的50件行政公益诉讼案件中，已结37件，其中判决29件，撤诉8件。在判决的29件中，判决继续履行职责案件20件，诉讼中整改到位仅判决确认违法案件9件，其中支持公益诉讼起诉人全部诉讼请求的27件。8件撤诉案件均为被告纠正违法行为或者依法履行职责而使人民检察院的诉讼请求全部实现从而撤诉案件。

（四）公益诉讼起诉人情况

已受理的50件行政公益诉讼案件中，由地方人民检察院直接向西安铁路运输法院提起行政公益诉讼案件13件，被陕西省人民检察院指定由西安铁路运输检察院提起行政公益诉讼案件37件。究其原因，这主要是陕西省人民检察院下发《关于明确全省公益诉讼案件管辖问题的通知》后，明确西安地区行政公益诉讼案件的诉前工作由各基层检察院负责，起诉工作由西安铁路运输检察院负责。❶

---

❶ 西安铁路运输法院环境资源审判庭：《2016—2020年行政公益诉讼工作总结》。

二、检察公益诉讼案件诉讼请求审查问题

《最高人民法院、最高人民检察院关于检察公益诉讼案件适用法律若干问题的解释》第 25 条规定了五种量刑类型，并规定了各种量刑类型在司法审判中的适用等。同时，该司法解释第 21 条规定，人民检察院在履行职责中发现生态环境和资源保护、食品药品安全、国有财产保护、国有土地使用权出让等领域负有监督管理职责的行政机关违法行使职权或者不作为，造成国家利益或者社会公共利益受到侵害的，应当向行政机关提出检察建议，并督促行政机关依法履行职责。行政机关应当自收到检察建议之日起两个月内，依法履行职责，向人民检察院作出书面答复。在国家利益、社会公共利益进一步受到损害等紧急情况下，行政机关应当在 15 日内作出书面答复。行政机关不依法履行职责的，人民检察院应当依法向人民法院提起诉讼。据此，检察机关提起的行政公益诉讼应当属于履行法定职责类的诉讼，且该法定职责应限定于监管职责，而非其他职责；其诉讼请求就是要求被诉行政机关履行其职责范围内的法定监管职责，而不应当像试点工作刚开始时要求法院先确认被告未履行法定职责违法，再责令被告继续履行法定职责。因为履职之诉本身就包含对被告是否未依法履行法定职责的评价。在实际办案过程中，西安铁路运输法院一直加强与检察机关、被诉行政机关的协调沟通，通过审判实践，我们认为行政公益诉讼对法院、检察院而言都应以督促行政机关依法履行法定监管职责为目的，公益诉讼的核心目的是保护国家利益或者社会公共利益不受侵害，要坚持习近平生态文明思想，将修复理念贯穿公益诉讼案件的始终。在不同阶段，检察机关和法院都应当积极督促行政机关履行监管职责，及时消除违法行为，确保国家和社会公共利益得以及时修复。如果行政机关积极履职促使破坏国家和社会公共利益的违法状态已经消除的，法检两院应当及时沟通，在行政公益诉讼的审理中，若被告人已经纠正违法行为或者依法履行

职责，而所提出的诉讼请求由人民法院全部受理，则检察机关可以撤回起诉。2016—2020 年，西安铁路运输法院审理的案件中，由于被告依法纠正违法行为或履行职责，人民检察院的诉讼请求全部实现，检察机关撤销起诉或变更诉讼请求的案件有 11 件。对检察机关提起的行政公益诉讼案件裁判类型有三类：一是判决责令履行法定监管职责；二是检察机关变更诉讼请求，确认被告在检察建议指定的履行期限内未履行法定监管职责的行为违法；三是对检察机关申请撤回起诉的案件裁定准予撤回起诉。

三、如何理解行政公益诉讼案件中诉讼请求的"精准化"，如何把握提出精准化的诉讼请求与行政权之间的边界

我们认为，检察机关提起行政公益诉讼的前提是根据相关法律规定和案件的事实合理确定诉讼请求。诉讼请求是否恰当，不仅会影响案件的审理结果，也会影响到维护国家或社会公共利益的有效性。从实践角度看，现阶段行政公益诉讼的请求主要集中在违法认定上，并继续从撤销和无效认定两个方面进一步优化。

（一）积极探索诉讼主体合并权力的适当"前移"，对同一行政行为引起的共同诉讼给予检察机关选择"类似案件行政公益诉讼"的权利

存在类似违法行为的行政机关，检察机关将敦促他们在诉前阶段履行职责，依法制作和发布"类似案件检察建议"，以避免造成司法资源的浪费。然而，如果无法实现预期的整改质量和效率，在诉讼之前，检察机关应采取"一行为一诉"或"一类行为一诉"的模式。但也有人主张"分开立案，合并审理"，即检察机关在起诉时根据案件事实采取"一案一立"的方式，法院在案件受理后将案件合并审理。这种在诉前阶段先拆分后合并的办案模式，无疑增加了程序的复杂性。但这是严格按照"审判为中心"的司法体制改革要求，将合审权限移交给法院。然而，由于行政公益

诉讼的特殊性，诉讼主体的合并权限能否适当"向前推进"并延伸至诉前阶段？根据《行政诉讼法》第 27 条的规定，法院可以审理同一行政行为引起的共同诉讼，即必要的共同诉讼。为了提高审判效率，保证司法适用的统一性，对于类似行政行为引起的共同诉讼，应给予检察机关"类似案件的行政公益诉讼"的选择权。然而，由于作为行政公益诉讼当事人的检察机关与案件事实没有权利义务关系，是基于"法律许可"权限范围内的责任，因而经过诉前程序，检察机关在选择提起"类似案件行政公益诉讼"时，需要符合法院管辖权相同的条件，才能提高司法效率。

（二）对检察建议应与"主要事实"保持一致，在类型化的基础上进行"加减"

行政机关不依法履行职责的，应当依法提起诉讼。在诉前程序向诉讼程序过渡的过程中，检察机关的起诉范围是否应与检察建议相一致？根据《最高人民法院、最高人民检察院关于检察公益诉讼案件适用法律若干问题的解释》第 22 条，检察机关提起诉讼时，应当提交公共利益受损和行政机关不依法履职的证明材料。这里的行政机关不依法履职的过程包括检察机关发布检察建议前后两个不同阶段。在第一阶段，行政机关没有依法履行职责，导致国家或社会公共利益受损。第二阶段是在司法权介入后，行政机关仍未行使或充分行使监督管理职责，导致国家或社会公共利益仍受到损害。因此，检察机关很难维持检察建议与诉讼请求的完全一致，在提起诉讼时则会叠加第二阶段的诉讼事实。

我们认为，根据行政机关的监督整改的落实情况，可以在其类型化的基础上做"加减法"。第一，行政机关自收到检察建议之日起两个月内未采取措施的，应当保持检察建议与诉讼请求的一致性；第二，行政机关部分履行职责的，此时诉讼请求应当将已履行职责的部分剔除；第三，如果行政机关督促的整改未能达到检察建议所要求的效果，检察机关需要根据整改的质量和效果重新确立诉讼请求。

（三）设立行政机关没有及时书面答复确认违法的诉讼类型

如果行政机关在诉前阶段履行了相应的监管职责，没有造成实际损失，也未损害国家或社会公共利益，但行政机关没有在法定期限内书面回复检察机关，此时能否提起确认违法之诉？根据《最高人民法院、最高人民检察院关于检察公益诉讼案件适用法律若干问题的解释》第24条和第25条第1款的规定，检察机关在下列两种情况下可以提起确认违法之诉：一是在行政公益诉讼案件的审理过程中，被告人纠正了违法行为或履行了职责，使诉讼请求全部实现；二是被诉行政行为具有《行政诉讼法》第74条、第75条规定的情形之一。根据《行政诉讼法》第74条的规定，行政行为程序轻微违法，但实际不影响原告权利的，应当认定该行政行为违法。由于行政公益诉讼是一种客观的诉讼，检察机关实际上与受损的国家公共利益或社会公共利益并无关联，只是行使法律明确规定的权力，因而行政公益诉讼的"原告权利"实际上是国家或社会公共利益。如果行政机关此时未在法定期限内答复检察机关，则构成"程序违法"。因为检察机关办案有严格的程序要求，行政机关不及时答复使得检察机关难以在法定期限内结案，会损害司法权威。因此，仍需对该行为进行否定评价，经检察机关确认后提起诉讼。

（四）准确界定被诉行政行为，围绕"公共利益"特点，采取"紧凑"而非"宽泛"的诉讼主张确立方式

依法确定被诉行政行为的具体性质，是检察机关确定诉讼请求的前提。行政机关不依法履行职责的行为违法的，需要在实践中进一步区分撤销型、维持型和无效型，分别选择相应的诉讼请求。行为明显不当的，应当依法变更诉讼请求；如果该行为是行政不作为，可以选择继续履行赔偿。但是，无论行政行为的性质如何，检察机关在确定诉讼请求时，都应以"公共利益"为具体目的，不得提出与公共利益无关的请求。此外，主

张必须明确而不越位，采取"紧凑型"而不是"宽泛型"的表达方式，列出行政机关履行法定职责的主要内容，检察机关在诉讼请求中只能提出行政机关依法履行监管职责以达到目的，提出具体履行监管职责的方式是不恰当的。这也符合司法权监督行政权而不干涉行政权的基本原则。

四、司法实践中，关于诉讼请求是否做到了精准化的认识

笔者通过梳理西安铁路运输法院办理的行政公益诉讼案件发现，在受理行政公益诉讼案件之初，检察机关提起的诉讼请求一般不具体，例如，判令被告依法全面履行保护上述基本农田的监管职责，切实保护土地资源；判令被告对被非法占用的某村耕地依法全面履行监管职责等。经我们与检察机关沟通、释明，诉讼中检察机关进一步明确诉讼请求的案件有10件，因被告诉讼中进行整改、履责到位而变更诉讼请求的案件有14件。

我们认为，因督促履职贯穿行政公益诉讼的全过程，诉讼请求可能由于被告的履职行为发生变化，诉讼请求精准化要根据每个案件的具体情况，并结合法律法规，还要根据相关行政机关的不同监督管理职责才能确定，既要避免诉讼请求过于笼统，也不能先入为主代替行政机关作出判断。